国际关系学院国际政治国家级一流本科专业建设系列规划教材

非政府组织概览
欧-洲-篇

罗英杰·主编

下

时事出版社
北京

International Hospital Federation（国际医院联合会）

机构名称：国际医院联合会

机构名称（英文）：International Hospital Federation

机构名称缩写：IHF

机构名称缩写（英文）：IHF

机构网站：http：//www.ihf-fih.org

简介：IHF 是一个全球性的非营利、非政府会员组织。1929 年 6 月在美国大西洋城，世界医院和卫生系统的代表齐聚一堂，参加首届国际医院大会，国际医院协会就此诞生。第二次世界大战后，IHF 于 1947 年更名为国际医院联合会。IHF 为会员提供一个与卫生部门不同参与者进行知识交流和沟通的平台。在对管理良好的医院的共同承诺的激励下，IHF 成员共同行动，以提高医疗服务的标准、质量和水平。

工作语言：西班牙语、法语、英语

咨商地位：获得联合国经社理事会名册咨商地位；获得世界卫生组织（WHO）认证

活动领域：经济、可持续发展、社会发展、发展筹资、性别问题、妇女、公共行政、统计

总部地址：瑞士

International Information Centre for Terminology（国际术语信息中心）

机构名称：国际术语信息中心

机构名称（英文）：International Information Centre for Terminology

机构名称缩写：INFOTERM

机构名称缩写（英文）：INFOTERM

机构网站：http：//www.infoterm.info

简介：INFOTERM 于 1971 年与联合国教育、科学及文化组织（教科文组织）签订合同成立，旨在支持和协调术语领域的国际合作。成员包括国际、区域或国家术语机构、组织和网络，以及从事术语活动的专门公共或半公共或其他非营利机构。INFOTERM 促进和支持现有术语中心和网络之间的合作，并建立新的术语中心和网络，其总体目标是改善领域交流、

知识转让和内容提供，以促进所有人参与全球多语言知识社会。

工作语言：德语、英语、法语

咨商地位：2000年提交咨商地位申请，获得联合国经社理事会特别咨商地位

活动领域：经济、社会

总部地址：奥地利

International Informatization Academy（国际信息化学院）

机构名称：国际信息化学院

机构名称（英文）：International Informatization Academy

机构名称缩写：IIA

机构名称缩写（英文）：IIA

机构网站：http://www.iia.ca

简介：IIA成立于1990年，是一个由知名科学家、知名专业人士、杰出政治家和公众人物、著名作家、艺术家等组成的独立、自愿、科学和自治的知识分子组织。IIA是一个非政府组织，是具有联合国经社理事会全面咨商地位的联系会员国。

工作语言：俄语、英语

咨商地位：1995年提交咨商地位申请，获得联合国经社理事会全面咨商地位

活动领域：经济、可持续发展、社会发展、发展筹资

总部地址：俄罗斯

International Inner Wheel（国际内轮）

机构名称：国际内轮

机构名称（英文）：International Inner Wheel

机构名称缩写：IIW

机构名称缩写（英文）：IIW

机构网站：http://www.internationalinnerwheel.org

简介：IIW是全球内轮组织的行政机构。它由五名当选官员组成的执行委员会管理：主席、副主席、前任主席、司库和章程主席。欧共体与16

名当选的董事会组成国际管理机构。IIW 是一个全球性的组织，拥有 10 万名会员，分布在 103 个国家的 3895 个俱乐部。其宗旨是：促进真正的友谊；鼓励个人服务的理想；增进国际理解。

工作语言：英语

咨询地位：1973 年提交咨商地位申请，获得联合国经社理事会名册咨商地位

活动领域：经济、社会

总部地址：英国

International Institute-Association of Regional Ecological Problems（国际研究所—区域生态问题协会）

机构名称：国际研究所—区域生态问题协会

机构名称（英文）：International Institute-Association of Regional Ecological Problems

机构名称缩写：МIAPEП

机构名称缩写（英文）：IIAREP

机构网站：无

简介：IIAREP 是一个致力于推动可持续发展教育和绿色经济的非政府组织，成立于 1992 年，总部位于乌克兰的利沃夫。IIAREP 与欧盟、联合国和其他国际组织合作，开展了多项研究和培训项目，涉及生态经济、生物多样性保护、森林管理、环境评估等领域。IIAREP 还与乌克兰国家林业大学和其他高等教育机构合作，推广了教育绿化的概念和实践，培养了一批可持续发展的专业人才。

工作语言：乌克兰语、英语

咨询地位：无

活动领域：经济、社会、生态环境

总部地址：乌克兰

International Institute for Environment and Development（国际环境与发展研究所）

机构名称：国际环境与发展研究所

机构名称（英文）：International Institute for Environment and Development

机构名称缩写：IIED

机构名称缩写（英文）：IIED

机构网站：http：//www.iied.org

简介：IIED 是世界领先的独立政策和行动研究机构之一，其使命是建立一个更公平、更可持续的世界。IIED 主要在全球南方开展研究，将本地优先事项与全球挑战相联系，已有 50 多年的历史。IIED 的创始人 Barbara Ward 是最早提出可持续发展概念的人之一。

工作语言：西班牙语、英语、法语

咨商地位：1973 年提交咨商地位申请，获得联合国经社理事会名册咨商地位

活动领域：经济、社会、可持续发展

总部地址：英国

International Institute for Peace（国际和平研究所）

机构名称：国际和平研究所

机构名称（英文）：International Institute for Peace

机构名称缩写：IIP

机构名称缩写（英文）：IIP

机构网站：http：//www.iipvienna.com

简介：IIP 是一家国际非政府组织，自 2011 年起拥有联合国教科文组织的咨商地位。IIP 与联合国教科文组织合作，致力于解决全球范围内的暴力问题，主要关注高人口密度地区。IIP 分析案例并尝试寻找和平的解决方案。

工作语言：英语、德语

咨商地位：获得联合国经社理事会名册咨商地位、获得联合国教科文组织（UNESCO）认证

活动领域：经济、社会

总部地址：奥地利

International Institute for Research and Advice on Mental Deficiency（国际精神缺陷研究与咨询研究所）

机构名称：国际精神缺陷研究与咨询研究所

机构名称（英文）：International Institute for Research and Advice on Mental Deficiency

机构名称缩写：IAMER

机构名称缩写（英文）：IAMER

机构网站：无

简介：IAMER 于 1980 年在西班牙马德里成立。IAMER 的目标是在国际层面为关注智力迟钝任何方面的国家、机构和个人提供咨询和研究。自 2000 年以来，该组织没有报告任何活动。

工作语言：英语

咨商地位：1983 年提交咨商地位申请，获得联合国经社理事会名册咨商地位

活动领域：经济、社会

总部地址：西班牙

International Institute for Sugar-Beet Research（国际甜菜研究所）

机构名称：国际甜菜研究所

机构名称（英文）：International Institute for Sugar-Beet Research

机构名称缩写：IIRB

机构名称缩写（英文）：IIRB

机构网站：https：//www.iirb.org

简介：IIRB 是一个国际性的、非政府和非营利组织，其目的是为甜菜种植科学家和专家之间的网络和知识转移提供一个平台，以促进甜菜生产。为了实现这一目标并促进科学知识的实践，IIRB 协会为科学家、专家和参与提高甜菜生产效率的人员组织两年一次的科学大会和研讨会；组织研究组和项目组会议，使专家能够交流实验结果和研究站的新信息，并建立国际合作；鼓励与其他国际农业组织接触。

工作语言：英语

咨商地位：获得联合国经社理事会名册咨商地位；获得联合国粮农组

织（FAO）认证

活动领域：经济、社会

总部地址：德国

International Institute of Administrative Sciences（国际行政科学研究所）

机构名称：国际行政科学研究所

机构名称（英文）：International Institute of Administrative Sciences

机构名称缩写：IIAS

机构名称缩写（英文）：IIAS

机构网站：http://www.iias-iisa.org

简介：IIAS是一个具有科学目的的国际非营利组织。IIAS是一个由成员国、国家分会和学术研究中心组成的联合会，共同制订应对当今政策挑战的公共治理解决方案。IIAS有五个目标：组织针对公共服务和学术界的高影响力活动；制作和传播有关公共治理的知识；与成员和合作伙伴一起实现协作和战略项目；根据公共管理最佳实践标准认证学术和专业培训课程；制作和推广有关公共治理研究和实践的综合内容。

工作语言：法语、英语

咨商地位：2013年提交咨商地位申请，获得联合国经社理事会全面咨商地位

活动领域：公共行政

总部地址：比利时

International Institute of Applied Technologies（国际应用技术研究所）

机构名称：国际应用技术研究所

机构名称（英文）：International Institute of Applied Technologies

机构名称缩写：IIAT

机构名称缩写（英文）：IIAT

机构网站：无

简介：IIAT于1993年成立，其目标是促进俄罗斯联邦与其他国家在科学和技术方面的合作。促进交流经济发展和培训个人的创新思想，使他

们能够面对现代工商业的挑战。学习市场经济技术，宣传俄罗斯和其他独联体共和国当前的经济和技术状况以及发展趋势，以促进和谐的商业和工业交流。鼓励国际商业和培训中心的规划、建立和运作。该组织自2005年以来没有报告任何活动。

工作语言：英语

咨商地位：获得联合国经社理事会名册咨商地位；获得联合国工业发展组织（UNIDO）认证

活动领域：经济、社会

总部地址：比利时

International Institute of Humanitarian Law（国际人道主义法研究所）

机构名称：国际人道主义法研究所

机构名称（英文）：International Institute of Humanitarian Law

机构名称缩写：IIHL

机构名称缩写（英文）：IIHL

机构网站：http://www.iihl.org

简介：IIHL是一家成立于1970年的独立、非营利、以社会价值为目标的人道主义协会，总部位于意大利的圣雷莫，同时在瑞士日内瓦设有联络处。该研究所致力于促进和传播国际人道法、国际难民法和移民法、国际刑法和人权法等领域的知识和理解，为政府、军队、国际组织、非政府组织和学术界提供培训、教育、研究和咨询服务。

工作语言：英语、西班牙语、中文、俄语、法语、阿拉伯语、意大利语

咨商地位：1983年提交咨商地位申请，获得联合国经社理事会特别咨商地位

活动领域：经济、社会

总部地址：意大利

International Institute of Public Finance（国际公共财政研究所）

机构名称：国际公共财政研究所

机构名称（英文）：International Institute of Public Finance

机构名称缩写：IIPF

机构名称缩写（英文）：IIPF

机构网站：http://www.iipf.org

简介：IIPF是公共财政经济学家的世界组织。它于1937年在巴黎成立，此后成为研究经济公共政策主题的杰出学术机构，也是各国学者就政策问题建立联系和交换意见的首选平台。在学术经济研究倾向于远离经济政策问题的时代，IIPF在使经济学面向现实世界方面发挥着重要作用。在一个日益专业化的学术领域，IIPF寻求在所有公共经济学领域的研究，在教学或实践者之间建立智力交流。国际公共财政学会拥有来自50个国家的约600名成员。

工作语言：英语

咨商地位：1979年提交咨商地位申请，获得联合国经社理事会名册咨商地位

活动领域：经济、社会

总部地址：德国

International Institute of Space Law（国际空间法研究所）

机构名称：国际空间法研究所

机构名称（英文）：International Institute of Space Law

机构名称缩写：IISL

机构名称缩写（英文）：IISL

机构网站：http://www.iislweb.space

简介：IISL是一个独立的非政府组织，成立于1960年，旨在促进空间法的发展和太空探索和利用的法治。IISL的成员由来自近50个国家的个人和机构组成，他们是基于对空间法或与空间活动相关的其他社会科学领域的贡献而被选出的。IISL每年在国际宇航大会上举办空间法学术会议，并组织曼弗雷德·拉赫斯空间法模拟法庭竞赛。IISL还是联合国和平利用外层空间委员会（UNCOPUOS）的官方观察员，并出版年度IISL论文集和声明。

工作语言：法语、英语

咨商地位：2017年提交咨商地位申请，获得联合国经社理事会特别咨商地位

活动领域：可持续发展

总部地址：法国

International Investment Center（国际投资中心）

机构名称：国际投资中心

机构名称（英文）：International Investment Center

机构名称缩写：IIC

机构名称缩写（英文）：IIC

机构网站：http：//www.uniic.ru.gg

简介：IIC 是一个专业的投资咨询和服务机构，成立于 1992 年，总部设在美国华盛顿。IIC 的使命是促进全球贸易与投资的自由化和便利化，为发展中国家和转型国家提供技术援助与培训。IIC 的客户包括政府、企业、金融机构、非政府组织和个人。IIC 的服务范围涵盖投资政策和法规、投资促进和保护、投资项目开发和评估、投资风险管理、投资争端解决等领域。

工作语言：俄语、英语

咨商地位：1998 年提交咨商地位申请，获得联合国经社理事会特别咨商地位

活动领域：经济、社会、性别问题、妇女、公共行政、可持续发展、非洲和平发展

总部地址：俄罗斯

International Juridical Organization for Environment and Development（国际环境与发展法律组织）

机构名称：国际环境与发展法律组织

机构名称（英文）：International Juridical Organization for Environment and Development

机构名称缩写：IJO

机构名称缩写（英文）：IJO

机构网站：无

简介：IJO 于 1964 年在意大利罗马成立，通过促进环境与发展的法律来消除饥饿和贫困。同时倡导全球伙伴关系。自 2015 年以来，该组织没有

报告任何活动。

工作语言：英语

咨商地位：1981年提交咨商地位申请，获得联合国经社理事会名册咨商地位

活动领域：经济、社会

总部地址：意大利

International Commission of Jurists（国际法官委员会）

机构名称：国际法官委员会

机构名称（英文）：International Commission of Jurists

机构名称缩写：ICJ

机构名称缩写（英文）：ICJ

机构网站：无

工作语言：英语、法语、西班牙语、阿拉伯语

简介：ICJ是一个国际人权非政府组织，由60位来自世界各地和各种法律制度的杰出法官、律师和学者组成，致力于通过法律发展国内和国际的人权标准。

工作语言：英语

咨商地位：1999年提交咨商地位申请，获得联合国经社理事会特别咨商地位

活动领域：经济、社会

总部地址：瑞士

International Juvenile Justice Observatory（国际少年司法观察站）

机构名称：国际少年司法观察站

机构名称（英文）：International Juvenile Justice Observatory

机构名称缩写：IJJO

机构名称缩写（英文）：IJJO

机构网站：http://www.oijj.org

简介：IJJO是比利时的公共利益基金会。自2002年以来，IJJO一直致力于促进与司法系统接触的儿童和年轻人的权利，并鼓励执行保障这些权

利的国际标准。IJJO 是一个开放的协作空间，用于研究、交流和传播旨在改善少年司法系统和政策的共享知识。此外，它还寻求促进加强专业人员和学生在该领域的能力，交流良好做法，创新和提高社会意识。IJJO 的工作重点是接触儿童和青年所面临的问题。它的方法融合了跨学科、多元性和对独特现实和文化的敏感性，最终目标是促进保护他们的权利，改善他们的生活。IJJO 主要从事培训、研究、咨询、传播该领域研究的专业资源和新闻，以及对参与少年司法领域研究的专业人士和组织的认可。

工作语言：英语、法语、西班牙语

咨商地位：2009 年提交咨商地位申请，2011 年获得联合国经社理事会特别咨商地位

活动领域：青年、社会发展

总部地址：比利时

International Kolping Society（国际科尔平协会）

机构名称：国际科尔平协会

机构名称（英文）：International Kolping Society

机构名称缩写：IKS

机构名称缩写（英文）：IKS

机构网站：http：//www. kolping. net

简介：IKS 是一个国际天主教社会协会，灵感来自神父和社会改革家阿道夫·科尔平（1813—1865）的教义。IKS 共同致力于一个公正的世界，帮助人们通过自己的努力克服贫困。科尔平将自己视为一个充满活力和强大的世界大家庭。欧洲、非洲、亚洲、北美和南美的 9000 多个科尔平家庭是一个家庭般的社区，儿童、年轻人和成年人相互团结地生活。IKS 通过自己的努力帮助世界各地的人们摆脱贫困。IKS 的项目旨在实现社会变革，以永久克服贫困结构。

工作语言：英语、德语、西班牙语

咨商地位：1991 年提交咨商地位申请，获得联合国经社理事会特别咨商地位

活动领域：经济、发展筹资、性别问题、妇女、社会发展、可持续发展

总部地址：德国

International Law Association（国际法协会）

机构名称：国际法协会

机构名称（英文）：International Law Association

机构名称缩写：ILA

机构名称缩写（英文）：ILA

机构网站：http：//www.ila-hq.org

简介：ILA 于 1873 年在布鲁塞尔成立。其目标是"研究、澄清和发展公法和私法，促进国际理解和尊重国际法"。ILA 作为一个国际非政府组织，具有联合国若干专门机构的咨商地位。ILA 成员目前约有 4500 人，分布在世界各地的分支机构中。ILA 欢迎所有对其目标感兴趣的人作为成员，这些目标主要通过其国际委员会的工作来实现，其活动的焦点是一系列两年期会议。ILA 的成员包括私人执业、学术界、政府和司法部门的律师，来自商业、工业和金融领域的非律师专家，以及航运和仲裁组织和商会等机构的代表。

工作语言：英语

咨商地位：1947 年提交咨商地位申请，获得联合国经社理事会特别咨商地位

活动领域：经济、社会

总部地址：英国

International League for the Rights and Liberation of Peoples（国际争取人民权利与解放联盟）

机构名称：国际争取人民权利与解放联盟

机构名称（英文）：International League for the Rights and Liberation of Peoples

机构名称缩写：无

机构名称缩写（英文）：无

机构网站：无

简介：International League for the Rights and Liberation of Peoples 于 1976

年在意大利罗马成立，其目标有：争取人民能够决定自己未来的权利，反对一切形式的臣服和统治；捍卫1976年7月4日在阿尔及尔（阿尔及利亚）宣布的《世界人民权利宣言》所载的基本原则。2008年3月29日该组织宣布解散。

工作语言：英语

咨商地位：无

活动领域：经济、社会

总部地址：瑞士

International League of Surveillance Societies（国际监视协会联盟）

机构名称：国际监视协会联盟

机构名称（英文）：International League of Surveillance Societies

机构名称缩写：ILSS

机构名称缩写（英文）：ILSS

机构网站：无

简介：ILSS是一个由各国隐私和人权组织组成的非政府组织，旨在揭露和抵制全球范围内的大规模监视活动，保护公民的隐私权和自由。

工作语言：英语

咨商地位：1970年提交咨商地位申请，获得联合国经社理事会名册咨商地位

活动领域：经济、社会

总部地址：瑞士

International Lesbian and Gay Association（国际男女同性恋协会）

机构名称：国际男女同性恋协会

机构名称（英文）：International Lesbian and Gay Association

机构名称缩写：ILGA

机构名称缩写（英文）：ILGA

机构网站：http://www.ilga.org

简介：ILGA成立于1978年，是一个由来自160多个国家和地区的1700多个组织组成的全球联合会，致力于女同性恋、男同性恋、双性恋、

跨性别和双性人人权。ILGA 想要一个所有人的人权都得到尊重，每个人都可以平等和自由地生活的世界；一个无论人们的性取向、性别认同、性别表达和性特征如何，全球正义和公平都得到建立和保证的世界。

工作语言：西班牙语、英语

咨商地位：2006 年提交咨商地位申请，获得联合国经社理事会特别咨商地位

活动领域：经济、社会

总部地址：瑞士

International Ministerial Alliance of Churches（国际教会部长级联盟）

机构名称：国际教会部长级联盟

机构名称（英文）：International Ministerial Alliance of Churches

机构名称缩写：IMAC

机构名称缩写（英文）：IMAC

机构网站：http://www.imac-uk.com

简介：IMAC 通过提供有关我们社区的资源、培训、研讨会、分析文章，告知和激励教会和社区领袖，以便领袖知道如何与政府合作，以创造一个更美好的社会。我们相信教会是我们国家和任何爱好和平的国家所需要的持久变革的关键，通过与我们出色的成员密切合作，我们可以用耶稣的好消息和政府的恩惠来改变我们的社区。我们的愿景可以用行为、指导和协助三个词概括。

工作语言：英语

咨商地位：2023 年提交咨商地位申请，获得联合国经社理事会特别咨商地位

活动领域：社会发展

总部地址：英国

International Motor Vehicle Inspection Committee（国际机动车检验委员会）

机构名称：国际机动车检验委员会

机构名称（英文）：International Motor Vehicle Inspection Committee

机构名称缩写：CITA

机构名称缩写（英文）：CITA

机构网站：http：//www.citainsp.org

简介：CITA 是积极参与强制性道路车辆合规的公共和私营部门组织的国际协会。CITA 是致力于改善道路安全和保护环境，并制定强制性车辆合规活动的最佳实践；是交流与车辆合规有关的信息、经验和专门知识的国际论坛；因其在车辆合规性方面的专业知识而获得欧盟委员会、联合国欧洲经济委员会（世界车辆法规协调论坛-WP29）、世界卫生组织、世界银行全球道路安全基金和其他国际利益相关者的认可。CITA 将其愿景确定为使其成员能够在制定和实施安全和可持续道路使用政策方面发挥有影响力的作用。

工作语言：英语

咨商地位：1987 年提交咨商地位申请，获得联合国经社理事会特别咨商地位

活动领域：经济、社会

总部地址：比利时

International Motorcycle Manufacturers Association（国际摩托车制造商协会）

机构名称：国际摩托车制造商协会

机构名称（英文）：International Motorcycle Manufacturers Association

机构名称缩写：IMMA

机构名称缩写（英文）：IMMA

机构网站：http：//www.immamotorcycles.org

简介：IMMA 作为摩托车行业的全球代言人，将推广安全、可持续、对社会负责和经济上可行的摩托车出行解决方案。IMMA 倡导并参与全球监管论坛中车辆要求的开发和逐步协调，并通过应对共同的挑战和机遇来支持该行业。

工作语言：英语

咨商地位：1956 年提交咨商地位申请，获得联合国经社理事会名册咨商地位

活动领域：经济、社会

总部地址：瑞士

International Movement ATD Fourth World（第四世界扶贫国际运动）

机构名称：第四世界扶贫国际运动

机构名称（英文）：International Movement ATD Fourth World

机构名称缩写：ATD Fourth World

机构名称缩写（英文）：ATD Fourth World

机构网站：http://www.atd-fourthworld.org

简介：ATD Fourth World 是一个国际团结运动，由约瑟夫·莱辛斯基于 1957 年创立，汇集了来自所有文化和社会阶层的妇女和男子，活跃在 30 多个国家。ATD Fourth World 是一个国际非政府组织，不分宗教或政治派别。我们与贫困人口并肩工作。我们认为，一个没有贫困的世界是可能的。

工作语言：英语、法语

咨商地位：1991 年提交咨商地位申请，获得联合国经社理事会全面咨商地位

活动领域：经济、社会、性别问题、妇女

总部地址：法国

International Movement of Apostolate of Children（国际儿童使徒运动）

机构名称：国际儿童使徒运动

机构名称（英文）：International Movement of Apostolate of Children

机构名称缩写：IMAC

机构名称缩写（英文）：IMAC

机构网站：http://www.midade.org

简介：IMAC 于 1962 在法国巴黎成立。IMAC 是一个国际儿童运动，允许他们组织和行动来捍卫自己的权利。通过这种方式，为建设一个正义与和平的世界作出贡献。其目标是在全世界促进和维护儿童使徒运动，培养儿童使徒行动的能力。

工作语言：英语

咨商地位：1985 年提交咨商地位申请，获得联合国经社理事会名册咨商地位

活动领域：经济、社会

总部地址：法国

International Multimodal Transport Association（国际多式联运协会）

机构名称：国际多式联运协会

机构名称（英文）：International Multimodal Transport Association

机构名称缩写：IMMTA

机构名称缩写（英文）：IMMTA

机构网站：无

简介：IMMTA 成立于 1993 年 11 月，其目标是作为交流关于现代贸易和多式联运技术和物流的想法和信息，包括对环境和发展的影响信息的平台。IMMTA 于 2015 年解散。

工作语言：英语

咨商地位：2003 年提交咨商地位申请，获得联合国经社理事会名册咨商地位

活动领域：经济、社会

总部地址：瑞士

International Music Council（国际音乐理事会）

机构名称：国际音乐理事会

机构名称（英文）：International Music Council

机构名称缩写：IMC

机构名称缩写（英文）：IMC

机构网站：http://www.imc-cim.org

简介：IMC 是世界领先的会员制专业组织，致力于促进音乐在所有人生活中的价值。IMC 的使命是在全球范围内发展可持续的音乐行业，提高人们对音乐价值的认识，让音乐在整个社会结构中发挥作用，并在所有国家维护基本音乐权利。IMC 于 1949 年应教科文组织总干事的要求成立，是该机构音乐事务的非政府咨询机构。它设在巴黎教科文组织总部，今天作

为教科文组织的国际非政府组织官方合作伙伴独立运作。IMC 的网络遍布各大洲的 150 个国家/地区，包括国家音乐委员会，国际、区域和国家音乐组织以及艺术和文化领域的专业组织。IMC 的荣誉成员是从世界上杰出的专业人士、教育家、表演者和作曲家中选出的。通过其成员，IMC 可以直接接触到 1000 多个组织和 6 亿人，他们渴望发展和分享音乐生活各个方面的知识和经验。IMC 由非洲、美洲和欧洲三国的区域音乐委员会代表。他们的任务是促进和发展区域方案，并支持专门针对本区域部际委员会成员和合作伙伴需要的活动。

工作语言：西班牙语、英语、法语

咨商地位：获得联合国经社理事会名册咨商地位、获得联合国教科文组织（UNESCO）认证

活动领域：经济、社会

总部地址：法国

International National Trusts Organisation（国际国民信托组织）

机构名称：国际国民信托组织

机构名称（英文）：International National Trusts Organisation

机构名称缩写：INTO

机构名称缩写（英文）：INTO

机构网站：http://www.into.org

简介：INTO 是一个由来自世界各地的遗产组织组成的多元化网络。国家信托基金运动始于 19 世纪后期，以应对迅速消失的自然和文化遗产。为了保护世界的历史和自然美景，遗产组织开始形成，以保护具有文化意义的地方。2007 年，INTO 在德里会议上成立。从那时起，它已经从一个由志同道合的组织组成的非正式集体，发展成为今天国民信托运动的领先权威。我们因保护全球遗产的共同方法而团结在一起。我们共同交流专业知识，推广最佳实践并共享资源，以加强全球遗产保护。我们利用我们的共享知识来支持新的信托，以发展并为遗产领域的关键对话发声。

工作语言：法语、英语

咨商地位：无

活动领域：可持续发展

总部地址：英国

International Network for Environmental Management（国际环境管理网络）

机构名称：国际环境管理网络

机构名称（英文）：International Network for Environmental Management

机构名称缩写：INEM

机构名称缩写（英文）：INEM

机构网站：http://www.inem.org

简介：INEM 成立于 1991 年，是非营利性国家环境管理商业协会的世界联合会，在 25 个国家拥有约 30 个成员协会和清洁生产中心。这个非营利性协会的宗旨是：促进保护环境，特别是水、土壤和空气，以及保护动植物免受生态破坏；促进保护人类健康；促进尤其是环境保护领域的科学和科学研究。INEM 的目标是：增加环境管理公司的数量；特别是协助中小企业实施环境管理；提高环境管理质量；并将环境管理知识从商业和工业转移到社会其他部门。此外，INEM 努力帮助制定有利于环境管理公司的宏观经济框架。

工作语言：英语

咨商地位：1996 年提交咨商地位申请，获得联合国经社理事会名册咨商地位

活动领域：经济和社会

总部地址：德国

International Network for Sustainable Energy（国际可持续能源网络）

机构名称：国际可持续能源网络

机构名称（英文）：International Network for Sustainable Energy

机构名称缩写：INFORSE

机构名称缩写（英文）：INFORSE

机构网站：http://www.inforse.org

简介：INFORSE 是一个由独立非政府组织组成的全球网络，由 140 个非政府组织组成，在大约 60 个国家开展工作，致力于提供可持续能源解决

方案，以减少贫困和保护环境。该网络于1992年在里约热内卢成立，以确保对联合国环境与发展会议（环发会议）的政治决定采取后续行动。组织的目标是：提高认识和宣传，在地方、国家和国际社会，致力于机构改革，支持研发等。

工作语言：英语

咨商地位：1998年提交咨商地位申请，获得联合国经社理事会特别咨商地位

活动领域：经济、性别问题、妇女、公共行政、社会发展、可持续发展、非洲和平与发展

总部地址：丹麦

International Network of Basin Organizations（国际流域组织网络，Réseau International des Organismes de Bassin）

机构名称：国际流域组织网络（Réseau International des Organismes de Bassin）

机构名称（英文）：International Network of Basin Organizations

机构名称缩写：RIOB

机构名称缩写（英文）：INBO

机构网站：http://www.inbo-news.org

简介：INBO为河流流域设计协议、战略、方案提供建议。INBO的主要目标是：在对河流流域一级水资源综合管理感兴趣的组织之间发展持久的关系，并促进它们之间交流经验和专门知识；在实现可持续发展的合作计划中促进健全的水管理的原则和手段；促进实施适合体制和财务管理、方案编制、数据库组织以及适应需要模式的工具；促进流域组织的培训计划等。

工作语言：西班牙语、俄语、英语、法语

咨商地位：2007年提交咨商地位申请，获得联合国经社理事会特别咨商地位

活动领域：公共行政、社会发展、可持续发展、非洲和平发展

总部地址：法国

International Network of Engineers and Scientists Against Proliferation（国际工程师和科学家防止扩散网络）

机构名称：国际工程师和科学家防止扩散网络

机构名称（英文）：International Network of Engineers Against Proliferation

机构名称缩写：INESAP

机构名称缩写（英文）：INESAP

机构网站：http：//www.inesap.org

简介：INESAP 成立于 1993 年。它是一个非营利、非政府网络组织，参与者来自世界各地，其目标是促进大规模毁灭性武器及其相关运载系统的不扩散和裁军。科学家和工程师可以在实现这些目标方面发挥关键作用。INESAP 促进对与核武器和其他大规模毁灭性武器有关的技术、科学和政治问题的批判性分析，并致力于发展裁军概念。

工作语言：英语

咨商地位：无

活动领域：可持续发展、裁军、和平

总部地址：德国

International Network of Engineers and Scientists for Global Responsibility（全球责任工程师和科学家国际网络）

机构名称：全球责任工程师和科学家国际网络

机构名称（英文）：International Network of Engineers and Scientists for Global Responsibility

机构名称缩写：INES

机构名称缩写（英文）：INES

机构网站：http：//www.inesglobal.com

简介：INES 成立于 1991 年，是一个由科学家和工程师组成的组织，旨在促进和平与可持续发展的全球责任。INES 目标是：废除核武器；促进负责任和可持续地使用科学技术；在科学家和工程师教育中实施道德原则；促进裁军可持续发展。INES 是国际和平局（IPB）成员，并与 IPB 以及国际防止核战争医生协会（IPPNW）、国际反对核武器律师协会（IALA-

NA）和国际网络"不战争—不北约"（对北约说不）密切合作。INES 积极参与中等大国倡议，自 2000 年以来一直出席欧洲社会论坛和世界社会论坛，是科学与民主世界论坛的共同发起人。

工作语言：英语

咨商地位：无

活动领域：经济、社会、可持续发展、裁军、和平

总部地址：德国

International Network of Green Planners（国际绿色规划师网络）

机构名称：国际绿色规划师网络

机构名称（英文）：International Network of Green Planners

机构名称缩写：INGP

机构名称缩写（英文）：INGP

机构网站：无

简介：INGP 于 1992 年成立，其目标是：提高参与制定和实施计划、政策框架和想法的从业人员的专业精神，通过这些计划、政策框架和想法，支持长期环境政策规划以及该领域与外部发展的相互作用；促进开发适用于不同社会经济情况的工具和技术。

工作语言：英语

咨商地位：无

活动领域：经济、社会、可持续发展

总部地址：荷兰

International Network of Liberal Women（国际自由妇女网络）

机构名称：国际自由妇女网络

机构名称（英文）：International Network of Liberal Women

机构名称缩写：INLW

机构名称缩写（英文）：INLW

机构网站：http：//www. inlw. org

简介：INLW 是一个由世界各国支持自由主义原则的妇女组成的协会。所有支持国际自由妇女网络目标的自由团体、政党和组织以及个人

均可成为成员。我们的活动受到《联合国宪章》和《世界人权宣言》原则的启发。我们推动相关原则的实行，这些原则是《消除对妇女一切形式歧视公约》的基础。我们的目标有：提高妇女的政治权利和责任意识；促进全世界所有妇女的赋权；扩大自由派妇女在地方、国家和国际层面以及世界各地自由党内的政治参与；加强全球自由派女性之间的关系并交流信息；鼓励自由主义妇女在全世界推广自由主义价值观，并在全世界传播自由主义思想。INLW致力于让全世界的自由主义政党包容和表达妇女对所有问题的看法。我们在自由国际大会和区域管理委员会会议上举行与自由国际执行委员会会议相关的大会，我们拉票和宣传成员的观点并支持他们当地的运动。我们提请注意争取自由的女战士和自由妇女的成就。

工作语言：英语

咨商地位：2003年提交咨商地位申请，获得联合国经社理事会特别咨商地位

活动领域：经济、性别问题、妇女、社会发展、可持续发展

总部地址：荷兰

International Network of Street Papers（国际街头报纸网络）

机构名称：国际街头报纸网络

机构名称（英文）：International Network of Street Papers

机构名称缩写：INSP

机构名称缩写（英文）：INSP

机构网站：https：//www.insp.ngo

简介：INSP是一个非营利组织，致力于解决全球贫困和无家可归问题。该组织支持全球街头报纸网络，以减轻贫困并建立社会变革运动。

工作语言：英语

咨商地位：2004年提交咨商地位申请，获得联合国经社理事会特别咨商地位

活动领域：街头报纸、全球减贫、社会运动

总部地址：英国

International Ocean Institute（国际海洋研究所）

机构名称：国际海洋研究所

机构名称（英文）：International Ocean Institute

机构名称缩写：IOI

机构名称缩写（英文）：IOI

机构网站：http://www.ioinst.org

简介：IOI 是非政府非营利组织，创立于 1972 年。该组织在海洋治理方面进行培训和能力建设，旨在培养知识渊博的未来领导者，确保海洋作为"生命之源"的可持续性，并维护和扩大《联合国海洋法公约》所载的人类共同遗产原则。

工作语言：英语

咨商地位：2007 年提交咨商地位申请，获得联合国经社理事会特别咨商地位

活动领域：海洋治理

总部地址：马耳他

International Ontopsychology Association（国际本体心理学协会）

机构名称：国际本体心理学协会

机构名称（英文）：International Ontopsychology Association

机构名称缩写：A. I. O.

机构名称缩写（英文）：I. O. A.

机构网站：https://www.ontopsicologia.org/

简介：A. I. O. 是一个文化、自治、非政治、非营利的非政府组织。该协会的目标是实现旨在创造文化和心理倾向的举措，以理解和激活这种知识，在应用这种知识的不同的工作领域，这些知识被证明是决定性实践的工具。

工作语言：英语

咨商地位：1999 年提交咨商地位申请，获得联合国经社理事会特别咨商地位

活动领域：心理学、社会、文化等

总部地址：意大利

International Organization for Standardization（国际标准化组织）

机构名称：国际标准化组织

机构名称（英文）：International Organization for Standardization

机构名称缩写：ISO

机构名称缩写（英文）：ISO

机构网站：https：//www.iso.org/home.html

简介：ISO 是一个制定并发布国际标准的组织，成立于 1947 年。该组织制定和发布除电气和电子工程以外的所有技术和非技术领域的国际标准，这些标准由国际电工委员会负责。截至 2023 年 2 月，ISO 已经制定了超过 24676 个标准，涵盖了从制成品和技术到食品安全、农业和医疗保健的所有内容。

工作语言：俄语、法语、英语

咨商地位：1947 年提交咨商地位申请，获得联合国经社理事会特别咨商地位

活动领域：国际标准制定

总部地址：瑞士

International Organization for the Elimination of All Forms of Racial Discrimination（消除一切形式种族歧视国际组织）

机构名称：消除一切形式种族歧视国际组织

机构名称（英文）：International Organization for the Elimination of All Forms of Racial Discrimination

机构名称缩写：EAFORD

机构名称缩写（英文）：EAFORD

机构网站：https：//www.eaford.org/

简介：EAFORD 是一个国际人权组织，于 1976 年成立。该组织的哲学和活动以人民和个人在尊严和权利上平等的原则为基础，呼吁恢复国际法统治。EAFORD 在工作中特别关注那些根据既定的国际法规则和国际公约被联合国大会和其他联合国机构确定为种族主义和种族歧视形式的意识形态和政策。正是在此基础上，该组织专注于种族隔离和犹太复国主义的意识形态体系，以及殖民地定居者社会中土著人民的状况。

工作语言：英语

咨商地位：1981年提交咨商地位申请，获得联合国经社理事会特别咨商地位

活动领域：人权、国际法、消除种族歧视

总部地址：瑞士

International Organization for the Right to Education and Freedom of Education（国际教育权利和教育自由组织）

机构名称：国际教育权利和教育自由组织

机构名称（英文）：International Organization for the Right to Education and Freedom of Education

机构名称缩写：OIDEL

机构名称缩写（英文）：OIDEL

机构网站：https://www.oidel.org/

简介：OIDEL是一个非营利性协会、非政府组织，于1985年成立，具有联合国、教科文组织和欧洲委员会的咨商地位。该组织的目标是促进受教育权，这项权利需要公共当局提供服务，并保护教育利益相关者的自由（教育自由）。OIDEL的行动主要基于《世界人权宣言》第26条和《联合国经济、社会、文化权利国际公约》第13条。

工作语言：英语、法语

咨商地位：1989年提交咨商地位申请，获得联合国经社理事会特别咨商地位

活动领域：教育

总部地址：瑞士

International Organization of Automobile Manufacturers（国际汽车制造商组织，Organisation Internationale des Constructeurs d'Automobiles）

机构名称：国际汽车制造商组织（Organisation Internationale des Constructeurs d'Automobiles）

机构名称（英文）：International Organization of Automobile Manufacturers

机构名称缩写：OICA

机构名称缩写（英文）：IOAM

机构网站：https：//www. oica. net

简介：OICA 是一个支持车辆制造商、装配商和制造商利益的跨国组织，成立于巴黎。该组织提供有关世界机动车生产、车辆销售和使用车辆的年度统计数据。

工作语言：英语

咨商地位：1956 年提交咨商地位申请，获得联合国经社理事会特别咨商地位

活动领域：车辆制造

总部地址：法国

International Organization of Employers（国际雇主组织）

机构名称：国际雇主组织

机构名称（英文）：International Organization of Employers

机构名称缩写：IOE

机构名称缩写（英文）：IOE

机构网站：https：//www. ioe-emp. org/

简介：IOE 是全球最大的私营部门网络。IOE 旨在与成员和合作伙伴合作，在世界各地创造一个可持续的经济环境，促进自由公平的企业环境。

工作语言：英语、法语、西班牙语

咨商地位：1947 年提交咨商地位申请，获得联合国经社理事会特别咨商地位

活动领域：经济

总部地址：瑞士

International Organization of Experts（国际专家组织）

机构名称：国际专家组织

机构名称（英文）：International Organization of Experts

机构名称缩写：ORDINEX

机构名称缩写（英文）：ORDINEX

机构网站：https：//www.ordinex.net

简介：ORDINEX 汇集了专家、咨询和专业组织，成立于 1961 年。ORDINEX 主要是在全球范围内重视、倡导和捍卫专家职业；在专业知识领域，ORDINEX 打算成为那些监督各自国家工业部门的个人合作伙伴。

工作语言：英语、法语

咨商地位：1971 年提交咨商地位申请，获得联合国经社理事会特别咨商地位

活动领域：专家咨询

总部地址：瑞士

International Organization of Supreme Audit Institutions（最高审计机构国际组织）

机构名称：最高审计机构国际组织

机构名称（英文）：International Organization of Supreme Audit Institutions

机构名称缩写：INTOSAI

机构名称缩写（英文）：INTOSAI

机构网站：https：//www.intosai.org

简介：INTOSAI 是一个自治、独立和非政治性的组织，作为外部政府审计界的伞式组织运作。INTOSAI 旨在：促进思想、知识和经验的交流；作为国际社会中公认的最高审计机关的全球公共声音；为公共部门审计制定标准；促进良好的国家治理。

工作语言：英语

咨商地位：1998 年提交咨商地位申请，获得联合国经社理事会特别咨商地位

活动领域：公共治理、审计

总部地址：奥地利

International Osteoporosis Foundation（国际骨质疏松症基金会）

机构名称：国际骨质疏松症基金会

机构名称（英文）：International Osteoporosis Foundation

机构名称缩写：IOF

机构名称缩写（英文）：IOF

机构网站：https：//www.iofbonehealth.org/

简介：IOF 成立于 1998 年，是一个致力于预防、诊断和治疗骨质疏松症和相关肌肉骨骼疾病的非政府组织，其愿景是建立一个没有脆弱骨折的世界，实现广泛的健康。

工作语言：英语

咨商地位：2008 年提交咨商地位申请，获得联合国经社理事会特别咨商地位

活动领域：公共卫生、医学

总部地址：瑞士

International Partnership for Human Rights（国际人权伙伴关系）

机构名称：国际人权伙伴关系

机构名称（英文）：International Partnership for Human Rights

机构名称缩写：IPHR

机构名称缩写（英文）：IPHR

机构网站：https：//www.iphronline.org/

简介：IPHR 成立于 2008 年，是一个非政府组织，总部位于布鲁塞尔。IPHR 与来自不同国家的民间社会团体密切合作，在国际层面上提出人权问题，并促进对弱势群体权利的尊重。IPHR 致力于在全球范围内促进人权。

工作语言：德语、英语、法语、斯洛伐克语、芬兰语、俄语、瑞典语

咨商地位：2014 年提交咨商地位申请，获得联合国经社理事会特别咨商地位

活动领域：人权、政治、社会

总部地址：比利时

International Peace Bureau（国际和平局）

机构名称：国际和平局

机构名称（英文）：International Peace Bureau

机构名称缩写：IPB

机构名称缩写（英文）：IPB

机构网站：https://www.ipb.org/

简介：IPB 成立于 1891 年，是世界和平大会协商的结果。IPB 致力于实现无战争世界的愿景，行动以裁军促进可持续发展为目标，以重新分配军事支出为重点。

工作语言：法语、英语、西班牙语

咨商地位：1977 年提交咨商地位申请，获得联合国经社理事会特别咨商地位

活动领域：和平、裁军、可持续发展

总部地址：瑞士

International Pharmaceutical Federation（国际药学联合会）

机构名称：国际药学联合会

机构名称（英文）：International Pharmaceutical Federation

机构名称缩写：FIP

机构名称缩写（英文）：FIP

机构网站：https://www.fip.org/

简介：FIP 是代表 400 多万药剂师和制药科学家的全球机构。该组织致力于满足世界的医疗保健需求，自 1948 年以来一直与世界卫生组织保持官方关系。

工作语言：英语

咨商地位：获得联合国经社理事会特别咨商地位

活动领域：公共卫生

总部地址：荷兰

International Pharmaceutical Students' Federation（国际药学学生联合会）

机构名称：国际药学学生联合会

机构名称（英文）：International Pharmaceutical Students' Federation

机构名称缩写：IPSF

机构名称缩写（英文）：IPSF

机构网站：https：//www.ipsf.org

简介：IPSF是制药和制药科学学生以及应届毕业生的领先国际倡导组织，成立于1949年。该组织旨在通过提供信息、教育、网络以及一系列出版物和专业举措来促进改善公共卫生。

工作语言：英语、法语、西班牙语、阿拉伯语

咨商地位：2006年提交咨商地位申请，获得联合国经社理事会特别咨商地位

活动领域：公共卫生、药学

总部地址：荷兰

International Planned Parenthood Federation（国际计划生育联合会）

机构名称：国际计划生育联合会

机构名称（英文）：International Planned Parenthood Federation

机构名称缩写：IPPF

机构名称缩写（英文）：IPPF

机构网站：https：//www.ippf.org/

简介：IPPF是全球医疗保健提供商，也是人人享有性健康和生殖健康及权利（SRHR）的主要倡导者。志愿服务是IPPF医疗保健服务的核心，包括全面的性教育、提供避孕药具、安全堕胎和孕产妇护理以及应对人道主义危机。

工作语言：英语、法语、阿拉伯语、西班牙语

咨商地位：1973年提交咨商地位申请，获得联合国经社理事会特别咨商地位

活动领域：健康、人道主义、妇女安全

总部地址：英国

International Police Association（国际警察协会）

机构名称：国际警察协会

机构名称（英文）：International Police Association

机构名称缩写：IPA

机构名称缩写（英文）：IPA

机构网站：https://www.ipa-international.org/

简介：IPA是世界上最大的警察协会，成立于1950年。该组织旨在建立和加强警察部门成员之间的友谊纽带，促进社会、文化和专业领域的国际合作，鼓励各国人民之间的和平共处和维护世界和平，改善警察部门的公共形象，并加强国际机构对IPA的认可。

工作语言：英语、法语、德语、西班牙语

咨商地位：2004年提交咨商地位申请，获得联合国经社理事会特别咨商地位

活动领域：社会、文化、安全

总部地址：英国

International Press Institute（国际新闻学会）

机构名称：国际新闻学会

机构名称（英文）：International Press Institute

机构名称缩写：IPI

机构名称缩写（英文）：IPI

机构网站：http://www.ipi.media

简介：IPI是一个由编辑、媒体高管和主要记者组成的全球网络，成立于1950年。该组织的使命是捍卫媒体自由和新闻自由流动。

工作语言：英语

咨商地位：1993年提交咨商地位申请，获得联合国经社理事会特别咨商地位

活动领域：传媒

总部地址：奥地利

International Prison Chaplains' Association（国际监狱牧师协会）

机构名称：国际监狱牧师协会

机构名称（英文）：International Prison Chaplains' Association

机构名称缩写：IPCA

机构名称缩写（英文）：IPCA

机构网站：https：//www.ipcaworldwide.org/

简介：IPCA 帮助各地的基督教监狱牧师相互联系，以更有效地开展工作。该组织旨在不分种族、性别和宗教地支持所有牧师。IPCA 致力于实施和平与正义，并申明所有国家有义务采用联合国建议的所有标准。

工作语言：英语

咨商地位：2014 年提交咨商地位申请，获得联合国经社理事会特别咨商地位

活动领域：宗教、和平

总部地址：法国

International Programme on the State of the Ocean（国际海洋状况方案）

机构名称：国际海洋状况方案

机构名称（英文）：International Programme on the State of the Ocean

机构名称缩写：IPSO

机构名称缩写（英文）：IPSO

机构网站：http：//www.stateoftheocean.org

简介：IPSO 是一项倡议，旨在使人们能够更科学地了解海洋为人类提供的服务以及人类主要压力对海洋的影响，从而能够探索解决方案，并与决策者和公众进行更多沟通。为此，该倡议汇集了科学、通信、政策和法律学科。

工作语言：英语

咨商地位：2019 年提交咨商地位申请，获得联合国经社理事会特别咨商地位

活动领域：海洋、环保

总部地址：英国

International Progress Organization（国际进步组织）

机构名称：国际进步组织

机构名称（英文）：International Progress Organization

机构名称缩写：IPO

机构名称缩写（英文）：IPO

机构网站：https：//www.i-p-o.org/

简介：IPO旨在鼓励所有国家之间的文化交流，努力促进对所有民族和文化的宽容，并强调人类自由、社会和经济发展、和平和国际法治。该组织：赞助关于民主人权等主题的国际会议和研究研讨会；监测各国的选举和人权状况；与各大洲的学术机构和国际非政府组织合作。

工作语言：英语、法语

咨商地位：1977年提交咨商地位申请，获得联合国经社理事会特别咨商地位

活动领域：文化、社会

总部地址：奥地利

International Psychoanalytical Association（国际心理分析协会）

机构名称：国际心理分析协会

机构名称（英文）：International Psychoanalytical Association

机构名称缩写：IPA

机构名称缩写（英文）：IPA

机构网站：https：//www.ipa.world

简介：IPA是一个精神分析组织，旨在培养和增强成员对国际精神分析组织和社区的参与和归属感。IPA是世界上该行业的主要认证和监管机构，使命是确保精神分析科学的持续活力和发展。

工作语言：西班牙语、英语

咨商地位：1998年提交咨商地位申请，获得联合国经社理事会特别咨商地位

活动领域：心理学

总部地址：英国

International Public Relations Association（国际公共关系协会）

机构名称：国际公共关系协会

机构名称（英文）：International Public Relations Association

机构名称缩写：IPRA

机构名称缩写（英文）：IPRA

机构网站：https：//www.ipra.org/

简介：IPRA是公关专业人员以个人身份参与的全球领先网络，成立于1955年。该组织旨在促进值得信赖的沟通和公共关系的道德实践。

工作语言：英语

咨商地位：1984年提交咨商地位申请，获得联合国经社理事会特别咨商地位

活动领域：国际公共关系

总部地址：英国

International Publishers Association（国际出版商协会）

机构名称：国际出版商协会

机构名称（英文）：International Publishers Association

机构名称缩写：IPA

机构名称缩写（英文）：IPA

机构网站：https：//www.internationalpublishers.org

简介：IPA是世界上最大的国家、地区和专业出版商协会联合会，1896年于巴黎成立，总部位于瑞士日内瓦。该组织旨在确保世界各国尊重版权，在国际论坛和出版商利益受到威胁的地方代表出版业的利益。

工作语言：英语、法语、葡萄牙语

咨商地位：获得联合国经社理事会特别咨商地位

活动领域：文化、法律

总部地址：瑞士

International Network of Green Planners（国际绿色规划师网络）

机构名称：国际绿色规划师网络

机构名称（英文）：International Network of Green Planners

机构名称缩写：INGP

机构名称缩写（英文）：INGP

机构网站：https：//www.iclei.org

简介：INGP成立于1992年，是一个非正式网络，旨在提高参与制定

和实施计划、政策框架和想法的从业人员的专业性,通过这些计划、政策框架和想法支持长期环境政策规划以及该领域与外部发展的互动;刺激适用于不同社会经济环境的工具和技术的开发。

工作语言:英语

咨商地位:无

活动领域:环保、政策规划、技术开发等

总部地址:荷兰

International Network of Subcontractin, Industrial Cooperation and Partnership Organization(国际分包、工业合作和伙伴组织网络)

机构名称:国际分包、工业合作和伙伴组织网络

机构名称(英文):International Network of Subcontractin, Industrial Cooperation and Partnership Organization

机构名称缩写:无

机构名称缩写(英文):无

机构网站:https://www.uia.org/s/or/en/1100042943

简介:International Network of Subcontractin, Industrial Cooperation and Partnership Organization 是成立于 1990 年的非政府组织,自 2005 年起没有活动报告。

工作语言:英语

咨商地位:无

活动领域:国际分包、工业合作

总部地址:比利时

International Organization for Promoting Public Diplomacy, Science, Education and Youth Cooperation "Eurasian Commonwealth"(促进公共外交、科学、教育和青年合作国际组织"欧亚联邦")

机构名称:促进公共外交、科学、教育和青年合作国际组织"欧亚联邦"

机构名称(英文):International Organization for Promoting Public Diplomacy, Science, Education and Youth Cooperation "Eurasian Commonwealth"

机构名称缩写：EAC

机构名称缩写（英文）：EAC

机构网站：https://www.inoeacom.org/

简介：EAC 是一个旨在促进公共外交、科学、教育和青年合作的国际组织。

工作语言：英语、俄语

咨商地位：2016 年提交咨商地位申请，获得联合国经社理事会特别咨商地位

活动领域：公共外交、科学、教育等

总部地址：俄罗斯

International PEN（国际笔会）

机构名称：国际笔会

机构名称（英文）：International PEN

机构名称缩写：PEN

机构名称缩写（英文）：无

机构网站：https://www.pen-international.org/

简介：PEN 于 1921 年在英国伦敦成立。PEN 致力于捍卫言论自由，保护、庇护和安置处境危险的作家。PEN 的紧急支持工作包括国际运动、对面临风险的作家的直接援助。其研究、咨询和宣传支持每个国家内部和所有国家之间不受阻碍的思想传播。

工作语言：法语、西班牙语、英语

咨商地位：2002 年提交咨商地位申请，获得联合国经社理事会特别咨商地位

活动领域：言论自由、政治

总部地址：英国

International Planned Parenthood Federation, Europe Region（国际计划生育联合会，欧洲地区）

机构名称：国际计划生育联合会，欧洲地区

机构名称（英文）：International Planned Parenthood Federation, Europe

Region

机构名称缩写：IPPF

机构名称缩写（英文）：IPPF

机构网站：https://www.eseaor.ippf.org/about-us

简介：IPPF 是全球医疗保健提供商，也是人人享有性健康和生殖健康及权利（SRHR）的主要倡导者。志愿服务是 IPPF 医疗保健服务的核心，包括全面的性教育、提供避孕药具、安全堕胎和孕产妇护理以及应对人道主义危机。

工作语言：英语

咨商地位：2003 年提交咨商地位申请，获得联合国经社理事会特别咨商地位

活动领域：健康、人道主义、妇女安全

总部地址：比利时

International Right to Life Federation（国际生命权联合会）

机构名称：国际生命权联合会

机构名称（英文）：International Right to Life Federation

机构名称缩写：IRLF

机构名称缩写（英文）：IRLF

机构网站：https://www.uia.org/s/or/en/1100032224

简介：IRLF 成立于 1984 年，旨在为全世界所有人类生命寻求平等的保护，从受精到自然死亡。

工作语言：英语

咨商地位：1987 年提交咨商地位申请，获得联合国经社理事会特别咨商地位

活动领域：社会

总部地址：荷兰

International Social Science Council（国际社会科学理事会）

机构名称：国际社会科学理事会

机构名称（英文）：International Social Science Council

机构名称缩写：ISSC

机构名称缩写（英文）：ISSC

机构网站：https：//www.uia.org/s/or/en/1100053199

简介：ISSC 旨在促进社会科学及其对于当代主要问题的应用，其方法是在国际区域组织的水平上，让社会科学家和社会科学组织之间开展合作。国际科学理事会和国际社会科学理事会于 2018 年合并为国际科学理事会。

工作语言：英语、法语、西班牙语

咨商地位：1985 年提交咨商地位申请，获得联合国经社理事会特别咨商地位（现已暂停）

活动领域：社会科学

总部地址：法国

International Social Security Association（国际社会保障协会）

机构名称：国际社会保障协会

机构名称（英文）：International Social Security Association

机构名称缩写：ISSA

机构名称缩写（英文）：ISSA

机构网站：无

简介：ISSA 是世界领先的社会保障机构、政府部门和机构的国际组织。该组织通过专业指导方针、专业知识、服务和支持来促进社会保障管理的卓越性，使其成员能够在世界各地制定充满活力的社会保障体系和政策。

工作语言：英语、德语、西班牙语、法语

咨商地位：无

活动领域：社会保障

总部地址：瑞士

International Support for Human Rights（国际支持人权）

机构名称：国际支持人权

机构名称（英文）：International Support for Human Rights

机构名称缩写：ISHR

机构名称缩写（英文）：ISHR

机构网站：http：//www.isfhrworld@gmail.com（仅邮箱）

简介：ISHR 是一个独立的非营利组织，在日内瓦和纽约设有办事处，通过支持人权维护者、加强人权标准和制度以及领导和参与人权联盟来促进和保护人权。

工作语言：英语、汉语、德语、日语、西班牙语、意大利语、法语、阿拉伯语

咨商地位：2021 年提交咨商地位申请，获得联合国经社理事会特别咨商地位

活动领域：人权

总部地址：瑞士

International Sustainable Development Network（国际可持续发展网络）

机构名称：国际可持续发展网络

机构名称（英文）：International Sustainable Development Network

机构名称缩写：ISDN

机构名称缩写（英文）：ISDN

机构网站：https：//www.isdn.org

简介：ISDN 旨在促进国际可持续发展。

工作语言：英语、法语、葡萄牙语

咨商地位：无

活动领域：可持续发展

总部地址：英国

International Telecommunication Academy（国际电信学院）

机构名称：国际电信学院

机构名称（英文）：International Telecommunication Academy

机构名称缩写：ITA

机构名称缩写（英文）：ITA

机构网站：无

简介：ITA 成立于 1996 年。

工作语言：英语

咨商地位：2001 年提交咨商地位申请，获得联合国经社理事会特别咨商地位

活动领域：电信

总部地址：俄罗斯

International Union of Police Federations（国际警察联合会）

机构名称：国际警察联合会

机构名称（英文）：International Union of Police Federations

机构名称缩写：IUPF

机构名称缩写（英文）：IUPF

机构网站：https：//www.iupa.org

简介：IUPF 旨在保护国际治安与公共安全。

工作语言：英语

咨商地位：1971 年提交咨商地位申请，获得联合国经社理事会特别咨商地位

活动领域：治安、公共安全

总部地址：卢森堡

International Union of Technical Associations and Organisations（国际技术协会和组织联合会，Union Internationale des Associations et Organismes Scientifiques et Techniques）

机构名称：国际技术协会和组织联合会（Union Internationale des Associations et Organismes Scientifiques et Techniques）

机构名称（英文）：International Union of Technical Associations and Organisations

机构名称缩写：UATI

机构名称缩写（英文）：IUTAO

机构网站：http：//www.uia.org/s/or/en/1100043059

简介：UATI 作为国际工程组织联盟，成立于 1950 年。该组织旨在促进和协调：教育和培训活动以及科学、技术、社会和文化交流，特别是与发展中国家和新兴国家的交流；可持续发展，特别是作为消除贫困和提高生活水平的手段；减少自然和人为灾害风险。

工作语言：英语

咨商地位：无

活动领域：技术、文化、科学

总部地址：法国

International Raiffeisen Union（国际赖菲森联盟）

机构名称：国际赖菲森联盟

机构名称（英文）：International Raiffeisen Union

机构名称缩写：IRU

机构名称缩写（英文）：IRU

机构网站：http://www.iru.de/about-iru/

简介：IRU 是国家合作社组织的全球性自愿协会，成立于 1968 年。该组织的基本任务是翻译 Friedrich Wilhelm Raiffeisen 在当下的想法，将其付诸实践，并用现代手段传播它们。其优先任务是促进其成员组织之间的经验交流。

工作语言：德语、法语、西班牙语、英语

咨商地位：获得联合国经社理事会特别咨商地位

活动领域：社会

总部地址：德国

International Rainwater Harvesting Alliance（国际雨水收集联盟）

机构名称：国际雨水收集联盟

机构名称（英文）：International Rainwater Harvesting Alliance

机构名称缩写：IRHA

机构名称缩写（英文）：IRHA

机构网站：http://www.irha-h2o.org/en

简介：IRHA 是一个瑞士非政府组织，自 2002 年以来总部设在日内瓦。该组织的任务是促进雨水作为解决水资源短缺、破坏生态系统和社区自然灾害的可持续解决方案。

工作语言：英语、法语

咨商地位：2010 年提交咨商地位申请，获得联合国经社理事会特别咨商地位

活动领域：环保、节水

总部地址：瑞士

International Real Estate Federation（国际房地产联合会）

机构名称：国际房地产联合会

机构名称（英文）：International Real Estate Federation

机构名称缩写：FIABCI

机构名称缩写（英文）：IREF

机构网站：http://www.fiabci.org/

简介：FIABCI 于 1951 年在巴黎成立，是一个全球性的商业网络组织，面向所有与房地产行业相关的专业人士。该组织为有兴趣获得知识、共享信息和相互开展国际业务的房地产专业人士提供了访问平台和机会。

工作语言：法语、日语、西班牙语、德语、英语

咨商地位：1995 年提交咨商地位申请，获得联合国经社理事会特别咨商地位

活动领域：商业

总部地址：法国

International Rehabilitation Council for Torture Victims（国际酷刑受害者康复理事会）

机构名称：国际酷刑受害者康复理事会

机构名称（英文）：International Rehabilitation Council for Torture Victims

机构名称缩写：IRCT

机构名称缩写（英文）：IRCT

机构网站：https://www.irct.org

简介：IRCT 是最大的全球医疗和法律专业人员网络，在 76 个国家拥

有 160 个成员中心。该组织与酷刑幸存者一起工作，并通过康复重建他们的生活，为他们的人权和正义而战。

工作语言：英语

咨商地位：1996 年提交咨商地位申请，获得联合国经社理事会特别咨商地位

活动领域：医疗

总部地址：丹麦

International Risk Governance Council（国际风险治理委员会）

机构名称：国际风险治理委员会

机构名称（英文）：International Risk Governance Council

机构名称缩写：IRGC

机构名称缩写（英文）：IRGC

机构网站：https：//www.irgc.org/

简介：IRGC 是一个总部位于瑞士的独立非营利性基金会，旨在改善对已经或可能对人类和环境健康、经济和社会以及整体可持续性产生影响的新出现的和系统性风险的管理。

工作语言：英语

咨商地位：2012 年提交咨商地位申请，获得联合国经社理事会特别咨商地位

活动领域：经济、环境

总部地址：瑞士

International Road Assessment Programme（国际道路评估方案）

机构名称：国际道路评估方案

机构名称（英文）：International Road Assessment Programme

机构名称缩写：IRAP

机构名称缩写（英文）：IRAP

机构网站：https：//www.irap.org/

简介：IRAP 是一个注册慈善机构，致力于通过消除世界各地的高风险道路来拯救生命。像许多在公共卫生领域工作的拯救生命的慈善机构一

样，IRAP 使用一种强有力的、基于证据的方法来防止不必要的死亡和痛苦。

工作语言：葡萄牙语、法语、汉语、俄语、西班牙语、英语

咨商地位：2021 年提交咨商地位申请，获得联合国经社理事会特别咨商地位

活动领域：公共卫生、慈善

总部地址：英国

International Road Federation（国际路联）

机构名称：国际路联

机构名称（英文）：International Road Federation

机构名称缩写：IRF

机构名称缩写（英文）：IRF

机构网站：https://www.irf.global

简介：IRF 是一个全球性的非营利组织，成立于 1948 年。该组织通过提供世界一流的知识资源、宣传服务和继续教育计划，为 70 多个国家的公共和私营部门成员提供网络服务，这些项目共同为最佳实践和行业解决方案提供了一个全球市场。

工作语言：英语

咨商地位：1951 年提交咨商地位申请，获得联合国经社理事会特别咨商地位

活动领域：社会

总部地址：瑞士

International Road Transport Union（国际公路运输协会）

机构名称：国际公路运输协会

机构名称（英文）：International Road Transport Union

机构名称缩写：IRU

机构名称缩写（英文）：IRU

机构网站：https://www.iru.org/

简介：IRU 是推动全球人员和货物可持续流动的组织，旨在将社会与

安全、高效、绿色的流动性和物流联系起来的全球领导者，其成员主要是国家客运或货物运输协会。

工作语言：英语、法语

咨商地位：2013年提交咨商地位申请，获得联合国经社理事会特别咨商地位

活动领域：交通运输

总部地址：瑞士

International Road Victims' Partnership Company Limited by Guarantee（国际道路受害者合伙担保有限公司）

机构名称：国际道路受害者合伙担保有限公司

机构名称（英文）：International Road Victims' Partnership Company Limited by Guarantee

机构名称缩写：IRVP

机构名称缩写（英文）：IRVP

机构网站：https：//www.irvp.org

简介：IRVP是由来自世界所有地区的非政府组织组成的团体，与所有道路安全利益相关者合作，以改善碰撞后的响应。

工作语言：西班牙语、意大利语、英语、希腊语（现代）

咨商地位：2023年提交咨商地位申请，获得联合国经社理事会特别咨商地位

活动领域：安全

总部地址：爱尔兰

International Romani Union（国际罗姆人联合会）

机构名称：国际罗姆人联合会

机构名称（英文）：International Romani Union

机构名称缩写：IRU

机构名称缩写（英文）：IRU

机构网站：http：//www.iromaniunion.org/index.php/en/

简介：IRU成立于1971年，旨在将世界上的吉普赛人、罗马人、辛提

人聚集在一起；通过语言和文化培养他们之间的统一感；打击各种形式的反吉普赛种族主义；向非吉普赛人提供有关吉普赛人的教育材料，并监测媒体的虚假陈述；改善罗姆人的健康和就业条件等。

工作语言：英语、罗马尼亚语

咨商地位：无

活动领域：文化、种族

总部地址：拉脱维亚

International Schools Association（国际学校协会）

机构名称：国际学校协会

机构名称（英文）：International Schools Association

机构名称缩写：ISA

机构名称缩写（英文）：ISA

机构网站：https://www.isaschools.org

简介：ISA 是国际教育界最资深的组织，是第一个获得教科文组织咨商地位的教育非政府组织，成立于1951年。该组织致力于为教育工作者提供必要的指导，以帮助学校定义他们对教育中"国际"一词的理解。

工作语言：英语、法语、西班牙语

咨商地位：1970年提交咨商地位申请，获得联合国经社理事会特别咨商地位

活动领域：教育

总部地址：瑞士

International Service for Human Rights（国际人权服务社）

机构名称：国际人权服务社

机构名称（英文）：International Service for Human Rights

机构名称缩写：ISHR

机构名称缩写（英文）：ISHR

机构网站：https://www.ishr.ch/zh-hans/

简介：ISHR 致力于以全面和整体的方式维护人权。该组织主要通过以下方式产生影响：支持人权捍卫者；促进权利和问题；加强人权法律和

制度。

工作语言：英语

咨商地位：1991 年提交咨商地位申请，获得联合国经社理事会特别咨商地位

活动领域：捍卫人权

总部地址：瑞士

International Shipping Federation（国际海运联合会）

机构名称：国际海运联合会

机构名称（英文）：International Shipping Federation

机构名称缩写：ISF

机构名称缩写（英文）：ISF

机构网站：http：//www.marinegyaan.com/what-is-isf-international-shipping-federation/

简介：ISF 是一个代表国际船东雇主利益的机构，1909 年于伦敦成立。该组织旨在充当成员关于海上就业相关发展的信息交换所，提出和协调国际船东对这些发展的立场等。

工作语言：英语

咨商地位：1969 年提交咨商地位申请，获得联合国经社理事会特别咨商地位

活动领域：商业、经济

总部地址：英国

International Social Service（国际社会服务）

机构名称：国际社会服务

机构名称（英文）：International Social Service

机构名称缩写：ISS

机构名称缩写（英文）：ISS

机构网站：https：//www.iss-ssi.org/

简介：ISS 成立于 1924 年，以应对 19 世纪末开始的大规模欧洲移民。该组织旨在确保尊重每个人，特别是儿童的人权，致力于支持、保护、团

聚和调解因跨境移民而离散的儿童、家庭和个人。

工作语言：英语、西班牙语、法语

咨商地位：1947年提交咨商地位申请，获得联合国经社理事会特别咨商地位

活动领域：人权

总部地址：瑞士

International Society for Human Rights（国际人权协会）

机构名称：国际人权协会

机构名称（英文）：International Society for Human Rights

机构名称缩写：ISHR

机构名称缩写（英文）：ISHR

机构网站：https：//www.ishr.org/

简介：ISHR是一个国际性的非政府、非营利性人权组织，成立于1972年。该组织致力于推动落实联合国1948年国际人权宣言，旨在倡导那些在本国以非暴力方式参与实现人权或因主张其权利而受到迫害的人。

工作语言：英语、法语、西班牙语、德语

咨商地位：2003年提交咨商地位申请，获得联合国经社理事会特别咨商地位

活动领域：人权

总部地址：德国

International Society for Photogrammetry and Remote Sensing（国际摄影测量与遥感学会）

机构名称：国际摄影测量与遥感学会

机构名称（英文）：International Society for Photogrammetry and Remote Sensing

机构名称缩写：ISPRS

机构名称缩写（英文）：ISPRS

机构网站：https：//www.isprs.org/

简介：ISPRS是一个国际性非政府组织，成立于1910年。该组织旨在加强对摄影测量、遥感和空间信息科学感兴趣的世界范围组织之间的国际

合作。

工作语言：英语、德语、法语

咨商地位：获得联合国经社理事会特别咨商地位

活动领域：摄影、空间信息科学

总部地址：德国

International Society for Prosthetics and Orthotics（国际假肢和矫形师协会）

机构名称：国际假肢和矫形师协会

机构名称（英文）：International Society for Prosthetics and Orthotics

机构名称缩写：ISPO

机构名称缩写（英文）：ISPO

机构网站：https：//www.ispoint.org

简介：ISPO 是参与提供假肢和矫形护理、康复工程和相关领域的所有专业人士的全球会员组织。该组织的使命是通过以下方式改善可能从假肢、矫形、移动性和辅助技术的康复实践中受益的人的生活质量：促进多学科实践；促进专业教育，提供优质护理等。

工作语言：英语

咨商地位：1993 年提交咨商地位申请，获得联合国经社理事会特别咨商地位

活动领域：医学、术后护理

总部地址：比利时

International Society for Soil Mechanics and Geotechnical Engineering（国际土力学与岩土工程学会）

机构名称：国际土力学与岩土工程学会

机构名称（英文）：International Society for Soil Mechanics and Geotechnical Engineering

机构名称缩写：ISSMGE

机构名称缩写（英文）：ISSMGE

机构网站：https：//www.issmge.org

简介：ISSMGE 是一个国际专业协会，起源于 1936 年 6 月在哈佛大学举行的土壤力学和基础工程国际会议，目前总部位于伦敦。该协会组织主题包括深地基、地震工程和地下建设的会议。它的主要活动是四年一度的土壤力学和岩土工程国际会议。

工作语言：英语

咨商地位：无

活动领域：土壤力学

总部地址：英国

International Society of City and Regional Planners（国际城市和区域规划师协会）

机构名称：国际城市和区域规划师协会

机构名称（英文）：International Society of City and Regional Planners

机构名称缩写：ISOCARP

机构名称缩写（英文）：ISOCARP

机构网站：https：//www.isocarp.org/

简介：ISOCARP 成立于 1965 年，汇集了来自 90 多个国家的个人和机构成员。其愿景是通过综合参与式城市和领土规划，使城市和人类居住区具有包容性、安全性、复原力和可持续性。

工作语言：英语

咨商地位：获得联合国经社理事会特别咨商地位

活动领域：城市规划

总部地址：荷兰

International Society of Doctors for the Environment（国际环境医生协会）

机构名称：国际环境医生协会

机构名称（英文）：International Society of Doctors for the Environment

机构名称缩写：ISDE

机构名称缩写（英文）：ISDE

机构网站：https：//www.isde.org/

简介：ISDE 旨在帮助和保护人类居住的地方和全球环境，以预防多种疾病，确保必要的健康条件，并提高生活质量。

工作语言：英语

咨商地位：2002 年提交咨商地位申请，获得联合国经社理事会特别咨商地位

活动领域：保卫环境、健康

总部地址：瑞士

International Sociological Association（国际社会学协会）

机构名称：国际社会学协会

机构名称（英文）：International Sociological Association

机构名称缩写：ISA

机构名称缩写（英文）：ISA

机构网站：https://www.isa-sociology.org/

简介：ISA 是一个非营利组织，创立于 1949 年，与联合国教育科学文化组织有正式关系，目前共有来自 109 个国家的会员参与其中。其宗旨是："代表各地不同学校、不同意识形态的社会学家，在全世界推广社会学知识"。

工作语言：英语

咨商地位：2003 年提交咨商地位申请，获得联合国经社理事会特别咨商地位

活动领域：社会学

总部地址：西班牙

International Soil Reference and Information Centre（国际土壤参考和信息中心）

机构名称：国际土壤参考和信息中心

机构名称（英文）：International Soil Reference and Information Centre

机构名称缩写：ISRIC

机构名称缩写（英文）：ISRIC

机构网站：https://www.isric.org

简介：ISRIC 是一个独立的基金会，其使命是作为全球土壤信息的保管人为国际社会服务。该组织支持全球、国家和国家以下各级的土壤数据、信息和知识供应，以应用于土壤和土地的可持续管理。

工作语言：英语

咨商地位：无

活动领域：土壤数据、土地可持续管理

总部地址：荷兰

International Solar Energy Society（国际太阳能学会）

机构名称：国际太阳能学会

机构名称（英文）：International Solar Energy Society

机构名称缩写：ISES

机构名称缩写（英文）：ISES

机构网站：https://www.ises.org/

简介：ISES 是促进可再生能源开发和利用的全球性组织，成立于1954年。ISES 致力于进行产品研究，帮助可再生能源行业发展。ISES 通过其知识共享和社区建设计划，为其成员提供技术答案，以加快向100%可再生能源的转型。

工作语言：英语

咨商地位：1973年提交咨商地位申请，获得联合国经社理事会特别咨商地位

活动领域：可再生能源

总部地址：德国

International Solid Waste Association（国际固体废弃物协会）

机构名称：国际固体废弃物协会

机构名称（英文）：International Solid Waste Association

机构名称缩写：ISWA

机构名称缩写（英文）：ISWA

机构网站：https://www.iswa.org

简介：ISWA 是一个非政府的、独立的、非营利性的章程协会，其使

命是在世界范围内促进和发展专业废物管理，为可持续发展作出贡献。ISWA 的目标是在全球范围内交换有关废物管理各个方面的信息和经验。该协会通过技术开发和改进实践来促进采用可接受的专业废物管理和公共清洁系统，以保护人类生命、健康和环境，并节约材料和能源。

工作语言：英语

咨商地位：2003 年提交咨商地位申请，获得联合国经社理事会特别咨商地位

活动领域：废物管理、可持续发展

总部地址：奥地利

International Special Dietary Foods Industries（国际特殊膳食食品工业）

机构名称：国际特殊膳食食品工业

机构名称（英文）：International Special Dietary Foods Industries

机构名称缩写：ISDFI

机构名称缩写（英文）：ISDFI

机构网站：https://www.isdfi.org

简介：ISDFI 是国际领先的特殊膳食食品专家协会，汇集了来自六大洲 20 多个国家活跃于该食品行业的国家和国际协会。ISDFI 的愿景是通过确保所有年龄段有特殊饮食需求的人获得最佳营养，成为丰富生活方面得到认可和值得信赖的合作伙伴。

工作语言：英语

咨商地位：获得联合国经社理事会特别咨商地位

活动领域：食品安全、营养学

总部地址：瑞士

International Statistical Institute（国际统计学会）

机构名称：国际统计学会

机构名称（英文）：International Statistical Institute

机构名称缩写：ISI

机构名称缩写（英文）：ISI

机构网站：https：//www.isi-web.org

简介：ISI 成立于 1885 年，旨在通过为推进统计知识的学习和最佳实践、分享最新发展成果以及创造网络学机会提供良好的环境。

工作语言：英语、荷兰语

咨商地位：1947 年提交咨商地位申请，获得联合国经社理事会特别咨商地位

活动领域：统计学

总部地址：荷兰

International Student Surgical Network（国际学生外科网络）

机构名称：国际学生外科网络

机构名称（英文）：International Student Surgical Network

机构名称缩写：ISSN

机构名称缩写（英文）：ISSN

机构网站：http：//www.incisionetwork.org

简介：ISSN 是一个国际非营利组织，由来自世界各地的医科学生、居民和年轻医生组成，他们聚集在一起讨论、教育、倡导和开展全球外科研究。该组织定期提供来自世界各地学生成员的内容，链接到新的研究和宣传活动，并为评论和讨论提供空间。

工作语言：英语

咨商地位：2023 年提交咨商地位申请，获得联合国经社理事会特别咨商地位

活动领域：外科研究

总部地址：比利时

International Textile Manufacturers Federation（国际纺织品制造商联合会）

机构名称：国际纺织品制造商联合会

机构名称（英文）：International Textile Manufacturers Federation

机构名称缩写：ITMF

机构名称缩写（英文）：ITMF

机构网站：https：//www.itmf.org

简介：ITMF 是世界纺织业的国际论坛，致力于通过调查、研究和出版物，参与行业价值链的演变，通过组织年度会议以及发表关于未来趋势和国际发展的深思熟虑的意见，让全球会员不断了解情况。

工作语言：英语

咨商地位：获得联合国经社理事会特别咨商地位

活动领域：纺织业

总部地址：瑞士

International Touring Alliance（国际旅游联盟，Alliance Internationale de Tourisme）

机构名称：国际旅游联盟（Alliance Internationale de Tourisme）

机构名称（英文）：International Touring Alliance

机构名称缩写：AIT

机构名称缩写（英文）：ITA

机构网站：https：//www.ait-touringalliance.org/

简介：AIT 成立于 1898 年，是一个代表国家协会和联合会利益的非营利性非政府组织。在向其成员提供各种产品和服务一个世纪后，AIT 现在主要处理国际文件，特别是向其成员俱乐部出售 Carnetde Passagesen Douane（CPD），以及代表道路使用者的利益，和在有关运输法规和道路安全问题的立法过程中提出咨询意见。

工作语言：英语、法语

咨商地位：1947 年提交咨商地位申请，获得联合国经社理事会特别咨商地位

活动领域：国际文件

总部地址：瑞士

International Trade Union Confederation（国际工会联盟）

机构名称：国际工会联盟

机构名称（英文）：International Trade Union Confederation

机构名称缩写：ITUC

机构名称缩写（英文）：ITUC

机构网站：https：//www.ituc-csi.org/

简介：ITUC 的主要任务是通过工会之间的国际合作、全球主要机构内的全球运动和宣传来促进和捍卫工人的权利和利益。该组织主要活动领域包括以下内容：工会和人权；经济、社会和工作场所；平等和不歧视；以及国际团结。

工作语言：英语、西班牙语、德语、法语

咨商地位：2007 年提交咨商地位申请，获得联合国经社理事会特别咨商地位

活动领域：工会、国际合作

总部地址：比利时

International Tunnelling Association（国际隧道协会）

机构名称：国际隧道协会

机构名称（英文）：International Tunnelling Association

机构名称缩写：AITES

机构名称缩写（英文）：ITA

机构网站：https：//www.ita-aites.org/

简介：ITA 于 1974 年在 19 个国家的倡议下成立，其使命是领导、倡导和促进可持续和创新解决方案的开发，以增加、优化、安全和公平地使用地下空间，使隧道行业及其利益相关者能够出色地交付。

工作语言：英语、法语

咨商地位：1987 年提交咨商地位申请，获得联合国经社理事会特别咨商地位

活动领域：隧道、地下空间开发方案

总部地址：瑞士

International Union Against Sexually Transmitted Infection（国际禁止性传播感染联盟）

机构名称：国际禁止性传播感染联盟

机构名称（英文）：International Union Against Sexually Transmitted Infection

机构名称缩写：IUSTI

机构名称缩写（英文）：IUSTI

机构网站：https://www.iusti.org

简介：IUSTI 成立于 1923 年，主要是在控制包括艾滋病毒感染在内的性传播疾病方面开展国际合作。该组织不仅特别关注医疗方面，还特别关注控制性传播疾病和越来越多的艾滋病毒/艾滋病的社会和流行病学方面。

工作语言：英语

咨商地位：获得联合国经社理事会特别咨商地位

活动领域：禁止性传播、医学

总部地址：英国

International Union Against Tuberculosis and Lung Disease（国际防治结核病和肺病联盟）

机构名称：国际防治结核病和肺病联盟

机构名称（英文）：International Union Against Tuberculosis and Lung Disease

机构名称缩写：IUTLD

机构名称缩写（英文）：IUTLD

机构网站：https://www.theunion.org

简介：IUTLD 是一个全球性科学组织，总部位于巴黎，其既定目标是"改善低收入和中等收入国家人民的健康"。该联盟的工作重点是三个领域：结核病、烟草控制以及肺病和非传染性疾病。

工作语言：英语

咨商地位：获得联合国经社理事会特别咨商地位

活动领域：防治结核病、烟草控制

总部地址：法国

International Union of Architects（国际建筑师联合会）

机构名称：国际建筑师联合会

机构名称（英文）：International Union of Architects

机构名称缩写：IUA

机构名称缩写（英文）：IUA

机构网站：https：//www.iua-architectes.org/

简介：IUA 成立于 1948 年，是一个国家专业组织的联合会，致力于统一建筑师，影响公共政策，以满足社会需求。

工作语言：英语、法语

咨商地位：1949 年提交咨商地位申请，获得联合国经社理事会特别咨商地位

活动领域：建筑、公共政策

总部地址：法国

International Union of Economists（国际经济学家联合会，МЕЖДУНАРОДНЫЙ СОЮЗ ЭКОНОМИСТОВ）

机构名称：国际经济学家联合会（МЕЖДУНАРОДНЫЙ СОЮЗ ЭКОНОМИСТОВ）

机构名称（英文）：International Union of Economists

机构名称缩写：IUE

机构名称缩写（英文）：IUE

机构网站：https：//www.iue.con.org/

简介：IUE 是一个独立的国际非政府组织，由来自世界各地的学术和执业经济学家、银行家和企业家于 1991 年成立，旨在促进全球经济和社会进步。

工作语言：英语、俄语

咨商地位：1999 年提交咨商地位申请，获得联合国经社理事会特别咨商地位

活动领域：经济

总部地址：俄罗斯

International Union of Forest Research Organizations（国际森林研究组织联合会）

机构名称：国际森林研究组织联合会

机构名称（英文）：International Union of Forest Research Organizations

机构名称缩写：IUFRO

机构名称缩写（英文）：IUFRO

机构网站：https：//www.iufro.org/

简介：IUFRO 是一个非营利、非政府的国际森林科学家网络，总部设在奥地利。该组织的目的是促进全世界范围的科学研究合作，包括与森林及其利用和可持续发展有关的整个研究领域。

工作语言：英语、德语、西班牙语、法语

咨商地位：获得联合国经社理事会特别咨商地位

活动领域：森林科学

总部地址：奥地利

International Union of Geodesy and Geophysics（国际大地测量与地球物理联合会）

机构名称：国际大地测量与地球物理联合会

机构名称（英文）：International Union of Geodesy and Geophysics

机构名称缩写：IUGG

机构名称缩写（英文）：IUGG

机构网站：http：//www.iugg.org

简介：IUGG 是一家致力于使用大地测量学和地球物理学研究的非政府组织，1919 年成立于比利时布鲁塞尔。该组织致力于在国际上促进和协调地球（物理、化学和数学）及其太空环境的科学研究。

工作语言：英语、法语

咨商地位：获得联合国经社理事会特别咨商地位

活动领域：大地测量、地球物理

总部地址：德国

International Union of Interventional Radiologists（国际介入放射学家联合会）

机构名称：国际介入放射学家联合会

机构名称（英文）：International Union of Interventional Radiologists

机构名称缩写：IUOIR

机构名称缩写（英文）：IUOIR

机构网站：http：//www.iuoir-radiology.com/en/home-2/

简介：IUOIR 是一个由来自世界各地的放射科医生组成的非营利性协会，成立于 2008 年。

工作语言：英语、法语

咨商地位：2021 年提交咨商地位申请，获得联合国经社理事会特别咨商地位

活动领域：放射学

总部地址：法国

International Union of Latin Notaries（国际拉丁公证人联合会，Unión International del Notariado）

机构名称：国际拉丁公证人联合会（Unión International del Notariado）

机构名称（英文）：International Union of Latin Notaries

机构名称缩写：UINL

机构名称缩写（英文）：UINL

机构网站：https：//www.uinl.org/

简介：UINL 成立于 1948 年，其法律总部位于布宜诺斯艾利斯，而行政办公室位于罗马。该组织旨在促进、协调和发展公证人在世界各地的功能和活动。

工作语言：英语、西班牙语、法语

咨商地位：1979 年提交咨商地位申请，获得联合国经社理事会特别咨商地位

活动领域：促进公证人活动

总部地址：意大利

International Union of Marine Insurance（国际海上保险联盟）

机构名称：国际海上保险联盟

机构名称（英文）：International Union of Marine Insurance

机构名称缩写：IUMI

机构名称缩写（英文）：IUMI

机构网站：http：//www.iumi.com

简介：IUMI 代表国家和国际海洋保险公司，并考虑全球海洋保险业感兴趣的问题。IUMI 在海洋和运输保险领域拥有独特的地位，其成员致力于维护和扩大全球贸易，重点关注发达国家和新兴市场。

工作语言：英语

咨商地位：1969 年提交咨商地位申请，获得联合国经社理事会特别咨商地位

活动领域：海洋保险

总部地址：瑞士

International Union of Railways（国际铁路联盟）

机构名称：国际铁路联盟

机构名称（英文）：International Union of Railways

机构名称缩写：UIC

机构名称缩写（英文）：UIC

机构网站：https：//www.uic.org

简介：UIC 1922 年成立于法国巴黎，欧洲的铁路系统标准主要由该联盟制定，称为国际铁路规则。该组织很长时间内在西欧是影响范围广泛的铁路组织，与早期影响范围在东欧的铁路合作组织相对应，类似于北约与华约。其使命为"促进世界铁路运输并迎合机动性的挑战及可持续发展"。

工作语言：英语、法语

咨商地位：2015 年提交咨商地位申请，获得联合国经社理事会特别咨商地位

活动领域：铁路、交通

总部地址：法国

International Union of Socialist Youth（社会党青年国际联盟）

机构名称：社会党青年国际联盟

机构名称（英文）：International Union of Socialist Youth

机构名称缩写：IUSY

机构名称缩写（英文）：IUSY

机构网站：https：//www.iusy.org/

简介：IUSY 是世界上最大的政治青年组织，代表来自 100 多个国家的约 136 个成员组织。该组织汇集了来自世界各地的社会主义、社会民主主义和劳工政治青年组织。该组织旨在从自由、团结和平等的角度来看待民主、人权和青年政策。

工作语言：英语、法语、西班牙语

咨商地位：1993 年提交咨商地位申请，获得联合国经社理事会特别咨商地位

活动领域：政治

总部地址：奥地利

International Union of Tenants（国际租户联合会）

机构名称：国际租户联合会

机构名称（英文）：International Union of Tenants

机构名称缩写：IUT

机构名称缩写（英文）：IUT

机构网站：https：//www.iut.nu

简介：IUT 是一个非政府组织，1926 年于瑞士苏黎世成立。IUT 倡导租户权利并捍卫租户利益，在全世界推广经济适用的健康住房。

工作语言：英语

咨商地位：1973 年提交咨商地位申请，获得联合国经社理事会特别咨商地位

活动领域：捍卫租户权益

总部地址：瑞典

Innovations and Networks for Development/Exchange and Management Support Services（创新和发展网络/交流和管理支持服务组织，Innovations et Réseaux pour le Développment / Service d'Echange et d'Appui à la Gestion）

机构名称：创新和发展网络/交流和管理支持服务组织（Innovations et Réseaux pour le Développment / Service d'Echange et d'Appui à la Gestion）

机构名称（英文）：Innovations and Networks for Development/Exchange and Management Support Services

机构名称缩写：IRED

机构名称缩写（英文）：IND/EMSS

机构网站：不明

简介：IRED 是一个国际网络，汇集了遍布非洲、拉丁美洲和亚洲的 1000 多个合作伙伴。后者属于农民协会、育种者协会、手工艺者协会、动画协会、学习和培训中心以及非政府组织。IRED 的目标是加强与发展中国家的当地合作伙伴关系，以便他们能够更好地响应其人口的需求，并快速获得与他们有关的决策。IRED 为全球南方的机构提供了可供选择的融资系统。它还组织研讨会、讲习班和会议。

工作语言：法语、英语

咨商地位：无

活动领域：发展、经贸合作

总部地址：瑞士

International Network of People Who Use Drugs（国际毒品使用者联络会）

机构名称：国际毒品使用者联络会

机构名称（英文）：International Network of People Who Use Drugs

机构名称缩写：INPUD

机构名称缩写（英文）：INPUD

机构网站：http://www.inpud.net

简介：INPUD 是一个全球性的同行组织，旨在促进吸毒者的健康和捍卫他们的权利。INPUD 将揭露和挑战对吸毒者的污名化、歧视和定罪及其对吸毒群体的健康和权利的影响。INPUD 将通过国际一级的赋权和宣传进程实现这一目标，同时支持社区、国家和区域各级的赋权和宣传。

工作语言：英语

咨商地位：2020 年提出申请，2022 年获得联合国经社理事会特别咨商地位

活动领域：经济和社会、毒品防控、HIV/AIDS 防治、人权

总部地址：英国

International Investment Center（国际投资中心）

机构名称：国际投资中心

机构名称（英文）：International Investment Center

机构名称缩写：IIC

机构名称缩写（英文）：IIC

机构网站：http://www.cii-suisse.org

简介：IIC 成立于 2010 年，使命是创造一个可持续经济和民主发展的培育场所：教育、健康、能源、生态、文化，并为青年提供创新、对社会负责和经济独立的机会，以实现联合国可持续发展目标。

工作语言：英语、俄语

咨商地位：2020 年提交咨商地位申请，获得联合国经社理事会特别咨商地位

活动领域：经济、发展筹资、社会发展、可持续发展、性别问题、妇女、非洲和平发展

总部地址：瑞士

International Centre of Comparative Environmental Law（国际比较环境法中心）

机构名称：国际比较环境法中心

机构名称（英文）：International Centre of Comparative Environmental Law

机构名称缩写：CIDCE

机构名称缩写（英文）：CIDCE

机构网站：http://www.cidce.org/fr/

简介：CIDCE 成立于 1982 年，主要使命是汇集来自世界各地的环境律师，在国际和区域会议和大会上帮助环境法取得进展。

工作语言：英语、法语

咨商地位：2015 年提交咨商地位申请，获得联合国经社理事会特别咨商地位

活动领域：公共行政、可持续发展等

总部地址：法国

International Center for Peace and Humand Rights（国际和平与人权中心）

机构名称：国际和平与人权中心

机构名称（英文）：International Center for Peace and Humand Rights

机构名称缩写：CIPADH

机构名称缩写（英文）：CIPADH

机构网站：http://www.cipadh.org/fr

简介：CIPADH 成立于 2014 年，旨在提高对人权与和平问题的认识，其每天撰写文章，突出未解决的问题，并从新的角度进行分析。CIPADH 还组织活动和干预，以提供信息和教育。

工作语言：英语、法语

咨商地位：2018 年提交咨商地位申请，获得联合国经社理事会特别咨商地位

活动领域：经济、人口、社会发展、性别问题、妇女

总部地址：法国

International Union of Lawyers（国际律师联合会，Union Internationale des Avocats）

机构名称：国际律师联合会（Union Internationale des Avocats）

机构名称（英文）：International Union of Lawyers

机构名称缩写：UIA

机构名称缩写（英文）：UIA

机构网站：http://www.uianet.org

简介：UIA 成立于 1927 年，成员遍布 110 个国家，是一个全球性、多文化的法律专业组织，旨在促进专业发展、激励学习和建立联系，并推动法治。

工作语言：法语、德语、英语、葡萄牙语、阿拉伯语、西班牙语、意大利语

咨商地位：1971 年提交咨商地位申请，获得联合国经社理事会特别咨商地位

活动领域：经济、社会、性别问题、妇女、可持续发展

总部地址：法国

International Union of Judicial Officers（国际司法官员联盟，Union Internationale des Huissiers de Justice et Officiers Judiciaires）

机构名称：国际司法官员联盟（Union Internationale des Huissiers de Justice et Officiers Judiciaires）

机构名称（英文）：International Union of Judicial Officers

机构名称缩写：UIHJ

机构名称缩写（英文）：UIHJ

机构网站：http：//www.uihj.com

简介：1949年，在法国全国法院官员大会上，主席让－苏拉尔第一次萌生了创建国际司法官员联盟（UIHJ）的想法。经过三年时间建立了必要的联系，UIHJ于1952年在巴黎举行了第一次大会。各代表团的代表决定委托一个委员会起草这一新组织的章程，国际司法官员联盟由此诞生。联盟的宗旨是在国际组织中代表其成员，并确保与国家专业机构的合作。国际司法官员联盟的目标是促进国际条约和高效、有效的国家程序法和执行法；改进此类立法，促进有助于推进和提升司法人员独立结构的想法、项目和倡议。

工作语言：法语、英语

咨商地位：1996年提交咨商地位申请，获得联合国经社理事会特别咨商地位

活动领域：国际法、司法、可持续发展

总部地址：法国

International Federation of Francophone Journalists（国际法语新闻工作者联盟，Union Internationale des Journalistes et de la Presse de Langue Française）

机构名称：国际法语新闻工作者联盟（Union Internationale des Journalistes et de la Presse de Langue Française）

机构名称（英文）：International Federation of Francophone Journalists

机构名称缩写：UPF

机构名称缩写（英文）：无

机构网站：http：//www.uihj.com

简介：UPF 是国际组织（联合国、教科文组织、ACCT 等）承认的历史最悠久的法语新闻工作者协会。它成立于法语国家教育部长会议（Conférence des ministres de l'Education nationale des pays francophones）之前，是已知的第一个官方法语机构。

工作语言：英语

咨商地位：2000 年提交咨商地位申请，2001 年获得联合国经社理事会 A1 咨商地位

活动领域：可持续发展等

总部地址：法国

International Union of Public Transport（国际公共交通运输联盟，Union Internationale des Transports Publics）

机构名称：国际公共交通运输联盟（Union Internationale des Transports Publics）

机构名称（英文）：International Union of Public Transport

机构名称缩写：UITP

机构名称缩写（英文）：无

机构网站：http：//www.uitp.org

简介：UITP 成立于 1885 年，是国际公共运输协会，也是可持续城市交通的热情拥护者。拥有超过 135 年的历史，是唯一一个将所有公共交通利益相关者和所有可持续交通方式汇聚在一起的全球性网络。

工作语言：英语

咨商地位：2018 年提交咨商地位申请，获得联合国经社理事会特别咨商地位

活动领域：环境、信息、科学、技术、社会发展、统计、可持续发展、联合国筹资、交通等

总部地址：比利时

International Institute of Industrial Ecology and Green Economy（国际工业生态与绿色经济研究所，Institut International de l'Écologie Industrielle et de l'Économie Verte）

机构名称：国际工业生态与绿色经济研究所（Institut International de l'Écologie Industrielle et de l'Économie Verte）

机构名称（英文）：International Institute of Industrial Ecology and Green Economy

机构名称缩写：2ie

机构名称缩写（英文）：2ie

机构网站：http：//www.2iecologie.ch/

简介：2ie 是 2014 年在日内瓦成立的非营利性协会。它专门从事工业生态学的实践，旨在采用系统的方法研究和理解活动的"工业代谢"。该机构是一个反思、研究和实施的平台，在科学家、工程师、政治家、投资者、企业和学术界之间建立对话和交流。

工作语言：法语、英语

咨商地位：2018 年提出申请，并获得联合国经社理事会特别咨商地位

活动领域：可持续发展、能源、工业发展等

总部地址：瑞士

International Institute of Research Against Counterfeit Medicines（国际反假药研究所，Institut International de Recherche, de Documentation et de Formation Pour la prévention et la Lutte contre la Falsification des Produits de Santé）

机构名称：国际反假药研究所（Institut International de Recherche, de Documentation et de Formation Pour la prévention et la Lutte contre la Falsification des Produits de Santé）

机构名称（英文）：International Institute of Research Against Counterfeit Medicines

机构名称缩写：IRACM

机构名称缩写（英文）：IRACM

机构网站：http：//www.2iecologie.ch/

简介：带着打击假冒保健品的雄心壮志，IRACM 于 2010 年成立，目前是唯一一个专门致力于打击假冒和伪造药品的独立国际组织，主要是通过提高认识和培训开展工作。

工作语言：法语、英语

咨商地位：2019 年提出申请，并获得联合国经社理事会特别咨商地位

活动领域：经济、社会、预防犯罪、刑事司法、发展等

总部地址：法国

INTERNATIONAL UNIVERSITY IN MOSCOW（莫斯科国际大学）

机构名称：莫斯科国际大学

机构名称（英文）：INTERNATIONAL UNIVERSITY IN MOSCOW

机构名称缩写：IUM

机构名称缩写（英文）：IUM

机构网站：https：//www. interun. ru/

简介：IUM 是一个将基本学科与现代实践方法相结合的地方，因此创造了一个非常特殊的智力和创造性环境。该大学目标是培养专家，它不仅对自己的领域和批判性思维有深入的了解，而且有改变生活所必需的创造性观点。

工作语言：俄语

咨商地位：无

活动领域：教育

总部地址：俄罗斯

International Veterinary Students Association（国际兽医学生协会）

机构名称：国际兽医学生协会

机构名称（英文）：International Veterinary Students Association

机构名称缩写：IVSA

机构名称缩写（英文）：IVSA

机构网站：https：//www. ivsa. org

简介：IVSA 是一个由学生管理的组织，代表来自 70 多个国家的 3000 多名学生。该协会通过利用兽医学生的潜力和奉献精神来促进兽医技能、

教育和知识的国际应用，努力造福于世界上的动物和人类，主要目标之一是提高全球兽医教育的总体标准。

工作语言：英语

咨商地位：2015 年提交咨商地位申请，获得联合国经社理事会特别咨商地位

活动领域：兽医

总部地址：比利时

International Volunteerism Organization for Women, Education and Development（国际妇女、教育和发展志愿组织）

机构名称：国际妇女、教育和发展志愿组织

机构名称（英文）：International Volunteerism Organization for Women, Education and Development

机构名称缩写：VIDES

机构名称缩写（英文）：VIDES

机构网站：https：//www.vides.org/

简介：VIDES 是 FMA 研究所的青年志愿者协会，致力于促进和捍卫儿童、年轻人和妇女的权利。该组织旨在通过预防系统慈幼会风格的志愿服务经验，促进年轻人的赋权和培训，使他们作为负责任和主动参与的公民，建设一个为每个人的尊严服务的社会。

工作语言：法语、意大利语、英语、西班牙语

咨商地位：2003 年提交咨商地位申请，获得联合国经社理事会特别咨商地位

活动领域：权利捍卫、社会

总部地址：意大利

Institute for Applied Ecology（应用生态学研究中心，Oeko-Institut）

机构名称：应用生态学研究中心（Oeko-Institut）

机构名称（英文）：Institute for Applied Ecology

机构名称缩写：OK

机构名称缩写（英文）：IAE

机构网站：http：//www. oeko. de

简介：IAE 成立于1997 年，IAE 关心被无情利用的环境。他们希望保护人类赖以生存的自然环境，停止人类对环境的破坏。

工作语言：英语、法语、德语

咨商地位：无

活动领域：农业、大气层、生物多样性、气候变化、能源、工业发展、可持续旅游、运输、废物管理

总部地址：德国

Institute for Environment and Education（环境与教育研究所，Scholé Futuro）

机构名称：环境与教育研究所（Scholé Futuro）

机构名称（英文）：Institute for Environment and Education

机构名称缩写：WEEC Network

机构名称缩写（英文）：WEEC Network

机构网站：http：//www. rivistaeco. it-www. weecnetwork. org

简介：WEEC Network 成立于1982 年，致力于确保环境可持续性、发展全球伙伴关系。

工作语言：英语、法语、意大利语

咨商地位：2017 年提交咨商地位申请，获得联合国经社理事会特别咨商地位

活动领域：社会发展、可持续发展等

总部地址：意大利

International Volunteers for Development（国际发展志愿者组织，Volontariato Internazionale per lo Sviluppo）

机构名称：国际发展志愿者组织（Volontariato Internazionale per lo Sviluppo）

机构名称（英文）：International Volunteers for Development

机构名称缩写：VIS

机构名称缩写（英文）：无

机构网站：http：//www.volint.it

简介：VIS 是一个从事发展合作与国际团结的非政府组织，也是一个以促进发展和全球公民意识的教育机构。VIS 成立于 1986 年，是在国家慈幼工作中心（CNOS）的推动下成立的，其灵感来自圣约翰－博斯科的信息及其预防教育系统。它在全世界 40 个国家开展活动，包括非洲、中东、拉丁美洲和欧洲。"共同创造一个可能的世界"表明了在意大利、欧洲和世界其他地区建立网络以改善女孩、男孩、弱势青年及其社区的生活条件的意愿，并坚信通过教育和培训可以消除极端贫困的根源。VIS 具有联合国经济及社会理事会承认的咨询机构的特别地位。它得到了欧盟委员会人道主义援助和公民保护总局（ECHO）的认可。它还是受慈幼会启发的非政府组织国际网络"唐博斯科网络"（DBN）以及在合作领域开展工作的许多其他国家和国际网络的一部分。

工作语言：意大利语、英语、西班牙语、法语

咨商地位：2004 年提交咨商地位申请，2009 年获得联合国经社理事会特别咨商地位

活动领域：经济、社会发展、可持续发展等

总部地址：意大利

International Humanitarian Aid Organisation（国际人道主义援助组织）

机构名称：国际人道主义援助组织

机构名称（英文）：International Humanitarian Aid Organisation

机构名称缩写（英文）：WEFA

机构名称缩写：WEFA

机构网站：http：//www.wefa.org/

简介：WEFA 是一家成立于 2006 年的德国非营利组织，总部位于德国科隆。WEFA 的使命是通过援助和支持改善全球范围内遭遇困难、饥饿、受伤、无家可归或因自然灾害、战争而残疾的人群的生活状况。WEFA 的专长领域涵盖援助、难民、贫困、孤儿、自然灾害、健康、教育等。WE-FA 兼顾全球问题和本国困境，积极参与慈善活动，致力于推动善行和项目的实施，为受灾群体带去希望。

工作语言：德语、土耳其语、英语、法语、阿拉伯语、丹麦语

咨商地位：2021 年提交咨商地位申请，获得联合国经社理事会特别咨商地位

活动领域：经济、社会、性别问题、妇女发展、可持续发展、非洲和平发展

总部地址：德国

Integrated Center for Studies and Sustainable Development Programs（国际发展合作中心联合会）

机构名称：国际发展合作中心联合会

机构名称（英文）：Integrated Center for Studies and Sustainable Development Programs

机构名称缩写：ONGCISCOS-UGLONLUS

机构名称缩写（英文）：ONGCISCOS-UGLONLUS

机构网站：http：//www.cieds.org.br/

简介：ONGCISCOS-UGLONLUS 成立于 2002 年，旨在促进和实施改善发展中国家生活条件的方案，特别是在国际合作的背景下有利于最弱势的社会群体，即妇女和未成年人。

工作语言：英语、法语、意大利语

咨商地位：2019 年提交咨商地位申请，获得联合国经社理事会特别咨商地位

活动领域：经济、社会发展、性别问题、妇女、可持续发展等

总部地址：意大利

International Prison Observatory-French Section［国际监狱观察站（法语地区），Observatoire International des Prisons-Section Française］

机构名称：国际监狱观察站（法语地区）（Observatoire International des Prisons-Section Française）

机构名称（英文）：International Prison Observatory-French Section

机构名称缩写：OIP

机构名称缩写（英文）：IPO

机构网站：http://www.oip.org

简介：OIP 的宗旨是在监狱中尊重违法犯罪人员的人权，倡导减少使用监禁，营造良好的法治环境。

工作语言：英语

咨商地位：2009 年提交咨商地位申请，获得联合国经社理事会名册咨商地位

活动领域：法治、人权

总部地址：法国

International Funds of Development Project, Humanitarians Actions and the Peace in Africa（国际发展基金项目—人道主义行动与非洲和平，ONG Fipdahp-Afrique）

机构名称：国际发展基金项目—人道主义行动与非洲和平（ONG Fipdahp-Afrique）

机构名称（英文）：International Funds of Development Project, Humanitarians Actions and the Peace in Africa

机构名称缩写：ONG FIPDAHP-AFRIQUE

机构名称缩写（英文）：NGOs IFDPHAP-AFRICA

机构网站：http://www.ongfipdahpafrique.net

简介：ONG FIPDAHP-AFRIQUE 成立于 2007 年，致力于促进非洲的和谐发展，关注艾滋病毒的防治、环境保护和生物多样性、城市基础设施的建设。

工作语言：英语、法语、西班牙语

咨商地位：无

活动领域：农业、教育、食物、人道主义事务、发展筹资、非洲和平发展

总部地址：法国

International Scientific Objectives（国际科学组织，Objectif Sciences International）

机构名称：国际科学组织（Objectif Sciences International）

机构名称（英文）：International Scientific Objectives

机构名称缩写：OSI

机构名称缩写（英文）：ISO

机构网站：http://www.osi-ngo.org

简介：OSI成立于2002年，致力于服务和实现人类的可持续发展。

工作语言：法语、英语

咨商地位：2011年提交咨商地位申请，获得联合国经社理事会特别咨商地位

活动领域：农业、生物多样性、文化、教育、环境、科学技术

总部地址：瑞士

International Society of Geriatric Oncology（国际肿瘤老年学会，Societé Internationale d'Oncologie Gériatrique）

机构名称：国际肿瘤老年学会（Societé Internationale d'Oncologie Gériatrique）

机构名称（英文）：International Society of Geriatric Oncology

机构名称缩写：SIOG

机构名称缩写（英文）：SIOG

机构网站：http://www.siog.org/

简介：SIOG致力于促进老年肿瘤学领域卫生专业人员的发展，以优化老年癌症患者的治疗。

工作语言：法语、英语

咨商地位：2021年提交咨商地位申请，获得联合国经社理事会特别咨商地位

活动领域：人口、社会发展、可持续发展

总部地址：瑞士

IUFV. Asgardia. International Non-Governmental Research Organisation on Space-Asgardia Terra Ark ATA（非营利性非政府空间威胁防御专家学会，Nonprofit Non-Government Expert Society on Space Threat Defense）

机构名称：非营利性非政府空间威胁防御专家学会（Nonprofit Non-

Government Expert Society on Space Threat Defense）

机构名称（英文）：IUFV. Asgardia. International Non-Governmental Research Organisation on Space-Asgardia Terra Ark ATA

机构名称缩写：Asgardia Terra Ark

机构名称缩写（英文）：Asgardia ATA

机构网站：http：//www.asgardia.com

简介：Asgardia ATA 成立于 2004 年，致力于以高效、负责任和合格的方式解决航空航天安全领域的问题。Asgardia ATA 旨在安排和开展与堵塞地面空间、小行星和彗星危害、空间—空气环境安全问题有关的航空航天相关安全挑战领域的基础和应用研究。目前，Asgardia ATA 由 130 多名航空航天安全领域的前军事和民用专业人士组成。Asgardia ATA 已与 15 个领先的工业部门公共和科学组织签订了合作总协议，这些组织的工作人员总数超过 12000 名员工。

工作语言：英语

咨商地位：2015 年提交咨商地位申请，获得联合国经社理事会特别咨商地位

活动领域：环境、外层空间

总部地址：奥地利

International Water Association（国际水协会）

机构名称：国际水协会

机构名称（英文）：International Water Association

机构名称缩写：IWA

机构名称缩写（英文）：IWA

机构网站：http：//www.iwa-network.org/

简介：IWA 是一个水务专业人员网络，致力于建设一个水资源得到明智、可持续和公平管理的世界。IWA 的成员吸引了来自 140 多个国家的杰出专业人士，汇集了科学家、研究人员、技术公司、水和废水公用事业公司以及参与水管理的更广泛的利益相关者。

工作语言：英语

咨商地位：1972 年提交咨商地位申请，获得联合国经社理事会特别咨

商地位

活动领域：水资源管理、可持续发展

总部地址：英国

International Youth Aid Council（国际青年援助理事会）

机构名称：国际青年援助理事会

机构名称（英文）：International Youth Aid Council

机构名称缩写：YAC

机构名称缩写（英文）：YAC

机构网站：https://www.youthaidcouncil.org/

简介：YAC 在英国和世界各地的广大地区开展工作，以消除贫困。该组织致力于努力减少年轻人的饥饿，为有残疾儿童的家庭提供适当的支持，提供就业指导、培训，社会活动和包容。

工作语言：英语、法语

咨商地位：2018 年提交咨商地位申请，获得联合国经社理事会特别咨商地位

活动领域：消除贫困、就业支持

总部地址：英国

Investment Migration Council（投资移民局）

机构名称：投资移民局

机构名称（英文）：Investment Migration Council

机构名称缩写：IMC

机构名称缩写（英文）：IMC

机构网站：http://www.investmentmigration.org

简介：IMC 是投资移民的全球论坛，汇集了该领域的主要利益相关者。IMC 针对政府、国际组织和公众制定全球标准，提供资格并发布投资移民领域的热门研究。它是一个专注于影响力的非营利会员组织。IMC 有助于提高公众对客户和政府在这一领域面临的问题的认识，并促进其成员的教育和高专业标准。

工作语言：英语、法语

咨商地位：2019 年提交咨商地位申请，获得联合国经社理事会特别咨商地位

活动领域：移民

总部地址：瑞士

Institute for Research and Development "Utrip"（乌特里普研究所）

机构名称：乌特里普研究所

机构名称（英文）：Institute for Research and Development "Utrip"

机构名称缩写：UTRIP

机构名称缩写（英文）：UTRIP

机构网站：http://www.institut-utrip.si

简介：UTRIP 是斯洛文尼亚和其他国家预防和宣传领域的主要非政府组织之一，主要处理儿童、年轻人和成人的风险预防以及社会和情感学习和福祉的各个领域。

工作语言：英语、克罗地亚语、塞尔维亚语、斯洛文尼亚语

咨商地位：2022 年提交咨商地位申请，获得联合国经社理事会特别咨商地位

活动领域：风险预防、教育、社会福祉

总部地址：斯洛文尼亚

IOGT-NTO（瑞典禁酒协会）

机构名称：瑞典禁酒协会

机构名称（英文）：IOGT-NTO

机构名称缩写：IOGT-NTO

机构名称缩写（英文）：IOGT-NTO

机构网站：http://www.iogt.se

简介：IOGT-NTO 的愿景是一个社会、一个世界，酒精和其他毒品不会阻止人们过上自由和富裕的生活。

工作语言：瑞典语

咨商地位：2017 年提交咨商地位申请，获得联合国经社理事会特别咨商地位

活动领域：禁酒、禁毒

总部地址：瑞典

Iseal Alliance（艾西尔联盟）

机构名称：艾西尔联盟

机构名称（英文）：Iseal Alliance

机构名称缩写：ISEAL

机构名称缩写（英文）：ISEAL

机构网站：http://www.isealalliance.org

简介：ISEAL 支持雄心勃勃的可持续发展系统及其合作伙伴应对世界上最紧迫的挑战。凭借不断增长的全球网络和对可信实践的关注，推动影响力并使市场成为一股向善的力量。从气候紧急情况和生物多样性危机到人权和持续贫困，世界需要可扩展和有效的解决方案。ISEAL 的召集力和思想领导力加速了应对这些关键挑战的积极变革，因此 ISEAL 和政府能够履行其可持续发展承诺和联合国可持续发展目标。ISEAL 的会员遍布 100 多个国家，涉及林业和海鲜、生物材料和采掘业等行业。独立研究说明了它们对生产、供应链和商业实践的影响。

工作语言：英语

咨商地位：无

活动领域：气候、生物、环境等

总部地址：英国

Islamic Centre England（英格兰伊斯兰中心）

机构名称：英格兰伊斯兰中心

机构名称（英文）：Islamic Centre England

机构名称缩写：

机构名称缩写（英文）：ICEL

机构网站：http://www.ic-el.com

简介：ICEL 的独特之处在于，它也许是唯一一个由英国出生的学者领导的伊斯兰中心，这些学者不仅年轻而专业，而且了解现代英国穆斯林的社会背景。英格兰伊斯兰中心是一个独立的组织，以满足穆斯林社区的需求，重点是家庭生活和个人福祉。

工作语言：英语

咨商地位：无

活动领域：宗教

总部地址：英国

Islamic Cooperation Youth Forum（伊斯兰合作青年论坛）

机构名称：伊斯兰合作青年论坛

机构名称（英文）：Islamic Cooperation Youth Forum

机构名称缩写：ICYF

机构名称缩写（英文）：ICYF

机构网站：http：//www.icyf-dc.org

简介：ICYF设想整个伊斯兰会议组织地区的青年在合作、卓越和团结的伊斯兰价值观的推动下，充分发挥其社区、国家和世界可持续发展的潜力。ICYF通过促进公民参与、全人教育、能力建设和最佳做法的战略、政策框架、方案和项目建设伊斯兰会议组织青年的能力，解决失业、健康和保健、机会有限、极端主义和社会排斥等关键问题，同时建设他们的智力和领导力发展、科技创新、创业、媒体和传播能力，由共同的伊斯兰提供信息遗产、文化和普世价值。

工作语言：英语、土耳其语、法语、阿拉伯语

咨商地位：2021年提交咨商地位申请，获得联合国经社理事会特别咨商地位

活动领域：青年、就业、文化、可持续发展、宗教等

总部地址：土耳其

Islamic Human Rights Commission（伊斯兰人权委员会）

机构名称：伊斯兰人权委员会

机构名称（英文）：Islamic Human Rights Commission

机构名称缩写：IHRC

机构名称缩写（英文）：IHRC

机构网站：https：//www.ihrc.org.uk

简介：IHRC 成立于 1997 年，是一个非营利组织，其既定使命是"与来自穆斯林和非穆斯林背景的不同组织合作，为所有人民争取正义，无论其种族、信仰或政治背景如何"。

工作语言：英语

咨商地位：2007 年提交咨商地位申请，获得联合国经社理事会特别咨商地位

活动领域：宗教、人权

总部地址：英国

Islamic Relief（伊斯兰救济）

机构名称：伊斯兰救济

机构名称（英文）：Islamic Relief

机构名称缩写：IR

机构名称缩写（英文）：IR

机构网站：https://www.islamic-relief.org

简介：IR 是一个受信仰启发的人道主义和发展机构，致力于拯救和改变世界上一些最脆弱人群的生活。目前在超过 45 个国家/地区开展工作，通过应急响应和发展项目帮助个人、家庭和社区，这些项目通常每年帮助超过 10 万人。

工作语言：英语

咨商地位：1993 年提交咨商地位申请，获得联合国经社理事会特别咨商地位

活动领域：人道主义、发展

总部地址：英国

Islands and Small States Institute（岛屿和小国研究所）

机构名称：岛屿和小国研究所

机构名称（英文）：Islands and Small States Institute

机构名称缩写：ISSI

机构名称缩写（英文）：ISSI

机构网站：无

简介：无

工作语言：英语

咨商地位：无

活动领域：小岛屿研究、环境保护

总部地址：马耳他

Istituto Culturale Italiano in Somalia（索马里意大利文化学院）

机构名称：索马里意大利文化学院

机构名称（英文）：Istituto Culturale Italiano in Somalia

机构名称缩写：ICISOMALIA

机构名称缩写（英文）：ICISOMALIA

机构网站：http://www.icisomalia.org

简介：ICISOMALIA 的成立旨在促进意大利语在索马里的发展和传播，以及恢复或加深索马里居民的意大利语学习/口语/写作。在后殖民时代，该学院的成立也为了促进社会、文化和商业交流。

工作语言：英语、法语、意大利语、西班牙语

咨商地位：无

活动领域：社会、文化、商业、语言等

总部地址：意大利

International Diplomatic Institute（国际外交学院）

机构名称：国际外交学院

机构名称（英文）：International Diplomatic Institute

机构名称缩写：I. D. I.

机构名称缩写（英文）：I. D. I.

机构网站：http://www.idi-international.org

简介：I. D. I. 促进国家、人民和社区之间的对话，促进可持续发展，致力于保护人权和公民权利，减少人与人之间的不平等。

工作语言：英语、意大利语

咨商地位：2019 年提交咨商地位申请，获得联合国经社理事会特别咨商地位

活动领域：外交、国际合作、能源、运输、经济等

总部地址：意大利

International Institute of Mary Our Help of the Salesians of Don Bosco（国际玛丽亚佑助院堂·博斯科慈幼会，Istituto Internazionale Maria Ausiliatrice delle Salesiane di Don Bosco）

机构名称：国际玛丽亚佑助院堂·博斯科慈幼会（Istituto Internazionale Maria Ausiliatrice delle Salesiane di Don Bosco）

机构名称（英文）：International Institute of Mary Our Help of the Salesians of Don Bosco

机构名称缩写：IIMA

机构名称缩写（英文）：IIMA

机构网站：http://www.iimageneva.org

简介：IIMA促进和捍卫人权，特别是儿童、青年和妇女的人权，尤其致力于促进受教育权和人权教育，并惠及最弱势群体。IIMA坚信，受教育权是落实所有其他权利的工具，接受充分的教育可以保障人们的赋权，并通过开发他们的潜力，使他们能够过上有尊严的生活。

工作语言：英语、法语、意大利语、西班牙语、葡萄牙语

咨商地位：2008年提交咨商地位申请，获得联合国经社理事会特别咨商地位

活动领域：宗教、儿童、青年等

总部地址：瑞士

Italian Association for Women in Development（意大利妇女参与发展协会）

机构名称：意大利妇女参与发展协会

机构名称（英文）：Italian Association for Women in Development

机构名称缩写：AIDOS

机构名称缩写（英文）：AIDOS

机构网站：http://www.aidos.it

简介：AIDOS成立于1981年，这是一个妇女和非政府组织协会，1992

年被外交部确认为适合管理公共资金以实现发展合作项目的实体。AIDOS自成立以来，一直致力于在发展中国家、国际论坛和意大利建立、促进和捍卫妇女和女童的权利、尊严和选择自由。AIDOS 与地方组织和机构合作，为妇女及其组织提供工具，特别是在意大利女权运动的经验已取得最重要成果的部门。AlDOS 的方法源于与世界各地的妇女和非政府组织以及参与人权，妇女权利和 LGBTQ 社区的人进行不间断和平等的对话。AIDOS 具有联合国经济及社会理事会专门咨商地位，并且是人口基金（联合国人口基金）在意大利的战略伙伴。

工作语言：英语、西班牙语、法语、意大利语

咨商地位：1998 年提交咨商地位申请，获得联合国经社理事会特别咨商地位

活动领域：儿童、妇女权利

总部地址：意大利

Italian Centre of Solidarity（意大利团结中心）

机构名称：意大利团结中心

机构名称（英文）：Italian Centre of Solidarity

机构名称缩写：Ceis Roma

机构名称缩写（英文）：Ceis Roma

机构网站：http://www.ceis.it

简介：Ceis Roma 旨在促进意大利各民族和政治团体的团结。

工作语言：英语、西班牙语、德语、意大利语、法语、加泰隆语

咨商地位：1985 年提交咨商地位申请，获得联合国经社理事会特别咨商地位

活动领域：政治

总部地址：意大利

Italian Climate Network（意大利气候网络）

机构名称：意大利气候网络

机构名称（英文）：Italian Climate Network

机构名称缩写（英文）：ICN

机构网站：http：//www.italiaclima.org/

简介：ICN 旨在推动各国对气候问题的关注。

工作语言：英语、意大利语

咨商地位：2019 年提交咨商地位申请，获得联合国经社理事会特别咨商地位

活动领域：气候

总部地址：意大利

Italian Diplomatic Academy（意大利外交学院）

机构名称：意大利外交学院

机构名称（英文）：Italian Diplomatic Academy

机构名称缩写：IDA

机构名称缩写（英文）：IDA

机构网站：http：//www.italiandiplomaticacademy.org

简介：IDA 位于维罗纳的 Palazzo Pindemonti Bentegodi，是一个独立的非营利机构，旨在提供国际关系领域的卓越研究、分析和高等教育。它通过其管理机构，在国家主管机关以及国家和国际政府机构的支持下，为意大利共和国政府和机构的行动服务，也充当传播有关政治、法律和国际经济信息的公共利益点。如今，IDA 是意大利最负盛名的专门从事国际培训、研究和咨询活动的机构之一，拥有来自全球 20 多个国家的 100 多所学校和 460 所大学的近 2706 万名学生的网络。对于其活动，它依靠 140 多个合作者和顾问以及国家和国际层面最负盛名的大学的 230 多名教授。

工作语言：英语、法语、意大利语、西班牙语、阿拉伯语

咨商地位：无

活动领域：外交、教育、咨询等

总部地址：意大利

Iuventum e. V.（尤文图姆）

机构名称：尤文图姆

机构名称（英文）：Iuventum e. V.

机构名称缩写：IEV

机构名称缩写（英文）：IEV

机构网站：http：//www.iuventum.org

简介：IEV 的愿景是提供全球教育。全球经济和环境挑战需要全球经济和文化知识，以便创造我们的未来。创新、管理和创业、文化和可持续发展将是不同教育计划的核心。重点是通过国际交流和全球计划提供的可持续发展教育（ESD），跨文化和创业教育。

工作语言：英语

咨商地位：2014 年提交咨商地位申请，获得联合国经社理事会特别咨商地位

活动领域：教育、经济、环境、文化等

总部地址：德国

International Organization for Animal Protection（国际动物保护组织）

机构名称：国际动物保护组织

机构名称（英文）：International Organization for Animal Protection

机构名称缩写：OIPA

机构名称缩写（英文）：OIPA

机构网站：http：//www.oipa.org

简介：OIPA 成立于 1981 年，是一个国际性的协会联盟，致力于全球范围内的动物保护和动物权利保护。该组织的目标在于捍卫动物权利，保护动物免受各种虐待。同时，它致力于通过在全球范围内废除任何形式的动物实验来改善公共健康。该组织还从事环境保护工作，特别关注可能危害人类健康以及动植物生命的不稳定生态条件。该组织希望为一个更好、更健康、更人道的世界贡献力量，推动医学科学不以暴力为基础，建立更有效的卫生结构，创建生态清洁的环境。

工作语言：意大利语、英语

咨商地位：2013 年提交咨商地位申请，获得联合国经社理事会特别咨商地位

活动领域：生物多样性、国际法、森林、水资源保护、建立、居住环境、有毒物质

总部地址：意大利

International Ngo（促进经济和社会发展，Promotion du Développement Economique et Social）

机构名称：促进经济和社会发展（Promotion du Développement Economique et Social）

机构名称（英文）：International Ngo

机构名称缩写：PDES-ONG

机构名称缩写（英文）：PDES

机构网站：http://www.pdes-ong.org

简介：PDES-ONG 的首要目标是通过支持社区、小型和小型企业的农产品定价和出口，帮助发展中国家和社会经济转型实现尊重人权和环境权利的可持续发展。

工作语言：英语、法语、阿拉伯

咨商地位：2016 年提交咨商地位申请，获得经社理事会特别咨商地位

活动领域：经济发展、环境权利、人权等

总部地址：瑞士

Institute for the Study of Dependencies, Drug Policy Issues and Monitoring the Drug Situation（药物依赖性、药物政策问题研究所和药物状况监测所，Институт изучения зависимостей, проблем наркополитики и мониторинга наркоситуации）

机构名称：药物依赖性、药物政策问题研究所和药物状况监测所（Институт изучения зависимостей, проблем наркополитики и мониторинга наркоситуации）

机构名称（英文）：Institute for the Study of Dependencies, Drug Policy Issues and Monitoring the Drug Situation

机构名称缩写：DPA

机构名称缩写（英文）：DPA

机构网站：http://www.drugpolicy.org.ua/

简介：DPA 是美国致力于结束毒品战争、修复其危害并建立非惩罚

性、公平和受监管的毒品市场的领先组织。

工作语言：俄语、乌克兰、英语

咨商地位：该组织不具有联合国经社理事会的咨商地位

活动领域：毒品

总部地址：乌克兰

International Cooperation for Development and Solidarity（国际发展和团结合作组织，Coopération Internationale pour le Développement et la Solidarité）

机构名称：国际发展和团结合作组织（Coopération Internationale pour le Développement et la Solidarité）

机构名称（英文）：International Cooperation for Development and Solidarity

机构名称缩写：CIDSE

机构名称缩写（英文）：CIDSE

机构网站：http://www.cidse.org

简介：1967年成立，CIDSE的使命是促进正义和全球团结，帮助消除贫困和不平等，并通过挑战全球结构性不公正来实现可持续发展和福祉。

工作语言：法语

咨商地位：1972年提交咨商地位申请，获得联合国经社理事会特别咨商地位；2007年经重新分类，归位一般咨商地位

活动领域：经济、社会、发展筹资、可持续发展等

总部地址：比利时

Independent Centre for Research and Initiative for the Dialogue（独立研究和对话倡议中心）

机构名称：独立研究和对话倡议中心

机构名称（英文）：Independent Centre for Research and Initiative for the Dialogue

机构名称缩写：CIRID

机构名称缩写（英文）：ICRID

机构网站：http://www.CIRID.CH

简介：ICRID 参加了关于移民的全球讨论，并准备提案，以在瑞士和欧洲的非洲侨民与瑞士和欧洲机构、私营和公共部门之间建立强有力的伙伴关系。

工作语言：英语、法语等

咨商地位：2008 年提交咨商地位申请，获得联合国经社理事会特别咨商地位

活动领域：经济、发展筹资、人口、公共行政、性别问题、妇女、社会发展、可持续发展、数据统计等

总部地址：瑞士

International Mediterranean Women's Forum（地中海妇女论坛，Forum delle Donne del Mediterraneo）

机构名称：地中海妇女论坛（Forum delle Donne del Mediterraneo）

机构名称（英文）：无

机构名称缩写：FIDM

机构名称缩写（英文）：FIDM

机构网站：http://www.centrounesco.to.it

简介：FIDM 成立于 1992 年，主要活动范围为地中海国家。其致力于促进地中海国家妇女之间的合作和经验交流，以便提出和执行可持续的解决办法。

工作语言：英语、意大利语

咨商地位：2021 年申请并获得联合国经社理事会特别咨商地位

活动领域：妇女权益

总部地址：意大利

Indigenous Peoples Links（土著人民联系）

机构名称：土著人民联系

机构名称（英文）：Indigenous Peoples Links

机构名称缩写：PIPLinks

机构名称缩写（英文）：PIPLinks

机构网站：http://www.piplinks.org

简介：PIPLinks 的存在是为了维护和促进土著人民和其他土著社区的集体和个人人权。PIPLinks 成立于 1992 年，旨在响应菲律宾土著人民组织的支持请求，大部分工作都集中在菲律宾。

工作语言：英语

咨商地位：无

活动领域：社会发展、土著问题、可持续发展、气候变化、森林

总部地址：英国

Inga Foundation（英加基金会）

机构名称：英加基金会

机构名称（英文）：Inga Foundation

机构名称缩写：不明

机构名称缩写（英文）：不明

机构网站：http：//www.ingafoundation.org

简介：Inga Foundation 在世界热带雨林中工作。其正在开创一种革命性的农业系统，旨在为潮湿热带地区的自给农民服务，提供刀耕火种的可持续替代方案。其使命是：扭转不可持续破坏的潮流；解决世界上巨大的环境问题之一；粮食安全问题。

工作语言：西班牙语、英语

咨商地位：2013 年提交咨商地位申请，自 2013 年获得联合国经社理事会特殊项目

活动领域：可持续发展、农业、能力建设、森林、贫困、农村发展

总部地址：英国

Ingenieurs du Monde（世界工程师协会）

机构名称：世界工程师协会

机构名称（英文）：Ingenieurs du Monde

机构名称缩写：无

机构名称缩写（英文）：无

机构网站：http：//www.ingenieursdumonde.org

简介：Ingenieurs du Monde 是一个国际非政府组织，在联合国设有常

驻代表，其活动旨在改善新兴国家和发展中地区人民的福祉和发展。在日益自由化的背景下，代表主要由工程师和技术人员组成的协会和机构的利益。通过传播技术诀窍、技术知识和各国公司之间的交流，在有关国家和专门中心培训适当的技术人员和技术专家。

工作语言：法语、英语

咨商地位：2006年提交咨商地位申请，自2006年获得联合国经社理事会特殊项目

活动领域：经济、社会、工商业、科技、贸易、环境等

总部地址：法国

International Network for Standardization of Higher Education Degrees（国际高等教育学位标准化网络组织）

机构名称：国际高等教育学位标准化网络组织

机构名称（英文）：International Network for Standardization of Higher Education Degrees

机构名称缩写：INSHED

机构名称缩写（英文）：INSHED

机构网站：http://www.inshed.eu/

简介：INSHED是根据瑞士法律成立的一个协会。它的任务有以下几种：设计欧洲认可的ECTS学分培训课程，这些课程与当今社会直接相关；与高等教育机构会晤，支持它们的培训进程，以便统一高等教育文凭；在国际舞台上不断发展，并代表其成员尊重他们的利益和学生的利益。

工作语言：法语、英语

咨商地位：2014年提交咨商地位申请，并获得联合国经社理事会特别咨商地位

活动领域：经济、社会、教育、私营部门、技术合作、资讯及通信科技、贫困、社会政策、可持续发展、非洲发展

总部地址：瑞士

J

Jamaica Environment Trust（牙买加环境信托基金）

机构名称：牙买加环境信托基金

机构名称（英文）：Jamaica Environment Trust

机构名称缩写：JET

机构名称缩写（英文）：JET

机构网站：http://www.jamentrust.org

简介：JET 是一个非营利性、非政府会员制的环保组织。牙买加环境信托基金的任务是利用教育、宣传和法律来保护牙买加的自然资源。JET 重视正直、透明和诚实。JET 致力于影响个人和组织的行为以及公共政策和做法。通过专业精神、伙伴关系和团队合作实现高标准的工作。JET 是一个机会均等的雇主，力求为 JET 的员工提供一个鼓舞人心和富有成效的工作场所。

工作语言：英语

咨商地位：无

活动领域：环保、资源、教育等

总部地址：牙买加

Jammu and Kashmir Council for Human Rights（查谟和克什米尔人权理事会）

机构名称：查谟和克什米尔人权理事会

机构名称（英文）：Jammu and Kashmir Council for Human Rights

机构名称缩写：JKCHR

机构名称缩写（英文）：JKCHR

机构网站：http://www.jkchr.com&www.jkchr.org

简介：JKCHR 成立于 1984 年，是一个非政府组织，1992 年列入英格兰和威尔士慈善机构登记册。JKCHR 应邀指定驻联合国的官方代表——驻纽约联合国总部以及联合国日内瓦和维也纳办事处。JKCHR 还与中国和芬兰共同主持了会议。于 1990—1991 年发起了对阿扎德克什米尔难民的救济和医疗援助，并于 2015 年设立了酷刑和强奸受害者中心。2001 年，在印度控制的克什米尔巴拉穆拉区开始了救济工作，向非克什米尔人提供支持和援助。JKCHR 致力于促进这样一种信念，即"战争的影响是立竿见影的，但和平的影响是远远超出和深远的"。JKCHR 在理解克什米尔案件的判例方面发挥了主导作用。JKCHR 成功地在阿扎德克什米尔高等法院就宪法令状请愿书进行了辩论。

工作语言：英语

咨商地位：2001 年提交咨商地位申请，获得联合国经社理事会特别咨商地位

活动领域：人权、救济、医疗等

总部地址：英国

Just Planet（公正星球）

机构名称：公正星球

机构名称（英文）：Just Planet

机构名称缩写：JP

机构名称缩写（英文）：JP

机构网站：http://www.justplanet.org.uk

简介：JP 是一个非政府组织，拥有广泛的专业知识和实地经验，以及一个由人权专家和活动家组成的全球网络。公正星球倡导人权，承认过去、现在和未来几代人所有人权的不可分割性，以及人类与地球的相互依存关系。通过识别当代和新出现的人权挑战，应对侵犯人权行为，在世界范围内促进和捍卫人权。JP 的工作以国际人权法和国际刑事法为指导。

工作语言：英语

咨商地位：2021 年提交咨商地位申请，获得联合国经社理事会特别咨商地位

活动领域：经济与社会

总部地址：瑞士

Justice for Iran, Ltd（正义伊朗有限公司）

机构名称：正义伊朗有限公司

机构名称（英文）：Justice for Iran, Ltd

机构名称缩写：JFI

机构名称缩写（英文）：JFI

机构网站：http：//www.justice4Iran.org

简介：JFI 成立于 2010 年 7 月，是一个非政府、非营利的人权组织。JFI 的使命是解决和根除有罪不罚的做法，这种做法使伊朗伊斯兰共和国的官员能够对其公民进行广泛的侵犯人权行为，并使他们对自己的行为负责。JFI 揭露真相，为少数民族和宗教少数派、女性以及因政治信仰而受到迫害的人寻求正义。为了实现其使命，JFI 研究、记录、验证和诉讼个人案件。它进一步提高了公众意识，并通过联合国和欧盟参与人权宣传。

工作语言：英语、波斯语

咨商地位：2021 年提交咨商地位申请，获得联合国经社理事会特别咨商地位

活动领域：经济、社会、性别议题

总部地址：英国

K

Kabbalah Centre（卡巴拉中心）

机构名称：卡巴拉中心

机构名称（英文）：Kabbalah Centre

机构名称缩写：KCT

机构名称缩写（英文）：KCT

机构网站：无

简介：KCT 有成千上万的课程、视频和文章可供选择，各个层次的学生都可以找到内容来扩展他们的精神实践和改善他们的生活。我们充满活力和世界知名的讲师提供各种主题的课程，包括天使、占星术、繁荣，找到你的生活目标，健康、冥想、灵魂伴侣。

工作语言：英语

咨商地位：2008 年提交咨商地位申请，获得联合国经社理事会特别咨商地位

活动领域：个人发展

总部地址：英国

Karelian Republican Public Organization "Center for Support of Indigenous Peoples and Civic Diplomacy 'Young Karelia'（Molodaya Karelia）"（卡累利阿共和国公共组织"支持土著人民和公民外交中心"）（卡累利阿青年）

机构名称：卡累利阿共和国公共组织"支持土著人民和公民外交中心"（卡累利阿青年）

机构名称（英文）：Karelian Republican Public Organization "Center for Support of Indigenous Peoples and Civic Diplomacy 'Young Karelia'（Molodaya Karelia）"

机构名称缩写：MK

机构名称缩写（英文）：MK

机构网站：http：//www.nuorikarjala.ru

简介：MK 促进作为国际社会独特民族的卡累利阿共和国土著人民的语言和文化的保存、发展和促进，保护和促进他们的权利，支持他们的公

民外交。

工作语言：英语、芬兰语、俄语

咨商地位：2019年提交咨商地位申请，获得联合国经社理事会特别咨商地位

活动领域：经济、社会

总部地址：俄罗斯联邦

Karita Research（卡里塔研究）

机构名称：卡里塔研究

机构名称（英文）：Karita Research

机构名称缩写：KR

机构名称缩写（英文）：KR

机构网站：http://www.karita.se

简介：KR研究开发了决策过程中的意识、透明度和公众参与模型。致力于改善复杂问题的决策过程——这意味着整合而不是分裂、透明而不是封闭、公众参与而不是专家主导。KR在能源生产、污染地区修复、废物处理、电磁场等社会领域积极参与决策透明度、公众参与和风险沟通等项目。安排会议和暑期学校。除其他事项外，KR支持奥斯卡山市在核废料处理方面进行能力建设和公众参与。

工作语言：英语

咨商地位：无

活动领域：经济、社会、可持续发展、性别问题

总部地址：瑞典

Knowledge for Development Without Borders（知识促进无国界发展）

机构名称：知识促进无国界发展

机构名称（英文）：Knowledge for Development Without Borders

机构名称缩写：KFDWB

机构名称缩写（英文）：KFDWB

机构网站：http://www.knowledgefordevelopmentwithoutborders.org

简介：KFDWB通过鼓励人们表达他们个人和社区的挑战，并让他们

积极参与寻找创造性和创新性的解决办法，提供缓解地方一级发展问题所需的相关知识和技能。KFDWB 利用信息通信技术倡导并提高对可在全球范围内分享和推广的地方最佳发展实践的认识。

工作语言：英语、法语、德语

咨商地位：2018 年提交咨商地位申请，获得联合国经社理事会特别咨商地位

活动领域：经济、性别问题、社会发展、可持续发展

总部地址：奥地利

Konrad Adenauer Foundation（阿登纳基金会，Konrad-Adenauer-Stiftung e. V.）

机构名称：阿登纳基金会（Konrad-Adenauer-Stiftung e. V.）

机构名称（英文）：Konrad Adenauer Foundation

机构名称缩写：KAS

机构名称缩写（英文）：KAS

机构网站：https：//www.kas.de/

简介：KAS 是 1955 年成立的一个政治基金会。在德国，16 个地区办事处和 2 个会议中心提供各种公民教育会议和活动。在全球 120 多个国家设有 80 多个海外办事处，负责 200 多个项目。KAS 的总部位于波恩附近的圣奥古斯丁，也在柏林。KAS 致力于促进民主和法治，实施社会和市场经济结构并促进人权。凭借其与政治和社会精英的全球网络以及长期合作伙伴结构，它参与制定发展中国家和新兴国家的政策。在大多数国家，KAS 正在与智库、议会、政府机构或改革机构、区域或地方当局、高等法院、宪法法院、媒体组织以及青年和妇女组织或任何类型的民间社会组织合作。KAS 按照其基督教的职责工作。其章程规定了通过研究和咨询为政治工作奠定基础的任务。这不仅仅是就实际的政治问题提供建议。它指的是研究现代民主在当今媒体时代的意义，包括通过政治教育为改革做准备，并演变成一种前瞻性的政策，有助于提前避免危机。KAS 的国际工作基于两种类型的方案：国家方案和区域部门方案。国别方案以固定合作伙伴方案和灵活措施为基础，由 KAS 在各自国家的授权代表根据需求分析和与合作伙伴组织的合作选择。通过其区域部门计划，KAS 促进了法治、独立媒

体、气候和能源问题在政治对话等领域结构的长期体现。

工作语言：英语、德语

咨商地位：无

活动领域：经济、社会、融资发展、性别问题、人口、公共管理、可持续发展、非洲和平发展

总部地址：德国

Kulturverein-IDEA Society（文化协会—IDEA 协会）

机构名称：文化协会—IDEA 协会

机构名称（英文）：Kulturverein-IDEA Society

机构名称缩写：KIS

机构名称缩写（英文）：KIS

机构网站：http://www.idea-society.org/

简介：KIS 是一家总部设在奥地利维也纳的非营利性文化组织。该协会代表了一个全球文化平台，汇集了来自世界各地的艺术家。透过与世界各地其他文化机构的合作，以及为公众提供一个以互联网为基础的文化门户网站，KIS 旨在促进国际文化交流。主要目标是促进不同文化之间更好的理解，以创造宽容与和谐的共存。这个文化平台为来自世界各地的参与者提供了共同倡议的基础。我们的项目和活动面向成熟的和年轻的艺术家，以及有创造力的孩子。通过发起全球艺术运动，我们努力提高人们对社会活动的认识，并支持慈善组织。

工作语言：英语、德语等

咨商地位：2014 年提交咨商地位申请，获得联合国经社理事会特别咨商地位

活动领域：经济、社会发展、可持续发展

总部地址：奥地利

KULU-Women and Development（库鲁—妇女与发展）

机构名称：库鲁—妇女与发展

机构名称（英文）：KULU-Women and Development

机构名称缩写：KULU

机构名称缩写（英文）：KULU

机构网站：无

简介：KULU 的总体目的是支持妇女和妇女组织和网络在南方争取平等、和平与发展的斗争，其工作以联合国妇女行动方案为基础。本组织的长期目标是：努力建立一个公正和可持续的世界秩序，使妇女能够获得和控制资源；有权和有机会影响自己的处境并参与政治和经济机构；以及掌控自己身体、健康和生命的权利。

工作语言：英语

咨商地位：无

活动领域：性别问题、社会发展

总部地址：丹麦

L

Lesbian and Gay Federation in Germany（德国男女同性恋联盟）

机构名称：德国男女同性恋联盟

机构名称（英文）：Lesbian and Gay Federation in Germany

机构名称缩写：LSVD

机构名称缩写（英文）：LSVD

机构网站：http：//www.planet.tu \ scouts

简介：LSVD 是德国最大的同性恋权利非政府组织。它成立于 1990 年，是国际女同性恋、男同性恋、双性恋、变性人和双性人协会（ILGA）的一部分。

工作语言：英语、西班牙语、德语

咨商地位：2006 年获得联合国经社理事会特别咨商地位

活动领域：社会平等

总部地址：德国

Leonard Cheshire Disability（伦纳德柴郡残疾协会）

机构名称：伦纳德柴郡残疾协会

机构名称（英文）：Leonard Cheshire Disability

机构名称缩写：LCD

机构名称缩写（英文）：LCD

机构网站：无

简介：LCD 为残疾人士提供支持，让他们在自己的能力范围内选择独立生活、学习和工作。LCD 提供各种服务，包括住宿和支持生活，治疗套房，社会活动以及培训。LCD 主张建设一个更加公平、更加包容的社会。一个认识到我们所有人所做的积极贡献的国家。

工作语言：英语

咨商地位：2006 年获得联合国经社理事会特别咨商地位

活动领域：社会发展、可持续发展

总部地址：大不列颠及北爱尔兰联合王国

Legal Aid & Human Development Foundation-LAHDF（法律援助与人类发展基金会）

机构名称：法律援助与人类发展基金会

机构名称（英文）：Legal Aid & Human Development Foundation-LAHDF

机构名称缩写：LAHDF

机构名称缩写（英文）：LAHDF

机构网站：http：//www.lahdf.org

简介：LAHDF 是一个非政府、非政治、慈善、志愿、社会和人权组织。多年来一直从事志愿服务工作。LAHDF 正在意大利、孟加拉国开展工作。LAHDF 已被意大利政府注册，致力于为孟加拉国、意大利和许多国家无助的合法和非法移民、穷人、被忽视、贫困和无助的人提供福利。LAHDF 在意大利设有一个中央委员会，并在孟加拉国设有区、市和警察局委员会，向刑事律师提供法律援助。另一方面，与孟加拉国制革工业部（NPO）合作，为会员提供人权、人类发展和小型工业培训，制革技能发展项目，人力资源管理，法律权利和意识项目，以及法律公用事业建设的一般知识。LAHDF 旨在提高对人权的认识，使公民能够就自己的权利进行谈判。LAHDF 还提供免费的法律援助服务、调解、教育、联合国、培训、气候变化问题和人权问题咨询。

工作语言：英语

咨商地位：2023 年获得联合国经社理事会特别咨商地位

活动领域：农业、生物多样性、文化等

总部地址：意大利

League of Environment（环境机构，Legambiente）

机构名称：环境机构（Legambiente）

机构名称（英文）：League of Environment

机构名称缩写：LE

机构名称缩写（英文）：LE

机构网站：http：//www.legambiente.it

简介：LE 是一个非营利性协会，由关心各种形式的环境保护、生活质量以及更加公平、公正和支持性社会的公民组成。这是一个由人们组成的大型无党派运动，他们通过志愿服务和直接参与，促进变革，创造更美好的未来。其使命是以科学环保主义为基础，自下而上收集有关我们生态系统的数以千计的数据，这是每项投诉和建议的基础。40 年来，我们一直在为建设更美好的世界而奋斗，与污染、非法和不公正现象作斗争，以追求美丽、保护和更好的生活质量。

工作语言：英语、意大利语

咨商地位：无

活动领域：社会平等、社会发展

总部地址：意大利

League for the Environment（环境联盟，Lega Per l'Ambiente）

机构名称：环境联盟（Lega Per l'Ambiente）

机构名称（英文）：League for the Environment

机构名称缩写：LE

机构名称缩写（英文）：LE

机构网站：无

简介：LE 的环境目标旨在防止生态遭受破坏。

工作语言：英语

咨商地位：2019 年获得联合国经社理事会特别咨商地位

活动领域：环境保护、可持续发展

总部地址：意大利

Legal Action Worldwide（全球法律行动）

机构名称：全球法律诉讼

机构名称（英文）：Legal Action Worldwide

机构名称缩写：LAW

机构名称缩写（英文）：LAW

机构网站：http://www.legalactionworldwide.org/

简介：LAW 是一个独立的非营利性组织，由在脆弱和受冲突影响地区工作的人权律师和法学家组成。

工作语言：英语

咨商地位：2019 年获得联合国经社理事会特别咨商地位

活动领域：妇女权益

总部地址：瑞士

Lawyers for Lawyers（律师之家）

机构名称：律师之家

机构名称（英文）：Lawyers for Lawyers

机构名称缩写：L4L

机构名称缩写（英文）：L4L

机构网站：http：//www.lawyersforlawyers.org

简介：L4L 要维护法治。2022 年，我们在 38 个州发起了"律师为律师服务"的 198 个倡导运动。

工作语言：英语、荷兰语

咨商地位：2011 年获得联合国经社理事会特别咨商地位

活动领域：人权；司法

总部地址：荷兰

LEAD International Inc.（Leadership for Environment & Development）[LEAD 国际公司（领导环境与发展）]

机构名称：LEAD 国际公司（领导环境与发展）

机构名称（英文）：LEAD International Inc.（Leadership for Environment & Development）

机构名称缩写：LEAD

机构名称缩写（英文）：LEAD

机构网站：http：//www.lead.org

简介：LEAD 是一家总部位于旧金山湾区的注册公共会计和咨询公司。

工作语言：英语

咨商地位：2002 年获得联合国经社理事会特别咨商地位

活动领域：可持续发展、能力建设、气候变化等

总部地址：英国

Leadership Development Association Albania（阿尔巴尼亚领导力发展协会）

机构名称：阿尔巴尼亚领导力发展协会

机构名称（英文）：Leadership Development Association Albania

机构名称缩写：LDA Albania

机构名称缩写（英文）：LDA Albania

机构网站：http://www.lda.al/

简介：LDA Albania 作为一个由年轻专业人士经营的非营利性、非政府组织，致力于加强公民教育，帮助年轻人成为社区的领导者和变革者。注重领导力、民主、良好治理、企业家精神、技术与创新、专业发展和许多管理领域。通过合作伙伴关系、国际教育文化交流、培训和志愿服务，旨在激励全球青年进行建设性的参与，提高他们的专业和个人技能。愿景是帮助年轻人实现他们的潜力，成为他们社区的领导者和变革者。使命是创建一个国际平台，帮助年轻人通过在国际环境中工作来发展他们的个人和专业技能。目标是培养年轻人的伦理和道德原则，因为我们相信年轻人的潜力是一种未来的运动，为了更美好的明天。我们正在领导国际非政府组织"欧洲领导力发展协会"，为 LDA 欧洲在阿尔巴尼亚、科索沃、黑山、普雷塞沃山谷、马其顿北部和爱沙尼亚的青年提供活动、会议和国际交流，以加强青年领导力，以及个人和专业的发展。

工作语言：英语、阿尔巴尼亚语

咨商地位：2022 年获得联合国经社理事会特别咨商地位

活动领域：公民治理、文化、发展等

总部地址：阿尔巴尼亚

Lama Gangchen World Peace Foundation（刚坚喇嘛世界和平基金会）

机构名称（英文）：Lama Gangchen World Peace Foundation

机构名称缩写：LGWPF

机构名称缩写（英文）：LGWPF

机构网站：http://www.worldpeacecongress.net and http://lgpt.ngalso.org

简介：LGWPF 成立于 1996 年，其目标是通过传播、翻译和保存喇嘛世界仁波切和西方佛教的精神和文化遗产，为内心的和平、世界的和平以及精神和身体的健康作出贡献。

工作语言：英语、西班牙语、法语

咨商地位：2007年获得联合国经社理事会特别咨商地位

活动领域：宗教与社会、文化

总部地址：意大利

Landscape Institute（景观研究所）

机构名称：景观研究所

机构名称（英文）：Landscape Institute

机构名称缩写：LI

机构名称缩写（英文）：LI

机构网站：无

简介：LI 是景观专业的特许机构，是一个促进景观艺术和科学的教育慈善机构。

工作语言：英语

咨商地位：1995年获得联合国经社理事会特别咨商地位

活动领域：农业、教育、能源等

总部地址：英国

Landvernd, National Association for the Protection of the Icelandic Environment（保护冰岛环境国家组织）

机构名称：保护冰岛环境国家组织

机构名称（英文）：Landvernd, National Association for the Protection of the Icelandic Environment

机构名称缩写：LNA

机构名称缩写（英文）：LNA

机构网站：无

简介：LNA 是冰岛最大的环境教育服务提供商，也是冰岛此类项目的先驱。近年来，Landvernd 进一步关注气候变化以及越来越多的游客参观冰岛脆弱的自然环境所带来的影响。

工作语言：英语

咨商地位：2019 年获得联合国经社理事会特别咨商地位

活动领域：环境保护

总部地址：冰岛

La Verità-International Diplomatic No Profit Association（国际外交非营利协会，La Verità Onlus-International Diplomacy）

机构名称：国际外交非营利协会（La VeritàOnlus-International Diplomacy）

机构名称（英文）：La Verità-International Diplomatic No Profit Association

机构名称缩写：V. O. I. D.

机构名称缩写（英文）：V. O. I. D.

机构网站：http：//www. associazionevoid. org

简介：V. O. I. D. 保证人人不分种族、肤色、民族或族裔，在法律面前一律平等的权利。

工作语言：英语、意大利语、西班牙语

咨商地位：无

活动领域：孩童、国际安全、媒体等

总部地址：意大利

Life Project 4 Youth（青年生命项目）

机构名称：青年生命项目

机构名称（英文）：Life Project 4 Youth

机构名称缩写：LP4Y

机构名称缩写（英文）：LP4Y

机构网站：http：//www. lp4y. org

简介：LP4Y 是一个由当地组织组成的国际运动，专门致力于为赤贫的年轻人的职业和社会融合开发创新解决方案。自 2017 年以来，它的结构保证了最佳实践的共享和所制定行动的一致性。每个实体都是自主的，并根据其环境调整其行动，以创建一个有利于建设更具包容性的世界的生态系统。

工作语言：法语、英语

咨商地位：2020年提交咨商地位申请书，获得联合国经社理事会特别咨商地位

活动领域：发展、性别平等、贫困等

总部地址：法国

Lifebox Foundation（生命盒基金会）

机构名称：生命盒基金会

机构名称（英文）：Lifebox Foundation

机构名称缩写：无

机构名称缩写（英文）：无

机构网站：http：//www.lifebox.org

简介：Lifebox Foundation 是一个全球性的非营利组织，致力于使手术和麻醉在世界范围内更加安全。通过工具、培训和合作伙伴关系，我们每次都让每位患者的手术更安全。我们的项目涉及安全手术的三个核心支柱——提高麻醉安全性、减少手术感染和加强团队合作。

工作语言：英语

咨商地位：2021年提交咨商地位申请书，获得联合国经社理事会特别咨商地位

活动领域：发病率和死亡率、健康

总部地址：英国

Lifelong Learning Platform（终身学习平台）

机构名称：终身学习平台

机构名称（英文）：Lifelong Learning Platform

机构名称缩写：LLLP

机构名称缩写（英文）：LLLP

机构网站：http：//www.lllplatform.eu

简介：LLLP 是一个汇集了44个活跃在教育、培训和青年领域的欧洲组织的伞状组织。目前，这些网络代表了超过50000个教育机构和协会，

涵盖正规、非正规和非正式学习的所有部门。他们的成员向数百万受益人伸出援手。该平台旨在表达公民对终身学习的担忧。LLLP 的想法是，任何人都不应该被排除在外，并在各个部门之间建立桥梁，以增加所有人获得优质教育的机会。该平台提倡"从摇篮到坟墓"的终身学习的整体愿景。如今，学校—工作—退休的模式已不再是常态，因此我们帮助人们实现人生转型非常重要。学习不仅限于正规教育，它还整合了非正规和非正式学习。这一愿景旨在确保公平和社会凝聚力以及积极的公民意识。LLLP 认为，教育和培训的目标不仅应该从就业能力或经济增长的角度来描述，还应该作为个人发展的框架。通过汇集教育和培训各个领域的参与者，LLLP 为欧洲范围内的创新实践交流创造了空间。通过这样做，它有助于提高系统之间的灵活性，并提出具体的解决方案，使所有人的终身学习成为现实。该平台还致力于加强民间社会组织和公共当局之间的对话，以实现我们的教育系统现代化并支持公共部门创新。

工作语言：英语、法语

咨商地位：2020 年提交咨商地位申请书，获得联合国经社理事会特别咨商地位

活动领域：教育、社会政策等

总部地址：比利时

Lightup Foundation（点亮基金会）

机构名称：点亮基金会

机构名称（英文）：Lightup Foundation

机构名称缩写：无

机构名称缩写（英文）：无

机构网站：http：//www.lightupfoundation.org

简介：Lightup Foundation 从出售域名开始，发展到出售带有易于使用的网站编辑器的网站。20 多年过去了，Lightup Foundation 现在也提供搜索营销包，最近成为谷歌的合作伙伴。虽然环境可能已经发生了变化，但核心信息一直保持不变，即在专业团队的帮助下，帮助小型企业和初创企业有效地进行在线交易。

工作语言：英语

咨商地位：2017年获得联合国经社理事会特别咨商地位申请

活动领域：妇女权利、贫困、气候变化、可持续发展等

总部地址：英国

Lutheran World Federation（世界信义宗联盟）

机构名称：世界信义宗联盟

机构名称（英文）：Lutheran World Federation

机构名称缩写：LWF

机构名称缩写（英文）：LWF

机构网站：https：//www.lutheranworld.org/

简介：75年来，LWF将教会聚集在一起，改变了这个世界。LWF是信义教传统的全球教会共融，为一个公正、和平、和解的世界而共同生活和努力。该联合会努力通过人道主义和发展工作、倡导、共同见证和对话，将基督教信仰付诸行动。

工作语言：德语、西班牙语、法语、英语

咨商地位：1952年提交咨商地位申请，获得联合国经社理事会特别磋商地位

活动领域：扫雷、法律制裁、女权等

总部地址：瑞士

Luxembourg Income Study（卢森堡收入研究中心）

机构名称：卢森堡收入研究中心

机构名称（英文）：Luxembourg Income Study

机构名称缩写：LIS

机构名称缩写（英文）：LIS

机构网站：http：//www.lisdatacenter.org/

简介：LIS是一家在卢森堡注册的非营利组织，拥有一个国际董事会。资助者、数据提供者和其他信息系统贡献者有资格成为董事会成员。此外，还有一个咨询委员会，由应邀向组织及其董事提供建议的个人组成。LIS从顾问委员会成员参加定期董事会会议中获益。由于国际信息系统的设想是采用国际合作的治理模式，理事会成员负责维护这一模式，同时在

国际一级推广国际信息系统。LIS 还受益于当地咨询委员会，该委员会由卢森堡社区的个人组成，他们与 LIS 分享协同作用，并在卢森堡推广 LIS。LIS 的使命是促成、促进和开展关于社会经济结果和影响这些结果的制度因素的跨国比较研究。

工作语言：法语、英语

咨商地位：2015 年提交咨商地位申请，获得联合国经社理事会特别磋商地位

活动领域：社会发展、性别平等、技术合作等

总部地址：卢森堡

Life Ascending International（生命升华国际，Vie Montante Internationale）

机构名称：生命升华国际（Vie Montante Internationale）

机构名称（英文）：Life Ascending International

机构名称缩写：VMI

机构名称缩写（英文）：LAI

机构网站：http://www.mcr.asso.fr/dans-le-monde/

简介：VMI 的宗旨是"汇集全国性的教友传教组织，这些组织希望参与对退休人员和老年人的牧灵关怀，他们既是福传的对象，也是福传的行动者"。

工作语言：法语、英语

咨商地位：2000 年提交咨商地位申请，获得联合国经社理事会特别咨商地位

活动领域：社会发展等

总部地址：法国

Lumos Foundation（路莫斯基金会）

机构名称：路莫斯基金会

机构名称（英文）：Lumos Foundation

机构名称缩写：无

机构名称缩写（英文）：无

机构网站：http：//www.wearelumos.org

简介：Lumos Foundation 的愿景是每个孩子都能在一个安全和充满爱的家庭中成长。我们的核心价值观塑造了我们的工作方式。我们将儿童的权利、需求以及他们的安全、保护和福祉放在我们所有工作的核心。在实施项目时，我们对自己的行为负责，非常谨慎地使用资源，努力发挥最大效用，始终考虑对儿童的影响。我们支持创造持久的积极变化，改善儿童的生活，并产生持久效益。我们努力确保所有人都有获得机会。我们努力以开放和诚实的方式开展内外关系，制定和实施灵活的方法来满足所有人的需求。我们让年轻人参与影响他们的事务以及我们的倡导活动。在 Lumos，我们通过预防家庭分离、保护儿童以及推动全球各地的收养制度改革，为每个孩子争取家庭的权利。我们不带歧视地做这些工作，维护每个孩子的权利。我们服务的儿童不成比例地更有可能遭受不平等和被排斥，因此我们的工作必须扎根于反歧视实践中。这意味着确保任何孩子都不会因年龄、性别、残疾、性别认同或表达、种族、宗教、性取向或经济状况而被拒绝帮助。我们努力营造一个包容的环境，使所有员工都能感到安全、受到倾听和被重视。我们尊重和欣赏员工的不同观点，确保所有个体都能自由表达。这为实现我们的愿景奠定了基础，确保所有儿童都能获得一个安全和充满爱的家庭。

工作语言：英语、保加利亚语、俄语、法语、捷克语、乌克兰语、罗马语

咨商地位：2016 年提交咨商地位申请，获得联合国经社理事会特别磋商地位

活动领域：女性权利、人权、发展等

总部地址：英国

M

Maasai Aid Association（马赛救援协会）

机构名称：马赛救援协会

机构名称（英文）：Maasai Aid Association

机构名称缩写：MAA

机构名称缩写（英文）：MAA

机构网站：http://www.e-solidarity.org

简介：无

工作语言：法语、英语、斯瓦西里语

咨商地位：2009 年提交咨商地位申请，获得联合国经社理事会特别磋商地位

活动领域：性别平等、妇女权利、技术合作等

总部地址：瑞士

Maison de Sagesse（智慧之家）

机构名称：智慧之家

机构名称（英文）：Maison de Sagesse

机构名称缩写：MdS

机构名称缩写（英文）：MdS

机构网站：http://www.maison-de-sagesse.org

简介：MdS 是一个总部位于瑞士的国际非政府组织。该组织成立于 2002 年，致力于推动不同宗教和文化间的相互理解与对话。MdS 通过其平台联结不同信仰团体，推动宗教间对话与合作，促进世界和平。

工作语言：法语、西班牙语、英语等

咨商地位：提交咨商地位申请，获得联合国经社理事会名册磋商地位

活动领域：可持续发展、农业、性别平等等

总部地址：法国

Make Mothers Matter（重视母亲）

机构名称：重视母亲

机构名称（英文）：Make Mothers Matter

机构名称缩写：MMM

机构名称缩写（英文）：MMM

机构网站：http：//www.makemothersmatter.org

简介：MMM 相信母亲的力量可以让世界变得更美好。我们提倡认可和支持他们作为变革者。我们在最高层放大她们的声音：欧盟、教科文组织和联合国提高她们的技能，认识到她们作为子女的第一批教育者的责任，是推动变革的关键杠杆。我们的工作：在三个主要重点领域进行宣传和基层动员——所有这些都以教育为基础。"让母亲重要"倡导承认母亲是变革者。在没有任何政治或宗教信仰的情况下，我们提高决策者和公众舆论对其社会、文化和经济发展贡献的认识。我们支持一个由世界各地 40 多个基层组织组成的网络，以增强和保护母亲，促进她们及其子女的权利。作为坚定的女权主义者，我们为母亲们提供了一个发声的平台，并在国际层面上解决她们的关切。

工作语言：英语、法语

咨商地位：2004 年提交咨商地位申请，获得联合国经社理事会特别咨商地位

活动领域：性别平等、社会政策、社会发展、人权等

总部地址：法国

Make Sense（有意义社会组织）

机构名称：有意义社会组织

机构名称（英文）：Make Sense

机构名称缩写：无

机构名称缩写（英文）：无

机构网站：http：//www.makesense.org

简介：Make Sense 是一个促进社会创新和社会企业家精神的全球性社区组织。Make Sense 于 2010 年在法国成立，它使公民能够为可持续和包容的社会创造协作解决方案。Make Sense 通过其项目，将社会企业家、学生、专业人士和基层社区领袖联系起来，开发和扩大有影响力的项目，解决教育、贫困、气候变化和人权等问题。Make Sense 在当地设有名为"社区"的分会，举办技能研讨会、黑客马拉松、孵化项目和网络活动，以促进全

球的社会创新生态系统。该组织还创建了 Make Sense Start 平台，为早期社会企业提供指导和资源。在协作和开源原则的指导下，Make Sense 在超过35 个国家的 50000 多名成员之间分享学习成果，以最大限度地发挥社会影响力。志愿者领导的运动认为，通过动员参与的公民网络，普通人可以推动公正和可持续世界所需的变革。

工作语言：英语、法语、西班牙语

咨商地位：2020 年提交咨商地位申请，获得经社理事会特别咨商地位

活动领域：灾害管理、性别平等等

总部地址：法国

Maloca International（瑞士马洛卡国际组织，Maloca Internationale）

机构名称：瑞士马洛卡国际组织（Maloca Internationale）

机构名称（英文）：Maloca International

机构名称缩写：无

机构名称缩写（英文）：无

机构网站：http：//www.malocainternationale.com

简介：在协助哥伦比亚亚马逊地区的治疗工作数年后，Maloca International 现在将其在哥伦比亚的工作重点放在通过事先协商和民众协商监测参与保护祖传领土的各种行动者。其已承诺在哥伦比亚和全球范围内将传统知识纳入这些磋商。鉴于土著人民生活在国家边界内，其已将工作扩大到土著人民自决以外的其他人权领域，该组织的想法是，为一国境内所有人口的人权而努力也是为该国境内土著人民的权利而努力。这些领域包括哥伦比亚和拉美裔区域以及世界其他地区，如中东和北非的法治、公民权利和政治权利；其还涉及环境和知识产权。最后，该组织的工作目标是建立一个民主、公平的社会秩序和国际秩序，作为全球治理的典范。

工作语言：英语、法语、西班牙语

咨商地位：2021 年提交咨商地位申请，获得联合国经社理事会特别咨商地位

活动领域：国际法

总部地址：瑞士

Malteser International e. V. （马耳他国际股份有限公司）

机构名称：马耳他国际股份有限公司

机构名称（英文）：Malteser International e. V.

机构名称缩写：MI

机构名称缩写（英文）：MI

机构网站：https：//www. malteser-international. org/

简介：作为马耳他主权教团的国际救济机构，MI 追求使有需要的人能够健康和有尊严地生活的目标。60 多年来，MI 一直在非洲、美洲、亚洲和欧洲超过 35 个国家/地区开展工作，帮助有需要的人——无论他们的宗教、出身、性别或政治信仰如何。MI 得到了众多地方、国家和国际伙伴组织、捐助者、朋友和捐助者网络的支持。因此，MI 是各种国家和国际网络和协会的成员。为了不断改进自身的帮助，MI 依靠与其他组织的密切协调与合作完善自己。

工作语言：英语、法语、西班牙语、德语

咨商地位：2017 年提交咨商地位申请，获得联合国经社理事会特别咨商地位

活动领域：气候变化、发展、极端贫困等

总部地址：瑞士

Marangopoulos Foundation for Human Rights （马兰戈普洛斯人权基金会）

机构名称：马兰戈普洛斯人权基金会

机构名称（英文）：Marangopoulos Foundation for Human Rights

机构名称缩写：MFHR

机构名称缩写（英文）：MFHR

机构网站：http：//www. mfhr. gr

简介：从 1979 年至今，MFHR 的行动涉及在国际和国家两级促进和保护人权有关的广泛问题。基金会的事件、出版物和活动总体上特别围绕以下主题轴心展开：更广泛的主题"民主与公共空间"，尤其包括民间社会、人权维护者、选举进程、民主治理、数字环境以及人工智能对人权、见解和言论自由以及集会和结社自由的影响等问题。"发展和体面生活"部分

特别包括经济、社会和文化权利、消除贫困、环境保护、应对气候变化和可持续发展。平等和不歧视原则是同一枚硬币的两面，特别关注妇女和儿童的权利、反对种族歧视和仇恨言论的斗争，以及保护弱势群体和各类人口，如少数群体、移民和难民、土著人民、残疾人、属于LGBTQI+社区的人等。这包括与适当司法和公平审判权、废除死刑、强迫失踪和法外处决、奴役、强迫劳动和贩运人口以及酷刑和其他虐待、恐怖主义和反恐措施有关的问题。全球、区域和国家各级的人权机构、机制和文书为监测各国履行和有效遵守其在这一领域的承诺提供了适当的框架。这包括自然人和法人、非政府组织和其他团体的相关程序权利，例如个人补救和请愿权。

工作语言：法语、英语、希腊语

咨商地位：1998年提交咨商地位申请，获得联合国经社理事会特别咨商地位

活动领域：可持续发展、人口、人权等

总部地址：希腊

Marianists International（玛利诺会国际组织）

机构名称：玛利诺会国际组织

机构名称（英文）：Marianists International

机构名称缩写：MMCRHI

机构名称缩写（英文）：MMCRHI

机构网站：http://www.MarianistNGO.org

简介：MMCRHI是一个总部位于意大利罗马的天主教玛利诺会国际机构。该组织成立于1975年，致力于协调和支持玛利诺会全球范围内的活动。MMCRHI以协调玛利诺会成员共同服务教会为使命，促进会内团结合作。

工作语言：英语、西班牙语、法语

咨商地位：无

活动领域：无

总部地址：意大利

Marianna V. Vardinoyannis Foundation（玛利安娜·瓦迪诺安尼斯基金会）

机构名称：玛利安娜·瓦迪诺安尼斯基金会

机构名称（英文）：Marianna V. Vardinoyannis Foundation

机构名称缩写：无

机构名称缩写（英文）：无

机构网站：http：//www.mvvfoundation.gr

简介：Marianna V. Vardinoyannis Foundation 是一个非营利性基金会，具有人道主义和社会性质，受私法管辖。它是一个在联合国经济及社会理事会中具有特别咨商地位的非政府组织。它由联合国教科文组织亲善大使玛利安娜·瓦迪诺安尼斯基（Marianna V. Vardinogiannis）女士于1997年创立，直到2012年它被称为"儿童和家庭基金会"。Marianna V. Vardinoyannis Foundation 的宗旨是促进与保护人权，特别是与儿童权利有关的问题，以及改善儿童及其家庭的生活条件。通过其侧重于教育、和平、健康、安全、社会团结、人道主义援助和文化的多层面行动，它力求照亮儿童生活的各个方面，提高认识并告知希腊和国际舆论，指出弱点和疏忽，并有助于解决问题和满足需求。Marianna V. Vardinoyannis Foundation 参与反对暴力、贫困和歧视的国际斗争，重点关注解决诸如对儿童的商业剥削、虐待儿童、性和其他方面、互联网上的恋童癖、人口贩运等问题。通过各种会议、国际论坛和特别活动，它促进尊重和遵守《国际儿童权利公约》，保护处于危险中的无辜者、和平文化、联合国千年发展目标。与此同时，Marianna V. Vardinoyannis Foundation 鼓励并奖励为人类理想服务并提供社会团结典范的研究、倡议和努力。

工作语言：英语、希腊语

咨商地位：2004年提交咨商地位申请，获得联合国经社理事会特别咨商地位

活动领域：儿童、教育、家庭、人权、人道主义事务、正义

总部地址：希腊

Marine Stewardship Council（海事管理委员会）

机构名称：海事管理委员会

机构名称（英文）：Marine Stewardship Council

机构名称缩写：MSC

机构名称缩写（英文）：MSC

机构网站：http：//www.msc.org

简介：MSC与渔业、科学家和工业界合作，确保我们的海洋以可持续的方式捕捞，并很容易找到和购买经过认证的可持续海鲜。通过选择带有蓝色MSC标签的海鲜产品，您可以直接支持保护海洋的渔民，并鼓励其他人也这样做。

工作语言：英语

咨商地位：无

活动领域：无

总部地址：英国

Marmara Group Strategic and Social Research Foundation（马尔马拉战略与社会研究基金会）

机构名称：马尔马拉战略与社会研究基金会

机构名称（英文）：Marmara Group Strategic and Social Research Foundation

机构名称缩写：MGV

机构名称缩写（英文）：MGF

机构网站：http：//www.marmaragrubu.org

简介：MGF是土耳其的一个智库类非政府组织，成立于1985年，位于伊斯坦布尔。MGF是土耳其重要的国际关系智库，其研究成果具有较高影响力。

工作语言：英语

咨商地位：2002年提交咨商地位申请，获得联合国经社理事会特别咨商地位

活动领域：发展、经济学、金融、能源等

总部地址：土耳其

Doctors of the World（世界医师协会，Médecins du Monde）

机构名称：世界医师协会（Médecins du Monde）

机构名称（英文）：Doctors of the World

机构名称缩写：MdM

机构名称缩写（英文）：DotW

机构网站：https：//www.medecinsdumonde.org/

简介：MdM网络由17个来自民间社会的独立协会组成，拥有一个共同的愿景：一个健康不再有障碍、健康将被视为一项基本权利的世界。在行动主义、赋权、社会正义、独立和平衡等相同价值观的推动下，网络成员共同努力实现这一愿景并在世界上产生更大的影响。MdM国际网络遍布74个国家。它在17个国家开展国内项目，在57个国家开展国际项目。

工作语言：法语、西班牙语、英语

咨商地位：1996年获得联合国经社理事会一般咨商地位

活动领域：儿童、艾滋病、人权等

总部地址：法国

Medical Aid for Palestinians（巴勒斯坦医疗援助）

机构名称：巴勒斯坦医疗援助

机构名称（英文）：Medical Aid for Palestinians

机构名称缩写：MAP

机构名称缩写（英文）：MAP

机构网站：http：//www.rohan.talbot@map-uk.org

简介：MAP反对一切形式的种族主义，包括反穆斯林仇恨、反犹太主义和仇外心理，以及任何形式的歧视，无论是基于种族、宗教、国籍、种族、性别、肤色、性取向、年龄、残疾、良心、信仰、文化、语言和出生地。鉴于我们的工作环境和一些项目的复杂性，保护儿童和弱势成年人至关重要。我们致力于在我们的组织和合作伙伴中保持最高标准，并定期审查我们的政策和协议并培训所有员工。MAP致力于尽可能透明地公开我们的治理、活动和财务状况。我们确保资金用于合适的项目，并遵守国际法规和行业标准。

工作语言：英语

咨商地位：2002年获得联合国经社理事会特别咨商地位

活动领域：可持续发展

总部地址：英国

MEDICAL KNOWLEDGE INSTITUTE（医学知识研究所）

机构名称：医学知识研究所

机构名称（英文）：MEDICAL KNOWLEDGE INSTITUTE

机构名称缩写：无

机构名称缩写（英文）：MKI

机构网站：无

简介：MKI 的使命是让发展中国家和转型国家的医疗保健提供者能够通过医疗保健教育和医疗保健信息传播旨在改善生活质量的计划。MKI 的行动前提是医疗保健是一项人权。

工作语言：无

咨商地位：无

活动领域：无

总部地址：荷兰

Medico International（国际医疗组织）

机构名称：国际医疗组织

机构名称（英文）：Medico International

机构名称缩写：MI

机构名称缩写（英文）：MI

机构网站：http://www.medico.de

简介：MI 于 1968 年在法兰克福成立，与主要在非洲、亚洲和拉丁美洲的合作伙伴组织团结一致，以实现公正的世界。1997 年，MI 作为禁止地雷运动的共同发起者被授予诺贝尔和平奖。MI 在政治上是独立的、非宗派的。非营利协会的工作在很大程度上由捐款和补贴资助，并由医疗基金会担保，这确保了我们政治行动的独立性。

工作语言：法语、西班牙语、英语、德语

咨商地位：2002 年获得联合国经社理事会特别咨商地位

活动领域：农业、生物多样性、公民治理、文化等

总部地址：德国

Medicus Mundi International（国际世界医学会）

机构名称：国际世界医学会

机构名称（英文）：Medicus Mundi International

机构名称缩写：MMI

机构名称缩写（英文）：MMI

机构网站：http://www.medicusmundi.org

简介：MMI是一个在国际卫生合作和宣传领域工作的公共利益组织网络。网络成员通过促进获得保健和保健作为一项基本人权（"人人享有健康"）来消除全球贫困。该网络旨在通过分享知识和联合力量，提高其成员及其合作伙伴的工作质量和效率。联合活动的主要领域包括全球卫生政策和治理以及提高国际卫生合作的合法性、相关性和有效性。

工作语言：英语

咨商地位：申请联合国经社理事会A1名册咨商地位

活动领域：发展、管理、人权等

总部地址：瑞士

Media Education Centre（媒体教育中心，Medijski Edukativni Centar）

机构名称：媒体教育中心（Medijski Edukativni Centar）

机构名称（英文）：Media Education Centre

机构名称缩写：MEC

机构名称缩写（英文）：MEC

机构网站：http://www.mediaeducationcentre.eu

简介：MEC是一个面向儿童、青年和成人的媒体教育的非政治性、非营利性、非宗派的非政府组织。来自不同社会文化背景的人们共同努力，以创造性的媒体语言转换和翻译思想和观点，并制作电影、动画、广播、电视和其他数字媒体，主要目标是促进沟通，社会变革，跨文化、跨信仰对话，社会包容，性别平等，生态智慧和社会负责任的发展。我们的工作是促进全球教育、职业教育和培训、儿童、青年、残疾人、移民、难民和其他弱势群体的新媒体教育/教学法。媒体、信息与和平教育和扫盲支持我们促进交流、合作与和平的努力，并确保促进和落实人权和儿童权利、媒体和信息民主、自我表达和维护文化、民族和宗教多样性。MEC 是媒体促进青年问题世界首脑会议、媒体实验室、多瑙河促进和平以及多瑙河和巴尔干半岛 PLUS 国际旅游节的总部。MEC 还是"团结多元—世界民间社会"的主席，"团结多元巴尔干 - 多瑙河地区东南欧"的成员和总部。MEC 是联合国文明联盟、联合国多元＋电影节、联合国教科文组织国际电影、电视和音像传播理事会（CICT/IFTCUNESCO）的成员或合作伙伴、"建立媒体信任"和"塞尔维亚 MIL 点击"欧盟 - 联合国教科文组织项目、河流/城市平台、国际旅游和平研究所国际儿童、青年和媒体信息交流中心、eavi-欧洲观众利益协会、欧洲跨文化平台、国际和平城市和许多其他国际组织成员。

工作语言：塞尔维亚 - 克罗地亚语、意大利语、英语、克罗地亚语

咨商地位：2019 年获得联合国经社理事会特别咨商地位

活动领域：农业、气候变化、粮食等

总部地址：塞尔维亚

Mediterranean Information Office for Environment, Culture and Sustainable Development（地中海环境、文化与可持续发展信息办公室）

机构名称：地中海环境、文化与可持续发展信息办公室

机构名称（英文）：Mediterranean Information Office for Environment, Culture and Sustainable Development

机构名称缩写：MIO-ECSDE

机构名称缩写（英文）：MIO-ECSDE

机构网站：http：//www.mio-ecsde.org

简介：MIO-ECSDE 是由 133 个地中海非政府组织组成的非营利性环境与可持续发展联盟。MIO-ECSDE 的使命是保护自然环境和文化遗产，促进和平地中海的可持续发展。二十多年来，我们一直致力于促进欧洲—地中海地区的协同作用、联合力量和搭建桥梁。

工作语言：英语、法语

咨商地位：2005 年获得联合国经社理事会特别咨商地位

活动领域：农业、生物多样性、气候变化、文化等

总部地址：希腊

Mediterranean Protected Areas Network（地中海保护区网络）

机构名称：地中海保护区网络

机构名称（英文）：Mediterranean Protected Areas Network

机构名称缩写：MedPAN

机构名称缩写（英文）：MedPAN

机构网站：http://www.mio-ecsde.org

简介：MedPAN 的宗旨是促进地中海海洋保护区网络的建立、维持和运作。因此，它有助于实现《生物多样性公约》确定的具体目标，即建立和维持全面、有效管理和具有生态代表性的国家和区域海洋保护区系统。MedPAN 通过全球网络，共同促进实现《生物多样性公约》的三项目标以及在全球、区域、国家和国家以下各级大幅度降低目前生物多样性丧失率的目标，并促进减贫和实现可持续发展。

工作语言：英语、法语

咨商地位：无

活动领域：生物多样性、能力建设、气候变化等

总部地址：法国

Mediterranean Women's Studies Centre（地中海妇女研究中心）

机构名称：地中海妇女研究中心

机构名称（英文）：Mediterranean Women's Studies Centre

机构名称缩写：KEGME

机构名称缩写（英文）：KEGME

机构网站：http://www.kegme.org.gr

简介：KEGME 是一个为期三年的项目，旨在通过不同机构的合作，开展大规模跨国行动，解决针对老年妇女的性别暴力问题。KEGME 的使命是在生活的各个方面赋予妇女权利。KEGME 的目标是：研究、分析和采取行动，提高认识并改善地中海及周边地区妇女的地位；传播有关促进性别平等和赋予妇女权能的战略、价值观和做法的信息；制定预防、调解和解决冲突及建设和平的方法和举措；从性别角度开展项目，支持国家和国际努力，应对艾滋病、吸毒、酗酒、商业性剥削、暴力、种族主义等全球关注的问题；提高妇女对生态问题的认识；协助妇女探索、培养和保护

其文化遗产和性别价值观的积极方面。

工作语言：英语、现代希腊语

咨商地位：无

活动领域：发展、药物管控、教育等

总部地址：希腊

Medsin-UK（英国麦迪森医药公司）

机构名称：英国麦迪森医药公司

机构名称（英文）：Medsin-UK

机构名称缩写：无

机构名称缩写（英文）：无

机构网站：http：//www. medsin. org

简介：Medsin-UK 是一个由医学生组成的公司，其试图提高同龄人对影响全球健康的问题的认识，其认为这些问题在课程中没有得到充分解决。这些问题包括无家可归、难民、冲突、生殖健康、公共卫生和医学教育。Medsin-UK 相信，作为未来的医生，应该更加意识到这些影响全人类健康的问题。并将其称之为"全球视野"。目前教授的医学课程并没有很好地解决这些问题，Medsin-UK 的目标是作为一个积极主动的团体来提高认识并作为医学生变得更加积极。

工作语言：英语

咨商地位：无

活动领域：教育、儿童、气候变化等

总部地址：英国

Meeting for Friendship Amongst Peoples（各国人民友谊会议，Meeting Per L'Amicizia Fra I Popoli）

机构名称：各国人民友谊会议（Meeting Per L'Amicizia Fra I Popoli）

机构名称（英文）：Meeting for Friendship Amongst Peoples

机构名称缩写：Rimini Meeting

机构名称缩写（英文）：Rimini Meeting

机构网站：http：//www. meetingrimini. org

简介：无

工作语言：英语、意大利语

咨商地位：2016年申请联合国经社理事会特别咨商地位

活动领域：无

总部地址：意大利

Mersey Basin Campaign（默西河流域运动）

机构名称：默西河流域运动

机构名称（英文）：Mersey Basin Campaign

机构名称缩写：无

机构名称缩写（英文）：无

机构网站：https：//www.merseybasin.org.uk/

简介：Mersey Basin Campaign始于1985年，是一个由政府支持的为期25年的运动，旨在清理整个默西河系统。它的姐妹组织，默西河信托基金会，在2010年默西河流域运动完成后继续运作。这些网页详细介绍了默西河流域运动的工作，并确定了它留下的令人难以置信的遗产。

工作语言：英语、韩语

咨商地位：无

活动领域：无

总部地址：英国

Microfinance and Developpement（小额信贷发展信托基金）

机构名称：小额信贷发展信托基金（Microfinance and Developpement）

机构名称（英文）：Microfinance and development

机构名称缩写：MIFED

机构名称缩写（英文）：无

机构网站：无

简介：MIFED向社会经济背景较低或无法获得传统金融服务的个人提供的一种金融服务。

工作语言：法语

咨商地位：无

活动领域：无

总部地址：法国

Mines Advisory Group（地雷咨询小组）

机构名称：地雷咨询小组

机构名称（英文）：Mines Advisory Group

机构名称缩写：MAG

机构名称缩写（英文）：MAG

机构网站：无

简介：MAG 是一个全球性的人道主义和倡导组织，在受冲突影响的地区发现、清除和销毁地雷、集束弹药和未爆炸炸弹。MAG 还提供教育方案，特别是针对儿童的教育方案，以便人们在清理土地之前能够尽可能安全地生活、工作和娱乐。我们在社区开展工作，通过武器和弹药管理方案减少武装暴力的风险，确保枪支和弹药的安全。自 1989 年以来，MAG 已帮助 70 个国家的 2000 多万人在战后重建生活和生计。我们认为，数百万人在战争结束后的数年里仍处于危险和贫困之中，这是不可接受的。我们的目标是帮助社区继续他们的生活，找回他们的未来。

工作语言：英语

咨商地位：2014 年获得联合国经合理事会特别咨商地位

活动领域：排雷、裁军、国际安全、暴力

总部地址：英国

Minhaj-ul-Quran International（国际古兰经协会）

机构名称：国际古兰经协会（Minhaj-ul-Quran International）

机构名称（英文）：Minhaj-ul-Quran International

机构名称缩写：MQI

机构名称缩写（英文）：无

机构网站：http://www.minhaj.org

简介：MQI 在 100 个国家开展业务，主张促进和平、宽容、宗教间和谐、宗教温和、全民教育、促进妇女权利和发展，提供社会福利和促进人权。和平与宽容是 MQI 的主要目标。MQI 成立的原因之一是为了抵制宗教极端主义，而宗教极端主义是恐怖主义的滋生地。MQI 可能是第一个正式允许妇女参与并积极鼓励她们参与其所有活动的伊斯兰组织。MQI 有一个单独的妇女论坛，妇女们独立和充分自由地协调这个部门。这些活动的目的是在不同社区之间架起桥梁，在它们之间创造和平与和谐，教育妇女了解她们的权利，并向她们灌输自尊和对她们在创造一个和平与进步社会中发挥的重要作用的自豪感。MQI 还旨在减轻贫困，为灾民提供援助，并改善数百万生活在贫困中的人们的生活。MQI 促进和强调人权问题，旨在通过其慈善组织帮助受害者。MQI 旨在提高对人权的认识和发展平等权利，特别是在第三世界国家。

工作语言：英语、阿拉伯语、乌尔都语

咨商地位：2011 年获得联合国经合理事会特别咨商地位

活动领域：孩童、发展、教育等

总部地址：英国

MIRA Resource Center for Black Immigrant and Refugee Women（米拉黑人移民和难民妇女资源中心）

机构名称：米拉黑人移民和难民妇女资源中心

机构名称（英文）：MiRA Resource Center for Black Immigrant and Refugee Women

机构名称缩写：MIRA

机构名称缩写（英文）：MIRA

机构网站：http://www.mirasenteret.no

简介：MIRA 致力于解决与挪威的种族、性别和平等有关的问题。通过法律支助、提供信息和联网机会、课程、政治参与以及文化和社会活动，我们力求提高挪威少数民族妇女的生活质量。MIRA 提供了一个聚会场所，具有少数族裔背景的妇女和女童可以聚在一起讨论她们的问题并相互支持。MIRA 的目标是促进妇女积极参与挪威社会的形成，在这一社会中，所有公民都应被视为平等和享有平等权利。MIRA 将致力于加强移民妇女的合法权利和自我组织，并将致力于挪威社会的真正平等。

工作语言：英语、挪威语

咨商地位：2001 年获得联合国经合理事会特别咨商地位

活动领域：孩童、土著、信息等

总部地址：挪威

Ecologieal Movement of Moldova（摩尔多瓦生态运动，Miscarea Ecologista din Moldova）

机构名称：摩尔多瓦生态运动（Miscarea Ecologista din Moldova）

机构名称（英文）：Ecologieal Movement of Moldova

机构名称缩写：MEM

机构名称缩写（英文）：MEM

机构网站：http://www.mem.md

简介：MEM于1990年成立，该运动作为一个环境非政府组织，致力于恢复自然平衡、保护和照顾自然和文化遗产、环境教育、信息和培训、获取环境信息和公众参与。

工作语言：罗马尼亚语

咨商地位：无

活动领域：大气、生物多样性、气候变化等

总部地址：摩尔多瓦

MISSIONARY OBLATES OF MARY IMMACULATE（传教士供奉圣母无玷无瑕）

名称：传教士供奉圣母无玷无瑕

机构名称（英文）：MISSIONARY OBLATES OF MARY IMMACULATE

机构名称缩写：无

机构名称缩写（英文）：无

机构网站：http://www.omiworld.org

简介：MISSIONARY OBLATES OF MARY IMMACULATE的魅力源自一个故事，这是一个年轻人尤金·德·马泽诺德的故事。在他的一生中，他在自己身上经历了上帝仁慈的爱，这爱在被钉在十字架上的救主耶稣基督身上表现出来。我们也受到我们的创始人的启发，认识到基督在我们身上的力量，我们想要传福音，也就是说，用我们的生活来展示好消息的喜悦。从尤金在十字架上与耶稣的相遇开始，他被当时教会的悲惨处境所感动，并呼吁重新点燃他的孩子们，尤其是穷人心中即将熄灭的信仰之火。因此，我们首先要向穷人传递这个喜乐的信息：向最被遗弃的人，向那些在天主面前迫切需要正义的人。因此，我们生活在一个团体中，在这个团体中，我们在信仰和慈善事业中相互加强，通过发现上帝和在我们和世界中生活和工作的基督来丰富彼此。我们是传教士。教皇庇护十一世曾称我们为"教会艰难使命的专家"。我们想把我们的生命献给那些不认识耶稣基督或在他们的生活中忘记了他的人，无论他们在世界的哪个地方。在传教中，我们寻找通往圣洁的道路。

工作语言：英语等

咨商地位：无

活动领域：无

总部地址：意大利

Mother Child Education Foundation（母婴教育基金会）

机构名称：母婴教育基金会

机构名称（英文）：Mother Child Education Foundation

机构名称缩写：ACEV

机构名称缩写（英文）：MCEF

机构网站：http：//www.acev.org

简介：ACEV成立于1993年，ACEV的使命是为所有人提供平等的教育机会，针对受教育服务缺乏影响最严重的社会群体。ACEV的重点是幼儿教育、父母培训和妇女赋权项目，以增强弱势社区的能力。它共有71名全职工作人员，其中40人在伊斯坦布尔总部，31人在6个外地办事处。ACEV还有109名兼职现场专家，他们监督和培训了一个8500名培训师的网络，这些培训师通过项目的实施接触到最终受益者。私人资助者提供了ACEV年度运营预算的1/3。

工作语言：英语

咨商地位：2008年提交咨商地位申请，获得联合国经社理事会特别咨商地位，且具有WSSD认证

活动领域：幼儿教育、成人教育、个人发展

总部地址：土耳其

Mother Help（帮助母亲，Mother Helpage）

机构名称：帮助母亲（Mother Helpage）

机构名称（英文）：Mother Help

机构名称缩写：MHWW

机构名称缩写（英文）：MHWW

机构网站：http：//www.motherhelpage.org

简介：MHWW 是在英格兰和威尔士注册的慈善机构。这是一个非营利性的国际人道主义慈善机构，它以财政捐赠、物资、医疗援助和志愿者的形式动员资源，以实施可持续的项目和方案。以营养、药品、住所和衣服的形式提供直接支持。MHWW 支持旨在增强最脆弱和最贫困群体权能的创收举措和职业培训。MHWW 致力于通过外联、可及性、伙伴关系和与其他人道主义组织的网络来提高效率。相信分享经验和资源可以为我们的人道主义倡议取得最好的结果和成果。

工作语言：英语

咨商地位：本组织不具有联合国经社理事会咨商地位，但受到 DPI 认证

活动领域：安全用水、环境卫生、个人卫生、人道主义援助

总部地址：英国

Mother's Union（母亲联盟）

机构名称：母亲联盟

机构名称（英文）：Mother's Union

机构名称缩写：MU

机构名称缩写（英文）：MU

机构网站：http：//www.mothersunion.org

简介：MU 是一个基督教组织，140 多年来一直支持世界各地的家庭。创始人玛丽·萨姆纳于 1876 年在当地的教区开始，已经发展成为一个在 84 个国家拥有 400 多万成员的国际慈善机构。作为一个基督教会员慈善机构，MU 致力于用行动在努力消除贫困、消除不平等和消除不公正的过程中证明其信仰。MU 会员在世界各地的基层工作。他们每年通过养育子女、扫盲和社区发展方案为数百万人带来希望和实际支持。

工作语言：英语

咨商地位：2000年提交咨商地位申请，获得联合国经社理事会特别咨商地位

活动领域：女权、儿童、宗教、出版业

总部地址：英国

Movement Against Racism and for Friendship Among Peoples（反对种族主义和支持各民族友好运动，Mouvement Contre le Racisme et Pour l'Amitié entre les Peuples）

机构名称：反对种族主义和支持各民族友好运动（Mouvement Contre le Racisme et Pour l'Amitié entre les Peuples）

机构名称（英文）：Movement Against Racism and for Friendship Among Peoples

机构名称缩写：MRAP

机构名称缩写（英文）：MRAP

机构网站：http://www.mrap.fr

简介：François Sauterey为MRAP下设刊物的主编。在进行反对种族主义、支持各民族友好运动的同时，发出倡议和呼吁，欢迎社会各界人士对其经济援助。

工作语言：法语、英语

咨商地位：1974年提交咨商地位申请，获得联合国经社理事会特别咨商地位

活动领域：反歧视、反种族主义、人权

总部地址：法国

Movement for a Better World（争取更美好世界的运动）

机构名称：争取更美好世界的运动

机构名称（英文）：Movement for a Better World

机构名称缩写：MBW

机构名称缩写（英文）：MBW

机构网站：http://www.4bw.org

简介：MBW 是为了响应庇护十二世在"争取更美好世界宣言"中向教会发出的复兴呼吁而在罗马成立的。1988 年 12 月 14 日，宗座教友理事会颁布法令，承认宗座人权运动促进会为国际宗座权利信众协会。协会生命和使命的高潮时刻是每四年召开一次的总会或牧灵会，并在会上选出五人的总理事会。研究工作由国际反思小组协调。

工作语言：英语、法语、西班牙语

咨商地位：2003 年提交咨商地位申请，获得联合国经社理事会特别咨商地位

活动领域：宗教聚会

总部地址：意大利

Movement for the Survival of the Ogoni People（奥戈尼人生存运动）

机构名称：奥戈尼人生存运动

机构名称（英文）：Movement for the Survival of the Ogoni People

机构名称缩写：MOSOP

机构名称缩写（英文）：MOSOP

机构网站：http：//www. mosop. net/

简介：保护非洲儿童运动是其中的一项任务，MOSOP 是为非洲儿童和青年提供福利、教育和法律保护的非政府、非营利性组织。根据宪法和国际法律文书，促进、保护和捍卫儿童和青年的合法权利和自由。促进和支持非洲儿童和青年的福利教育、政治利益、社会和经济权利。设立一个机制，监测、整理和传播有关虐待和忽视儿童问题的信息，以期更好地影响机构和政府的政策。作为研究和传播关于忽视虐待儿童的信息的交流中心，拥有强大的数据库。通过诉讼和立法宣传，促进通过和适用关于儿童和青年人社会、经济和政治权利的法案、国际文件（宪章和公约）。反对影响儿童和青少年利益的立法和不利的传统/文化习俗。与具有类似宗旨和目标的其他地方、国家和国际非政府组织协作和合作。设立、推广及管理教育基金、年度奖励、奖学金及助学金，以教育社会弱势儿童。通过国际友谊、社会文化交流和宣传世界和平，促进对非洲儿童和青年发展的更好了解。开展有助于实现上述目标的其他活动。

工作语言：英语

咨商地位：本组织不具有联合国经社理事会咨商地位

活动领域：社会正义、儿童、青年、脆弱群体权益保护

总部地址：英国

Movendi International（莫文迪国际）

机构名称：莫文迪国际

机构名称（英文）：Movendi International

机构名称缩写：无

机构名称缩写（英文）：无

机构网站：http：//www.movendi.ngo

简介：Movendi International 是最大的通过酒精预防促进发展的全球独立运动。呼吁团结起来，加强民间社会的力量，增强民间社会的权能，以解决酒精对个人、社区、社会和全球发展的严重障碍。全心全意为变革而工作。

工作语言：英语

咨商地位：2011 年提交咨商地位申请，获得联合国经社理事会特别咨商地位

活动领域：禁酒

总部地址：瑞典

Muslim Aid（穆斯林援助）

机构名称：穆斯林援助

机构名称（英文）：Muslim Aid

机构名称缩写：MA

机构名称缩写（英文）：MA

机构网站：http：//www.muslimaid.org

简介：MA 是一个以信仰为基础的国际救济和发展机构，根据伊斯兰教义，致力于解决贫困和减轻人类痛苦，支持全球人民。穆斯林援助组织成立于 1985 年 11 月，作为对非洲饥荒的回应，它首先确立了通过向受饥荒和冲突影响的人分发紧急援助来帮助人类的愿景。穆斯林援助组织三十多年来一直致力于帮助拯救和改善包括孟加拉国在内的世界上许多最贫穷

国家数百万人的生活。

  工作语言：英语

  咨商地位：本组织不具有联合国经社理事会咨商地位

  活动领域：人道主义援助、失业救挤

  总部地址：英国

N

National Alliance of Women's Organizations（全国妇女组织联盟）

机构名称：全国妇女组织联盟

机构名称（英文）：National Alliance of Women's Organizations

机构名称缩写：NAWO

机构名称缩写（英文）：NAWO

机构网站：http：//www.nawo.org.uk

简介：NAWO是一个由不同会员组织和个人组成的联盟，致力于妇女赋权并对其充满热情。NAWO认识到在全英国范围内促进妇女平等的重要性，并与苏格兰、威尔士和北爱尔兰的姐妹组织合作，代表英国妇女参加欧洲妇女游说团。

工作语言：英语

咨商地位：1999年提交咨商地位申请，获得联合国经社理事会特别咨商地位

活动领域：女权

总部地址：英国

National Association of Italian Municipalities（意大利全国市政协会）

机构名称：意大利全国市政协会

机构名称（英文）：National Association of Italian Municipalities

机构名称缩写：ANCI

机构名称缩写（英文）：ANCI

机构网站：http：//www.anci.it/

简介：ANCI成立于1901年，其章程规定了其决定性特征：对所管理的社区负责；政府和政党的自治权；统一保护和发展城市社区；机构之间不分政治、地理或数量差异的团结。

工作语言：英语

咨商地位：本组织不具有联合国经社理事会咨商地位

活动领域：城市发展、发展建设

总部地址：意大利

National Association of Victims Support Schemes（全国受害者协会援助计划）

机构名称：全国受害者协会援助计划

机构名称（英文）：National Association of Victims Support Schemes

机构名称缩写：无

机构名称缩写（英文）：无

机构网站：https://www.victimsupport.org.uk/

简介：National Association of Victims Support Schemes 是一个独立的慈善机构。致力于支持英格兰和威尔士受犯罪和创伤事件影响的人们，把他们放在自身组织的核心。其所开展的支持和活动是由他们和他们的经历决定的。提供专业服务，帮助人们应对和康复，并赋予他们权利，确保他们的声音在地方和国家层面得到响应。其服务帮助受各种犯罪影响的人，为受犯罪和创伤事件影响的人提供一年 365 天，每天 24 小时的免费保密支持——无论他们是否向警方报告犯罪或何时发生。

工作语言：英语

咨商地位：1987 年提交咨商地位申请，获得联合国经社理事会特别咨商地位

活动领域：受害者援助

总部地址：英国

National Board of Catholic Women of England and Wales（英格兰和威尔士天主教妇女全国委员会）

机构名称：英格兰和威尔士天主教妇女全国委员会

机构名称（英文）：National Board of Catholic Women of England and Wales

机构名称缩写：NBCW

机构名称缩写（英文）：NBCW

机构网站：http://www.nbcw.org

简介：NBCW 是英格兰和威尔士天主教妇女聚集在一起，在教区和全国层面分享她们的观点和关切的论坛。它是英格兰和威尔士天主教主教会议的咨询机构，并具有联合国咨商地位（经社理事会）。天主教妇女全国

委员会汇集了来自不同背景的妇女，在国内和国际上努力挑战歧视，促进妇女获得性别正义的权利。积极推动天主教妇女在教会和社会中的存在、参与和责任。组织与其他信仰和世俗团体的妇女共同努力。其中许多成员组织，以其特殊的兴趣和网络，为 NBCW 的工作作出了宝贵的贡献。

工作语言：英语

咨商地位：2001 年提交咨商地位申请，获得联合国经社理事会特别咨商地位

活动领域：女性、家庭、极端贫困、天主教妇女发言权

总部地址：英国

National Council of German Women's Organizations（德国妇女组织全国理事会）

机构名称：德国妇女组织全国理事会

机构名称（英文）：National Council of German Women's Organizations

机构名称缩写：无

机构名称缩写（英文）：无

机构网站：http：//www.frauenrat.de

简介：National Council of German Women's Organizations 是德国关注妇女权利和性别平等组织的一个伞形组织。它成立于 1951 年，并将自己视为成立于 1894 年的德国妇女协会的继承者。其成员包括专业和宗教协会，来自政党、工会和德国体育联合会的妇女团体，以及具有各种社会和政治目标的无党派组织，是德国最大的妇女游说团。作为一个非营利协会，主要依靠公共资金运作。本组织在联合国经济及社会理事会拥有特别顾问地位，并且是欧洲妇女游说团（EWL）的创始成员之一。

工作语言：英语

咨商地位：1987 年提交咨商地位申请，获得联合国经社理事会特别咨商地位

活动领域：性别平等

总部地址：德国

National Council of Women in Great Britain（英国全国妇女理事会）

机构名称：英国全国妇女理事会

机构名称（英文）：National Council of Women in Great Britain

机构名称缩写：NCWGB

机构名称缩写（英文）：NCWGB

机构网站：http：//www.ncwgb.org

简介：NCWGB 通过积极争取变革来挑战现状。改变将消除妇女面临的障碍。其代表所有妇女，并将继续扩大她们的个人声音，直到她们在各行各业都得到倾听和尊重，直到人们看到她们的智慧影响着最高层的决定。NCWGB 自 1895 年以来，一直在改善女性的生活。为争取选举权而斗争，为建立女性警察部队而游说，为结束基于性别的暴力而立法。为了一个平等的世界，让女性不再是劣势。NCWGB 的存在是为了将所有年龄的妇女聚集在一起讨论、影响和共同努力，以实现一个公平和包容的社会。NCWGB 隶属于国际妇女理事会的几个全国妇女理事会之一。

工作语言：英语

咨商地位：2000 年提交咨商地位申请，获得联合国经社理事会特别咨商地位

活动领域：女权

总部地址：英国

National Council of Women of Malta（马耳他全国妇女理事会）

机构名称：马耳他全国妇女理事会

机构名称（英文）：National Council of Women of Malta

机构名称缩写：NCW Malta

机构名称缩写（英文）：NCW Malta

机构网站：http：//www.ncwmalta.com

简介：NCW Malta 成立于 1964 年，是一个由个人成员和国家组织组成的非政府组织。它是无党派、非宗派和独立的。它是一个协调慈善的妇女机构，旨在就妇女对公共利益事项的意见提出广泛和全面的看法，它特别致力于促进妇女的机会平等，使她们能够有效地参与各级和社区生活的所有方面。全国妇女理事会为不同背景和经验的妇女提供了一个论坛，使她

们作为个人和附属组织的代表走到一起，交流信息和想法，制定政策，进行教育和促进变革。

工作语言：日语、法语、德语等百余国语言

咨商地位：2005 年提交咨商地位申请，获得联合国经社理事会特别咨商地位

活动领域：公民权利、女权、平权

总部地址：马耳他

National Secular Society（国家世俗协会）

机构名称：国家世俗协会

机构名称（英文）：National Secular Society

机构名称缩写：NSS

机构名称缩写（英文）：NSS

机构网站：http://www.secularism.org.uk

简介：NSS 是英国一个宣传世俗主义和政教分离的运动组织。它认为，没有人应该因为他们的宗教信仰或缺乏宗教信仰而获得优势或劣势。它由查尔斯·布拉德劳于 1866 年创立。它倡导建立一个没有国教的世俗国家；宗教在国家资助的教育中不发挥作用，不干涉司法程序，也不限制言论自由；国家不干预宗教教义问题，不促进或资助宗教活动，保障每个公民信仰宗教、不信仰宗教和改变宗教的自由。虽然该组织明确是为那些拒绝超自然现象的人创建的，但 NSS 并没有开展根除或禁止宗教的运动，认为宗教自由以及不受宗教影响的自由是一项人权，国家对选定宗教的支持侵犯了这项权利。它认为信仰应该是家庭或礼拜场所的私事，不属于公共领域。在寻求代表无神论者的利益和观点时，NSS 经常批评它所认为的宗教的破坏性影响。

工作语言：英语

咨商地位：2011 年提交咨商地位申请，2016 年获得联合国经社理事会特别咨商地位

活动领域：宗教、世俗化、平权

总部地址：英国

National Women's Council of Catalonia（加泰罗尼亚全国妇女理事会，Consell Nacional de Dones de Catalunya）

机构名称：加泰罗尼亚全国妇女理事会（Consell Nacional de Dones de Catalunya）

机构名称（英文）：National Women's Council of Catalonia

机构名称缩写：CNDC

机构名称缩写（英文）：CNDC

机构网站：无

简介：CNDC是加泰罗尼亚妇女研究所的参与和协商的合议机构，它整合了从事有利于平等和提高妇女地位方案的实体以及加泰罗尼亚境内不同妇女实体的代表，负责与政府计划有关的问题，涉及政治领域的妇女政策，社会、文化、经济和教育。全国委员会分为全体会议，全体会议是最高代表机构；协调委员会，负责执行和协调CNDC开展的行动和项目；工作组，深入研究特定主题。加泰罗尼亚地区妇女大会是全国妇女理事会的参与和协商机构。

工作语言：西班牙语

咨商地位：1999年提交咨商地位申请，获得联合国经社理事会特别咨商地位

活动领域：女权

总部地址：西班牙

National Youth Council of Russia（俄罗斯全国青年理事会）

机构名称：俄罗斯全国青年理事会

机构名称（英文）：National Youth Council of Russia

机构名称缩写：NYCR

机构名称缩写（英文）：NYCR

机构网站：http://www.youthrussia.ru

简介：NYCR于1992年1月10日由10个青年组织（俄罗斯青年联盟，俄罗斯青少年、儿童和先锋组织联合会，俄罗斯三宝俱乐部联合会，青年学生协会，俄罗斯民主党青年联盟，支持"自由俄罗斯"人民党青年运动，俄罗斯青年基督教民主联盟，俄罗斯联邦共和党青年组织，普希金

俄罗斯创造性发展基金会，青年制宪民主联盟）组成。1992 年 9 月 16 日俄罗斯联邦总统令第 1075 号"关于在俄罗斯联邦发展青年政策的紧急措施"支持了 NYCR 的成立。NYCR 的使命是"结合青年和儿童民间社会组织的努力，负责任和有意义地参与俄罗斯的发展"。NYCR 成立初期的目的是促进有效实施国家青年政策，发展青年的公民、智力和个人潜力，以维护国家利益，加强国家统一、安全和俄罗斯的完整。

工作语言：英语、俄语

咨商地位：2009 年提交咨商地位申请，获得联合国经社理事会特别咨商地位

活动领域：青年、儿童

总部地址：俄罗斯

Nature's Rights（自然的权利）

机构名称：自然的权利

机构名称（英文）：Nature's Rights

机构名称缩写：无

机构名称缩写（英文）：无

机构网站：http://www.natures-rights.org

简介：Nature's Rights 成立于 2015 年，是一个年轻的国际非营利组织，致力于在欧洲和世界各地的法律和政策中确立自然权利，并改变我们与自然的内在和外在关系。通过国际专家和志愿者网络，致力于解决人类今天面临的相互关联的全球挑战的系统性根源。

工作语言：英语

咨商地位：2019 年提交咨商地位申请，获得联合国经社理事会特别咨商地位

活动领域：农业、生物多样性、气候变化

总部地址：英国

Nature and Biodiversity Conservation Union（自然与生物多样性保护联盟，Naturschutzbund Deutschland）

机构名称：自然与生物多样性保护联盟（德国自然联盟）（Naturschutzbund Deutschland）

机构名称（英文）：Nature and Biodiversity Conservation Union

机构名称缩写：NABU

机构名称缩写（英文）：NABU

机构网站：http：//www. nabu. de

简介：NABU 于1899 年2 月1 日由 Lina Hähnle 在斯图加特成立，1990 年，BfV 与前民主德国自然协会合并为德国自然联盟（NABU）。NABU 是德国最大、最知名的自然保护组织之一，为人类和自然工作了 100 多年。NABU 执行具体的保护项目，维持一个研究所，开展环境培训，并向媒体和公众通报与环境和自然保护有关的重要问题。NABU 被德国政府正式承认为环境和保护协会，是一个负责公共问题的机构，因此必须在影响生态的问题上征求意见。NABU 是国际鸟盟的国家合作组织，是德国自然保护运动德国保护伞组织中最重要的成员之一。

工作语言：英语

咨商地位：本组织不具有联合国经社理事会咨商地位

活动领域：海洋保护、能源、人与自然

总部地址：德国

Nederlandse Vereniging Voor de Verenigde Naties（NVVN）-United Nations Association of the Netherlands（荷兰联合国协会，NVVN）

机构名称：荷兰联合国协会（NVVN）

机构名称（英文）：Nederlandse Vereniging Voor de Verenigde Naties（NVVN）-United Nations Association of the Netherlands

机构名称缩写：NVVN

机构名称缩写（英文）：NVVN

机构网站：http：//www. nvvn. nl/

简介：NVVN 成立于1987 年。NVVN 的目标是："促进联合国在荷兰的目标，以提高公众对国际合作必要性的认识，并建立国际法治"。NVVN 在任何方面都不受政党政治的约束。这是一场广泛的运动，既吸引了那些出于理想主义与联合国有联系的人，也吸引了那些出于商业或专业动机与联合国有联系的人。由于联合国处理的问题范围很广，NVVN 的主题也很广泛。

工作语言：荷兰语

咨商地位：本组织不具有联合国经社理事会咨商地位

活动领域：公民政治参与、联合国

总部地址：荷兰

Netherlands Council of Women（荷兰妇女理事会，Nederlandse Vrouwen Raad）

机构名称：荷兰妇女理事会（Nederlandse Vrouwen Raad）

机构名称（英文）：Netherlands Council of Women

机构名称缩写：NVR

机构名称缩写（英文）：NCW

机构网站：http：//www.nederlandsevrouwenraad.nl

简介：NCW 是致力于加强荷兰妇女地位的（自我）组织的伞形组织。自 1898 年成立以来，一直在共同努力，创造一个男女平等参与社会的世界。现有 50 个组织，这些民间组织遍布全国各地，包括荷兰的社会、经济和文化领域。

工作语言：荷兰语、英语

咨商地位：1998 年提交咨商地位申请，获得联合国经社理事会特别咨商地位

活动领域：平权、女权

总部地址：荷兰

No to Nuclear Weapons（对核武器说不，Nei til Atomvaapen）

机构名称：对核武器说不（Nei til Atomvaapen）

机构名称（英文）：No to Nuclear Weapons

机构名称缩写：NTA

机构名称缩写（英文）：NTA

机构网站：http：//www.neitilatomvapen.no

简介：NTA 主体工作包含：防止发展、试验、生产、部署、扩散和使用核武器；通过国际控制的核裁军禁止和消除所有核武器；退役核电站，

防止新建核电站，确保核废料的安全处理。NTA 是国际废除核武器运动（ICAN）的伙伴组织，ICAN 是一个由世界各地促进联合国禁止核武器的组织组成的全球联盟。在挪威，有 50 多个合作伙伴组织。NTA 是 ICAN Norway 指导小组的成员，ICAN Norway 是该运动的挪威分支机构，以及来自医生反对核武器，和平委员会和团结青年的代表。

工作语言：挪威语（N）、英语、挪威语（B）

咨商地位：本组织不具有联合国经社理事会咨商地位

活动领域：通过公共教育和政治宣传，NTA 致力于核裁军和彻底废除核武器

总部地址：挪威

Netherlands Centre for Indigenous Peoples（荷兰土著人民中心）

机构名称：荷兰土著人民中心

机构名称（英文）：Netherlands Centre for Indigenous Peoples

机构名称缩写：NCIV

机构名称缩写（英文）：NCIV

机构网站：http://www.nciv.net/

简介：NCIV 是一个非政府组织，总部设在阿姆斯特丹，自 1969 年以来一直支持促进和保护全世界土著人民的权利。NCIV 特别注意土著妇女的作用和地位，她们作为土著人民和妇女都受到双重排斥。正如《土著人民权利宣言草案》和《世界人权宣言》所确定的那样，国际土著人民人权中心支持土著人民的集体和个人人权。

工作语言：英语、荷兰语

咨商地位：2002 年提交咨商地位申请，获得联合国经社理事会特别咨商地位

活动领域：土著民问题

总部地址：荷兰

Netherlands Commission for Environmental Impact Assessment（荷兰环境影响评估委员会）

机构名称：荷兰环境影响评估委员会

机构名称（英文）：Netherlands Commission for Environmental Impact Assessment

机构名称缩写：NCEA

机构名称缩写（英文）：NCEA

机构网站：http：//www.commissiemer.nl/www.eia.nl

简介：1987年，根据法令成立了NCEA，作为一个独立的专家咨询机构。国家环境评估委员会就环境评估报告（EIA或SEA报告）中的环境信息质量向政府提供建议。这些报告不是由国家环境评估委员会编写的，通常是由咨询机构、私人发起人、地方或省级政府以及中央政府撰写的。NCEA不参与决策或政治考虑。NCEA的海外活动通常受外交部委托。根据其方案，不仅注意环境影响，而且注意社会和经济影响，例如当地居民的生活水平。NCEA作为一个自治基金会的地位确保其评估独立于政府问责制和政治考虑。除了发布咨询意见外，国家环境评估委员会还致力于分享和传播环境评估方面的知识。

工作语言：英语

咨商地位：本组织不具有联合国经社理事会咨商地位

活动领域：环境评估

总部地址：荷兰

Netherlands National Committee for IUCN（荷兰自然保护联盟国家委员会）

机构名称：荷兰自然保护联盟国家委员会

机构名称（英文）：Netherlands National Committee for IUCN

机构名称缩写：IUCN NL

机构名称缩写（英文）：IUCN NL

机构网站：https：//www.iucn.nl/en/

简介：IUCN NL是世界上最大、历史最悠久的自然保护联盟——世界自然保护联盟（IUCN）的荷兰分支机构。作为世界自然保护联盟荷兰成员的平台，积极致力于保护荷兰及其他地区的重要自然和生物多样性。愿景是建立一个重视和保护自然的公正世界。目标是保护作为地球上所有生命基础的自然。在这一努力中，我们特别关注那些面临压力的具有很高自然价值和特殊生物多样性的地区，以及依赖这种自然的人民。

工作语言：英语

咨商地位：1996年提交咨商地位申请，获得联合国经社理事会特别咨商地位，且获得了CSD的认证

活动领域：环境保护

总部地址：荷兰

Network Institute for Global Democratization（全球民主化网络研究所）

机构名称：全球民主化网络研究所

机构名称（英文）：Network Institute for Global Democratization

机构名称缩写：NIGD

机构名称缩写（英文）：NIGD

机构网站：http://www.nigd.org/

简介：NIGD于1997年在赫尔辛基成立。为了促进全球民主化，NIGD致力于通过为民主运动、组织和国家生产和发展解放知识来加强全球公民社会。NIGD的所有工作都基于这样一种信念：全球化被定义为人类的融合，必须建立在涉及哲学基础和具体改革建议的跨文化对话的基础上。NIGD是世界社会论坛国际理事会的创始成员之一，并参加专题、地方、区域和国家社会论坛和辩论。NIGD以项目为基础运作，每个项目都由负责预算的主管监督。项目主管直接对董事会负责。

工作语言：英语

咨商地位：本组织不具有联合国经社理事会咨商地位，但获得了FfD的认证

活动领域：咨询、研究

总部地址：芬兰

Network of European Agricultural (Tropically and Subtropically Oriented) Universities and Scientific Complexes Related with Agricultural Development [欧洲农业网络（热带和亚热带导向）与农业发展的有关大学和科学综合体]

机构名称：欧洲农业网络（热带和亚热带导向）与农业发展的有关大

学和科学综合体

机构名称（英文）：Network of European Agricultural (Tropically and Subtropically Oriented) Universities and Scientific Complexes Related with Agricultural Development

机构名称缩写：NATURA

机构名称缩写（英文）：NATURA

机构网站：http：//www.agrinatura-eu.eu/

简介：NATURA 成立于 1988 年。NATURA 旨在热带和亚热带农业、自然资源、林业、食品和人类营养、兽医学和渔业等领域，在欧洲成员机构与发展中国家合作伙伴之间开展协调行动；促进加强大学、国家研究中心和发展中国家合作伙伴的机构建设；更好地在成员之间分配在这个领域的科学技术潜力；动员资金以实现这些目标。NATURA 于 2009 年决定与 ECART-EEIG 联手，成立欧洲农业知识发展联盟，它带领 35 所大学和研究机构在 18 个欧洲国家进行农业研究、教育、培训以及提高发展能力的工作。ECART-EEIG 是欧洲热带农业研究联合会，它以方便的方式提供欧洲农业研究促进发展（ARD）方面的研究技能和专门知识，并鼓励有效协调欧洲内部的研究活动。它主要是一个研究机构财团。

工作语言：英语

咨商地位：获得联合国经社理事会名册咨商地位

活动领域：农业研究、农业发展、可持续发展

总部地址：比利时

New Economics Foundation（新经济基金会）

机构名称：新经济基金会

机构名称（英文）：New Economics Foundation

机构名称缩写：NEF

机构名称缩写（英文）：NEF

机构网站：http：//www.neweconomics.org/

简介：NEF 致力于构建以人和环境为中心的新经济。它成立于 1986 年，是一个独立的智囊团，集研究、宣传、培训和实际行动于一体。NEF 是一个注册慈善机构，由个人支持者、慈善信托基金、公共财政（如英国

国家彩票）、企业和国际赠款机构提供资金。

工作语言：英语

咨商地位：无

活动领域：经济发展、科学研究

总部地址：英国

New Humanity（新人类组织）

机构名称：新人类组织

机构名称（英文）：New Humanity

机构名称缩写：NH

机构名称缩写（英文）：NH

机构网站：http://www.new-humanity.org

简介：NH 成立于 1987 年，是一个面向众多国家的国际组织。主要侧重于人类的可持续发展，致力于构建可持续发展的人类社会。其主要目的是打击艾滋病、疟疾和其他疾病；消除极端贫困和饥饿，实现普遍的初等教育；促进性别平等和女性权益；减少儿童死亡率；改善孕产妇健康；确保环境的可持续性；发展全球合作伙伴关系以促进发展。

工作语言：英语、意大利语

咨商地位：2005 年提交咨商地位申请，获得联合国经社理事会全面咨商地位

活动领域：人权问题、妇女儿童发展、粮食安全、可持续发展、生态环境、教育

总部地址：意大利

New Vision International（新视野国际）

机构名称：新视野国际

机构名称（英文）：New Vision International

机构名称缩写：NVI

机构名称缩写（英文）：NVI

机构网站：http://www.nvi.populus.ch

简介：NVI 成立于 1994 年，主要活动于比利时、刚果民主共和国、瑞

士、荷兰、法国、挪威、美国、大不列颠及北爱尔兰联合王国。NVI 通过建立、维持和扩大捐助者和受赠方之间高度负责任的合作，支持刚果民主共和国和前扎伊尔的教育和道德投资。他们通过鼓励对教育部门的道德投资来消除贫困。关注粮食安全、能源、卫生和基础设施的发展，致力于改善人民的生活环境。

工作语言：英语、法语

咨商地位：2018 年提交咨商地位申请，获得联合国经社理事会特别咨商地位

活动领域：可持续发展、非洲和平发展、妇女问题、人权、发展筹资、卫生设施

总部地址：瑞士

Nexus-International Broadcasting Association（Nexus—国际广播协会）

机构名称：Nexus—国际广播协会

机构名称（英文）：Nexus-International Broadcasting Association

机构名称缩写：NEXUS-IBA

机构名称缩写（英文）：NEXUS-IBA

机构网站：http://www.nexus.org

简介：NEXUS-IBA 成立于 1979 年，其宗旨是建立一个健全的广播服务机构，以传播文化、族裔、政治和宗教性质的节目。特别是协会向其会员和非会员提供必要的援助和便利，以便以原始语言传播教育、科学、文化、政治和宗教材料，并在协会非会员帮助下。在这方面，广播应成为地方、国家和国际的主要媒体，尽管也可以使用其他形式的大众媒体。应确保信息的多元化，特别关注少数群体；首先是民族、文化、政治和宗教少数群体，不分种族、性别、语言或政治或宗教信仰，完全符合《意大利共和国宪法》和国际法所保障的人权。在追求上述目标的过程中，协会可以与任何地方、国家或国际的任何公共或私人机构或机构合作，加入或参与，并与协会认为有利于其职能的组织、运动、协会或个人合作或争取其合作。此外，协会可以从当局获得财政和/或物质援助，例如，地方、地区或省政府，以及国家和国际组织或机构，并可能就这种合作，反过来在

协会擅长的领域提供援助和专业知识。

工作语言：英语、意大利语

咨商地位：无

活动领域：教育、文化传播、社会活动

总部地址：意大利

NGO Coordination Post Beijing Switzerland（北京—瑞士非政府组织协调站）

机构名称：北京—瑞士非政府组织协调站

机构名称（英文）：NGO Coordination Post Beijing Switzerland

机构名称缩写：NGO-Coordination

机构名称缩写（英文）：NGO-Coordination

机构网站：http://www.postbeijing.ch

简介：NGO-Coordination 成立于 1995 年，是面向瑞士的全国性组织。NGO-Coordination 的宗旨是协调和建立一个由组织、团体和有关人士组成的网络，翻译第四次北京世界妇女大会的行动纲要。代表会议通过的指导思想是这些章程的组成部分。

工作语言：英语、法语、德语

咨商地位：2012 年提交咨商地位申请，获得联合国经社理事会特别咨商地位

活动领域：性别问题、女权、妇女地位

总部地址：瑞士

No Peace Without Justice（无正义不和平，Non c'è Pace Senza Giustizia）

机构名称：无正义不和平（Non c'è Pace Senza Giustizia）

机构名称（英文）：No Peace Without Justice

机构名称缩写：NPSG

机构名称缩写（英文）：NPWJ

机构网站：http://www.npwj.org

简介：NPWJ 成立于 1994 年，是一个国际非营利组织，致力于保护和

促进人权、民主、法治和国际司法。NPWJ 的任务和核心价值观建立在非暴力、和平和包容的原则之上。

工作语言：英语

咨商地位：2018 年提交咨商地位申请，获得联合国经社理事会特别咨商地位

活动领域：性别问题、妇女、妇女与武装冲突、暴力行为

总部地址：意大利

Non-Commercial Partnership on Assistance in Promoting Social Programs in the Healthcare Area "Equal Right to Life"（协助促进保健领域"平等生命权"社会方案的非商业伙伴关系）

机构名称：协助促进保健领域"平等生命权"社会方案的非商业伙伴关系

机构名称（英文）：Non-Commercial Partnership on Assistance in Promoting Social Programs in the Healthcare Area "Equal Right to Life"

机构名称缩写：NCP APSP

机构名称缩写（英文）：NCP APSP

机构网站：http://www.ravnoepravo.ru

简介：NCP APSP 成立于 2006 年，其使命如下：促进医疗保健社会计划；保护非传染性疾病患者的权利，主要是在肿瘤学领域；促进患者获得具有成本效益的癌症筛查计划，并总体上促进为患者提供可持续地获得最现代和创新的非传染性疾病治疗和诊断方法和技术；促进医疗保健提供者的教育和高级培训的改善，并促进提高该国整个肿瘤服务的绩效质量。其目标是为民间社会的利益而努力，并改善俄罗斯肿瘤学领域人口的社会保护。

工作语言：俄语、英语

咨商地位：2013 年提交咨商地位申请，获得联合国经社理事会特别咨商地位

活动领域：健康、残疾人关照、医疗事业、发病率和死亡率、社会政策、伙伴关系

总部地址：俄罗斯

Non-Profit Corporate Organization "Volga-Vyatka Consumer Mutual Insurance Company"（"伏尔加—维亚特加消费者互助保险公司"非营利性企业组织）

机构名称："伏尔加—维亚特加消费者互助保险公司"非营利性企业组织

机构名称（英文）：Non-Profit Corporate Organization "Volga-Vyatka Consumer Mutual Insurance Company"

机构名称缩写：HKO BOBC

机构名称缩写（英文）：NPCO "VVCMIC"

机构网站：http://www.v-vpovs.ru/

简介：HKO BOBC 是一个非营利性组织，为其股东提供信用消费者合作社的责任保险。

工作语言：俄语、捷克语、英语

咨商地位：无

活动领域：工业发展、国际法、安全、贸易发展

总部地址：俄罗斯

Nonviolent Peaceforce（非暴力和平部队）

机构名称：非暴力和平部队

机构名称（英文）：Nonviolent Peaceforce

机构名称缩写：NP

机构名称缩写（英文）：NP

机构网站：http://www.nonviolentpeaceforce.org

简介：NP 成立于 2002 年，其使命是促进、发展和实施非武装平民维和，作为在暴力冲突局势中减少暴力和保护平民的工具。

工作语言：英语

咨商地位：2007 年提交咨商地位申请，获得联合国经社理事会特别咨商地位

活动领域：非暴力、和平发展、安全

总部地址：瑞士

Nonviolent Radical Party, Transnational and Transparty（非暴力激进党，跨国和跨党派组织）

机构名称：非暴力激进党，跨国和跨党派组织

机构名称（英文）：Nonviolent Radical Party, Transnational and Transparty

机构名称缩写：NRPTT

机构名称缩写（英文）：NRPTT

机构网站：http：//www. partitoradicale. it

简介：NPRTT成立于1995年，致力于非暴力运动，促进和捍卫公民权利和政治权利。该组织追求自由民主、坚持社会主义、反教权主义、反军国主义。

工作语言：英语、意大利语

咨商地位：2004年和2008年两次提交特别咨商地位申请，目前仍在进行中

活动领域：预防犯罪、刑事司法、文化、国际安全、国际法、宗教、可持续发展、和平安全、少数人权利、妇女地位、性别问题

总部地址：意大利

North-South XXI（二十一世纪南北合作会）

机构名称：二十一世纪南北合作会

机构名称（英文）：North-South XXI

机构名称缩写：NSXXI

机构名称缩写（英文）：NSXXI

机构网站：http：//www. sites. google. com/site/nordsudxxi/

简介：NSXXI成立于1988年，致力于建设一个尊重国际法规则和公平、平等、正义、和平解决争端以及各国人民和平合作原则的联合国世界。

工作语言：英语、法语、阿拉伯语

咨商地位：1995年提交咨商地位申请，获得联合国经社理事会特别咨商地位

活动领域：气候变化、可持续发展、老龄化、社会政策、青年、公共行政、性别问题、妇女、国际法、和平、安全

总部地址：瑞士

Northern Ireland Women's European Platform（北爱尔兰女子欧洲平台）

机构名称：北爱尔兰女子欧洲平台

机构名称（英文）：Northern Ireland Women's European Platform

机构名称缩写：NIWEP

机构名称缩写（英文）：NIWEP

机构网站：http://www.blog.niwep.org/

简介：NIWEP 是一个伞式非政府组织，其成员团体遍布北爱尔兰广泛的民间社会和社会伙伴。北爱尔兰妇女教育方案力求确保北爱尔兰妇女参与地方、国家、区域和国际各级关于妇女关切问题的辩论。

工作语言：英语

咨商地位：1999 年提交咨商地位申请，获得联合国经社理事会特别咨商地位

活动领域：性别问题、妇女地位、妇女研究、政策咨询、暴力、社会发展、贫困、家庭、人权、公民身份、公民治理、工商业、可持续发展

总部地址：英国

Norwegian Church Aid（挪威教会援助组织）

机构名称：挪威教会援助组织

机构名称（英文）：Norwegian Church Aid

机构名称缩写：NCA

机构名称缩写（英文）：NCA

机构网站：https://www.kirkensnodhjelp.no/en/

简介：NCA 成立于 1947 年，是一个由挪威教会和基督教组织授权的教会组织，旨在与世界各地的人们合作，消除贫困和不公正。其愿景是携手共创一个公正的世界。组织提供人道主义援助，并为长期发展而努力。为了解决贫困的根源，倡导公共当局、企业和宗教领袖做出公正的决定。

NCA 支持是无条件提供的，无意影响任何人的宗教信仰。NCA 大部分工作是与当地民间社会伙伴一起进行的——其中许多人是基于信仰的行动。

工作语言：西班牙语、挪威语、英语、法语

咨商地位：无

活动领域：正义、宗教事务、公共政策、贫困问题

总部地址：挪威

Norwegian Peace Society（挪威和平协会）

机构名称：挪威和平协会

机构名称（英文）：Norwegian Peace Society

机构名称缩写：NPS

机构名称缩写（英文）：NPS

机构网站：http：//www.fredslaget.no/

简介：NPS 成立于 1885 年，通过发展和平文化、限制武力力量和在地方、国家和国际各级采用非暴力方法解决冲突来创造和平。

工作语言：英语

咨商地位：无

活动领域：和平、非暴力、文化、宣传教育

总部地址：挪威

Norwegian People's Aid（挪威人民援助中心）

机构名称：挪威人民援助中心

机构名称（英文）：Norwegian People's Aid

机构名称缩写：NPA

机构名称缩写（英文）：NPA

机构网站：http：//www.npaid.org

简介：NPA 是一个政治上独立的会员制组织，在挪威和世界 30 多个国家开展工作。NPA 成立于 1939 年，是劳工运动的人道主义团结组织，旨在改善人民的生活条件，创造一个民主、公正和安全的社会。

工作语言：英语

咨商地位：1997 年提交咨商地位申请，获得联合国经社理事会特别咨

商地位

活动领域：性别问题、妇女地位、正义、社会治理、人道主义援助、排雷

总部地址：挪威

Norwegian Refugee Council（挪威难民委员会）

机构名称：挪威难民委员会

机构名称（英文）：Norwegian Refugee Council

机构名称缩写：NRC

机构名称缩写（英文）：NRC

机构网站：http：//www.nrc.no/

简介：NRC 是一个独立的人道主义组织，帮助被迫逃离的人们。NRC 是流离失所者的坚定倡导者。我们与各国政府一起，在当地社区、国际舞台上促进和捍卫流离失所者的权利和尊严。NRC 在日内瓦的国内流离失所监测中心是监测、报告和倡导本国流离失所者的全球领导者。

工作语言：英语

咨商地位：2000 年提交咨商地位申请，获得联合国经社理事会特别咨商地位

活动领域：经济、社会、可持续发展

总部地址：挪威

Northern Organisation for Women（北方妇女组织）

机构名称：北方妇女组织

机构名称（英文）：Northern Organisation for Women

机构名称缩写：NOW

机构名称缩写（英文）：NOW

机构网站：https：//www.now.org/

简介：作为妇女运动的基层机构，NOW 致力于多议题、多策略的妇女权利方针，是美国最大的女权主义草根活动家组织。NOW 在所有 50 个州和哥伦比亚特区拥有数百个分会和数十万成员和活动家。自 1966 年成立以来，NOW 的宗旨是通过交叉的基层行动采取行动，促进女权主义理想，引

领社会变革，消除歧视，实现和保护所有妇女和女孩在社会，政治和经济生活的各个方面的平等权利。

工作语言：英语

咨商地位：无

活动领域：妇女地位、妇女权利、性别平等、正义

总部地址：挪威

New Point of View（新观点，Nouveau Point De Vue）

机构名称：新观点（Nouveau Point De Vue）

机构名称（英文）：New Point of View

机构名称缩写：N. P. D. V.

机构名称缩写（英文）：N. P. D. V.

机构网站：http：//www.npdv.nayanco.com

简介：N. P. D. V. 是一个智库，成立于2018年，旨在开发和传播列入联合国颁布的《2030年可持续发展议程》中的17个可持续发展目标中的169个具体目标的想法。其使命：与民间社会和社会企业运动建立联系和网络；提出、发展、推广其行动和活动与可持续发展目标相关的想法；代表类似的协会，以帮助他们与伙伴关系开展项目；与联合国和欧洲议会就可持续发展目标开展合作；对大使进行目标培训。

工作语言：西班牙语、法语、英语、克里奥尔语、克里奥尔海地语

咨商地位：2022年提交咨商地位申请，获得联合国经社理事会特别咨商地位

活动领域：经济社会、发展、人道主义事务、就业、社会政策

总部地址：法国

National Association of Sporting and Civilian Firearms and Ammunition Manufacturers（全国运动和民用火器和弹药制造商协会，ANPAM-Associazione Nazionale Produttori Armi e Munizioni Sportive e Civili）

机构名称：全国运动和民用火器和弹药制造商协会（ANPAM-Associazione Nazionale Produttori Armi e Munizioni Sportive e Civili）

机构名称（英文）：National Association of Sporting and Civilian Firearms and Ammunition Manufacturers

机构名称缩写：ANPAM

机构名称缩写（英文）：NASCFAM

机构网站：https：//www.anpam.it/

简介：ANPAM 成立于1980 年，其总部设在罗马。ANPAM 成立以来一直是工业协会的成员，它代表了属于武器和弹药部门以及许多爆炸物部门的几乎所有工业公司。在 30 多年的活动中，它以其深厚的专业精神和能力，发挥了协调国家和国际各种活动的作用。

工作语言：意大利语、英语

咨商地位：2013 年提出申请，2014 年获得联合国经社理事会特别咨商地位

活动领域：经济、社会、环境、国际法等

总部地址：意大利

National Women's Studies and Information Center "Partnership for Development"（全国妇女研究和信息中心"发展伙伴关系"，Institutia Privata Centrul National de Studii si Informare Pentru Problemele Femeii "Parteneriat Pentru Dezvoltare"）

机构名称：全国妇女研究和信息中心"发展伙伴关系"（Institutia Privata Centrul National de Studii si Informare Pentru Problemele Femeii "Parteneriat Pentru Dezvoltare"）

机构名称（英文）：National Women's Studies and Information Center "Partnership for Development"

机构名称缩写：CPD

机构名称缩写（英文）：CPD

机构网站：http：//www.progen.md

简介：CPD 将性别观点纳入社会生活所有领域的主流，促进有关妇女在社会中的作用及其赋权问题的公共政策，并努力消除对妇女一切形式的歧视。CPD 还是妇女非政府组织和倡议团体的文件、信息和培训中心。目标是开发和加强赋予男女平等权利的资源和机制，通过游说和宣传促进摩尔多瓦共和国的两性平等。CPD 促进两性平等价值观，将其作为开放社会

的一个组成部分，以巩固真正的性别伙伴关系。CPD倡导建立一个社区，其成员享有平等权利，能够共同解决问题，能够平等地受益于新的机会，并能够充分参与社会、经济和政治活动。

工作语言：英语、俄语、罗马尼亚语

咨商地位：自2021年起获联合国经社理事会特殊咨商地位

活动领域：经济、社会、儿童、公民身份、公民治理、性别问题

总部地址：摩尔多瓦共和国

NGO Law Institute（非政府组织法律研究所，NVO Teisės Institutas）

机构名称：非政府组织法律研究所（NVO Teisės Institutas）

机构名称（英文）：NGO Law Institute

机构名称缩写：NVOTI

机构名称缩写（英文）：NGOLI

机构网站：http://www.nvoteise.lt

简介：NVOTI是一家从事非营利法律领域工作的非政府专家咨询组织。NVOTI旨在通过向非政府组织本身提供法律专业知识，并通过促进营造有利于公共活动的法律环境，为加强非政府部门作出贡献。

工作语言：英语、立陶宛语

咨商地位：2022年提交咨商地位申请，获得联合国经社理事会特别咨商地位

活动领域：经济、公共管理、社会发展、可持续发展等

总部地址：立陶宛

Nouvelle Vie Sans Frontières（无国界新生组织，Nouvelle Vie Sans Frontières）

机构名称：无国界新生组织（Nouvelle Vie Sans Frontières）

机构名称（英文）：Nouvelle Vie Sans Frontières

机构名称缩写：N.V.S.F

机构名称缩写（英文）：N.V.S.F

机构网站：http://www.viesansfrontieres.com/

简介：N.V.S.F成立于2014年，致力于改善贫困地区的人民生活，

帮助其获得水资源、食物，改善其生活环境。

工作语言：法语

咨商地位：无

活动领域：贫困、可持续发展、环境保护、职业技能培训、慈善援助

总部地址：法国

o

Observatory of Human and Cultural Social Integration（人类和文化融合观察站，Observatoire-OISHC）

机构名称：人类和文化融合观察站（Observatoire-OISHC）

机构名称（英文）：Observatory of Human and Cultural Social Integration

机构名称缩写：OISHC

机构名称缩写（英文）：OHCSI

机构网站：http：//www.aspafrique.com/

简介：OISHC 成立于 1990 年，由一群关注战略和全球及非洲人类发展，主要由来自非洲大陆和欧洲的学者、研究人员、人权维护者和主张善意的公民组成。该组织致力于促进、捍卫和保护非洲和全世界的人权，促进非洲人民之间的和平、友谊和团结。同时，该组织通过保持人类和地球需求之间的平衡，促进人类整体发展的健全管理，以实现各自的增长和成功目标。

工作语言：英语、法语、西班牙语、Ewe 语（在西非多个国家使用，属于尼日尔—刚果语系）

咨商地位：2021 年提交咨商地位申请，获得联合国经社理事会特别咨商地位

活动领域：社会经济治理、贫困、就业、社会政策、可持续发展、人权、和平、环境、气候变化、公平正义

总部地址：瑞士

Ocean Care（保护海洋组织）

机构名称：保护海洋组织

机构名称（英文）：Ocean Care

机构名称缩写：Ocean Care

机构名称缩写（英文）：Ocean Care

机构网站：http：//www.oceancare.org

简介：Ocean Care 成立于 1989 年，是一家领先的瑞士海洋哺乳动物保护机构。它在国家和国际层面的海洋保护与环境变化领域开展工作。Ocean Care 的声音得到了专家研究和法律分析的支持。Ocean Care 还参与

地中海的鲸类研究项目，并关注新出现的威胁和呼叫，如海洋噪声污染和气候变化。

工作语言：法语、英语

咨商地位：2011年提交咨商地位申请，获得联合国经社理事会特别咨商地位

活动领域：生物多样性、海洋资源、海洋

总部地址：瑞士

Organisation de Développement Economique Pour les Pays Africains（非洲经济发展组织）

机构名称：非洲经济发展组织

机构名称（英文）：Organisation de Développement Economique Pour les Pays Africains

机构名称缩写：ODEPA

机构名称缩写（英文）：ODEPA

机构网站：http://www.odepa.org

简介：ODPEA成立于2018年，通过民间社会、私营部门、学术界和相关的非洲贸易和商业参考登记处之间的创新联系，改善非洲国家的经济发展。

工作语言：西班牙语、英语、法语、阿拉伯语

咨商地位：无

活动领域：经济社会可持续发展、就业、贫困、安全、贸易与发展、发展筹资

总部地址：法国

International Office for Human Rights-Action on Colombia（国际人权办公室—哥伦比亚分处，Bureau International des Droits Humains-Action Colombie）

机构名称：国际人权办公室—哥伦比亚分处（Bureau International des Droits Humains-Action Colombie）

机构名称（英文）：International Office for Human Rights-Action on

Colombia

机构名称缩写：Oidhaco

机构名称缩写（英文）：Oidhaco

机构网站：http：//www.oidhaco.org

简介：Oidhaco 成立于 1995 年，致力于在欧盟机构、其成员国、瑞士、挪威和联合国面前进行政治干预，以促进哥伦比亚的法治、民主、全面尊重人权、和平与可持续发展。Oidhaco 支持哥伦比亚民间社会的倡议，这些倡议旨在全面尊重人权和国际人道法，并寻求内部武装冲突的谈判解决方案。

工作语言：英语、西班牙语、法语

咨商地位：2012 年提交联合国经社理事会特别咨商地位申请，目前仍在申请中

活动领域：人权、国际法、贸易、经济社会发展

总部地址：比利时

Oikos International（Oikos 经济与生态基金会，Oikos-Stiftung für Oekonomie und Oekologie）

机构名称：Oikos 经济与生态基金会（Oikos-Stiftung für Oekonomie und Oekologie）

机构名称（英文）：Oikos International

机构名称缩写：OL

机构名称缩写（英文）：OIKOS

机构网站：http：//www.oikos-international.org

简介：OIKOS 成立于 1987 年，是可持续经济和管理研究和教学的国际组织，也是促进可持续发展变革推动者的主要参考点。OIKOS 活动包括广泛的项目、大学的学生计划、可持续发展相关主题的博士研究以及针对可持续发展案例撰写和教学的学术活动。

工作语言：英语

咨商地位：无

活动领域：经济和社会发展、工商业、经济金融、环境、教育、可持续发展、私营部门

总部地址：瑞士

Olof Palme International Center of Sweden（瑞典奥洛夫·帕尔梅国际中心）

机构名称：瑞典奥洛夫·帕尔梅国际中心

机构名称（英文）：Olof Palme International Center of Sweden

机构名称缩写：OPC

机构名称缩写（英文）：OPC

机构网站：http://www.palmecenter.se

简介：OPC本着奥洛夫·帕尔梅的精神，在全球范围内致力于民主、人权、和平与社会正义。我们支持改变社会和人们日常生活的进步运动和政党。

工作语言：英语、瑞典语

咨商地位：无

活动领域：民主、人权、和平、社会正义

总部地址：瑞典

Omega Research Foundation Limited（Omega研究基金会）

机构名称：Omega研究基金会

机构名称（英文）：Omega Research Foundation Limited

机构名称缩写：ORF

机构名称缩写（英文）：ORF

机构网站：http://www.omegaresearchfoundation.org/

简介：ORF成立于1990年，致力于研究国际军事、安全和警察（MSP）技术转移对人权的影响。这些技术范围从小型武器到大型武器系统、执法技术、用于酷刑的装备以及压制性国家的安全基础设施。ORF的工作揭示了不充分的MSP贸易控制如何促进侵犯人权行为、助长冲突和区域不稳定、破坏安全和可持续发展。该组织倡导对这种贸易进行更严格的控制，并由世界各国政府有效实施这些控制措施。

工作语言：英语

咨商地位：2013年提交咨商地位申请，获得联合国经社理事会特别咨

商地位

活动领域：经济、社会、人权

总部地址：英国

One World Trust（一个世界信托基金会）

机构名称：一个世界信托基金会

机构名称（英文）：One World Trust

机构名称缩写：OWT

机构名称缩写（英文）：OWT

机构网站：https://www.oneworldtrust.org/

简介：OWT成立于1951年，由跨党派的国会议员创建，他们相信全球治理可以得到改善，以更好地保护全人类的利益以及我们的环境。70多年来，该信托基金一直促进教育和研究全球治理的变化，这将有助于消除贫困和冲突，增进国际社会的理解和法治。

工作语言：英语

咨商地位：无

活动领域：国际发展、环境、可持续发展、法治、正义、贫困、冲突

总部地址：英国

Candide International NGO（坎迪德国际非政府组织）

机构名称：坎迪德国际非政府组织

机构名称（英文）：Candide International NGO

机构名称缩写：ONGCI

机构名称缩写（英文）：CINGO

机构网站：http://www.candideinternational.com

简介：ONGCI成立于2019年，在非洲的动物保护区或保护区建立学校，以便儿童在与动物的直接或间接接触中发展他们对动物世界的知识、敏感性和热爱。该组织致力于通过提升儿童对周围直接的认知，帮助他们成长为负责任和自主的成年人，倡导自由与和平。

工作语言：英语、法语

咨商地位：无

活动领域：儿童、教育、环境、青年、生物多样性、可持续发展

总部地址：法国

Open Door International（For the Economic Emancipation of the Woman Worker）[国际门户开放组织（促进女工经济解放）]

机构名称：国际门户开放组织（促进女工经济解放）

机构名称（英文）：Open Door International（For the Economic Emancipation of the Woman Worker）

机构名称缩写：ODI

机构名称缩写（英文）：ODI

机构网站：http://www.uia.org/s/or/en/1100054388

简介：ODI成立于1963年，主要面向比利时，致力于促进当地经济社会的可持续发展，提升妇女地位。ODI是UIA的下属组织。

工作语言：英语

咨商地位：1963年提交咨商地位申请，获得联合国经社理事会特别咨商地位

活动领域：妇女地位、性别问题、可持续发展、就业

总部地址：比利时

Open Society Institute（开放社会研究所）

机构名称：开放社会研究所

机构名称（英文）：Open Society Institute

机构名称缩写：OSI

机构名称缩写（英文）：OSI

机构网站：https://www.opensocietyfoundations.org/

简介：OSI成立于1997年，是面向美国的全国性组织，致力于美国社会建设，营造正义的社会，建设充满活力和包容性的民主国家，促进社会的可持续发展。

工作语言：英语

咨商地位：1997年提交咨商地位申请，获得联合国经社理事会特别咨商地位

活动领域：性别问题、妇女、经济社会可持续发展、正义、人权、国际法、迁移、少数人权利、文化、公民身份、公民治理、难民、青年、小额信贷

总部地址：保加利亚

Open Society Institute - Sofia（索非亚开放社会研究所）

机构名称：索非亚开放社会研究所

机构名称（英文）：Open Society Institute - Sofia

机构名称缩写：OSI

机构名称缩写（英文）：OSI

机构网站：https://www.opensocietyfoundations.org/

简介：该组织是 OSI 的保加利亚分会，其使命同上。

工作语言：英语

咨商地位：无

活动领域：性别问题、妇女、经济和社会可持续发展、正义、人权、国际法、迁移、少数人权利、文化、公民身份、公民治理、难民、青年、小额信贷

总部地址：保加利亚

Operation Friendship International（友谊国际行动）

机构名称：友谊国际行动

机构名称（英文）：Operation Friendship International

机构名称缩写：OFI

机构名称缩写（英文）：OFI

机构网站：https://www.operationfriendship.org/

简介：OFI 成立于 1964 年，主要活动于法国、大不列颠及北爱尔兰联合王国、德国、瑞典、美国、乌克兰、匈牙利。OFI 的目标和宗旨是：促进青年和成人之间的国际友谊和理解；向与会者介绍每个成员国的社会、教育、宗教和世俗遗产；鼓励提升参与国青年主动性和领导作用。

工作语言：英语

咨商地位：2023 年提交咨商地位申请，获得联合国经社理事会特别咨

商地位

活动领域：青年、社会发展、文化、经济和社会

总部地址：瑞典

Orchid Project Limited（兰花项目有限公司）

机构名称：兰花项目有限公司

机构名称（英文）：Orchid Project Limited

机构名称缩写：OPL

机构名称缩写（英文）：OPL

机构网站：https://www.orchidproject.org/

简介：OPL成立于2011年，主要活动于肯尼亚、塞内加尔、印度、坦桑尼亚联合共和国、大不列颠及北爱尔兰联合王国。其愿景是建立一个没有女性生殖器切割（FGC）的世界，致力于改善孕产妇健康。

工作语言：英语

咨商地位：2020年提交咨商地位申请，获得联合国经社理事会特别咨商地位

活动领域：健康、性别问题、妇女

总部地址：英国

Order of St. John（圣约翰骑士团）

机构名称：圣约翰骑士团

机构名称（英文）：Order of St. John

机构名称缩写：Order of St. John

机构名称缩写（英文）：Order of St. John

机构网站：https://www.stjohninternational.org/

简介：Order of St. John成立于1999年，主要活动于马拉维、赞比亚。致力于关注儿童妇女发展，促进社会的可持续发展；并且进行急救和其他医疗保健活动的培训。

工作语言：英语

咨商地位：1999年提交咨商地位申请，获得联合国经社理事会特别咨商地位

活动领域：儿童、青年、志愿服务、可持续发展
总部地址：英国

Organization Earth（地球组织）

机构名称：地球组织

机构名称（英文）：Organization Earth

机构名称缩写：OE

机构名称缩写（英文）：OE

机构网站：http：//www.organizationearth.org

简介：OE是一个屡获殊荣的希腊非政府组织，成立于2010年的公民倡议。OE的使命是按照联合国可持续发展目标为基础，实现社区驱动的变革，以实现公平和有弹性的社会。为此，地球组织让地方当局和其他级别的政府、民间社会和基层社区、慈善基金会、私营部门和学术界参与进来。该组织的工作重点是为气候中和与包容性城市推广基于自然的解决方案，包括口袋公园、城市森林、社区花园、绿色屋顶，并为弱势社会群体实施发展计划。

工作语言：英语、现代希腊语

咨商地位：2017年提交咨商地位申请，获得联合国经社理事会特别咨商地位

活动领域：经济、社会

总部地址：希腊

Organization for International Economic Relations（国际经济关系组织）

机构名称：国际经济关系组织

机构名称（英文）：Organization for International Economic Relations

机构名称缩写：OiER

机构名称缩写（英文）：OiER

机构网站：http：//www.oier.pro

简介：OiER成立于1947年，是一个通过经济发展促进和平与国际合作的非政府组织和商业平台，现已发展成为一个全球性的多方利益攸关方

平台。OiER 拥有来自 80 多个国家的各种各样的成员——企业实体、商业协会、国际组织和非政府组织,作为一个社会咨询和中介服务组织,支持信息交流和分析、确定机会、撮合、发展可持续活动和促进投资。

工作语言:英语

咨商地位:无

活动领域:经济、社会

总部地址:奥地利

Observatory on Security and CBRNe Defence(奥斯迪夫 CBRN 安全与防御观测站)

机构名称:奥斯迪夫 CBRN 安全与防御观测站

机构名称(英文):Observatory on Security and CBRNe Defence

机构名称缩写:OSDIFE

机构名称缩写(英文):OSCD

机构网站:http://www.osdife.org

简介:OSDIFE 成立于 2010 年,是意大利唯一一个旨在发展和传播与环境保护、安全和国防问题有关的知识的组织。它还审议领土危险,特别注意化学、生物、放射性、核和爆炸材料的自然、意外或故意扩散。OSDIFE 是国内外研究人员和专家的参考。此外,它还通过不断地研究、分析、培训、讲习班、专题讨论会和出版物,促进加强、发展和分享经验。它通常涉及公共和私营机构、组织、协会、公司和个人,以促进和鼓励制定和通过减少和减轻风险的适当战略和举措。其主要目的是确保公民的安全和保障,并保证公共和私人资产、基础设施和文化遗产的完整和保护。

工作语言:英语、意大利语

咨商地位:2020 年申请联合国经社理事会特别咨商地位

活动领域:经济、人口、公共管理、社会发展、可持续发展、非洲和平发展、非洲冲突解决

总部地址:意大利

Observatory on Digital Communication（地中海和世界文化传播和视听观察站）

机构名称：地中海和世界文化传播和视听观察站

机构名称（英文）：Observatory on Digital Communication

机构名称缩写：OCCAM

机构名称缩写（英文）：ODC

机构网站：http://www.occam.org

简介：OCCAM 由联合国教科文组织于 1996 年创立，其使命是通过数字创新消除贫困。自成立以来，OCCAM 一直以成为积极参与数字革命的试点探索者为核心原则，同时通过最佳实践应用创新来帮助弱势社区。OCCAM 解读预测新趋势，引领各种拐点动能，在一年一度的 Infopoverty 世界大会上分享成果。

工作语言：意大利语、英语

咨商地位：2005 年提交咨商地位申请，获得联合国经社理事会特别咨商地位

活动领域：经济、社会

总部地址：意大利

Overseas Development Institute（海外发展研究院）

机构名称：海外发展研究院

机构名称（英文）：Overseas Development Institute

机构名称缩写：ODI

机构名称缩写（英文）：ODI

机构网站：http://www.odi.org.uk

简介：ODI 成立于 1960 年，是英国领先的国际发展和人道主义问题独立智库。其使命是激励和指导政策和实践，从而减少发展中国家的贫困、减轻痛苦和实现可持续生计。

工作语言：英语

咨商地位：2011 年提交咨商地位申请，获得联合国经社理事会特别咨商地位

活动领域：经济、发展融资、社会发展、可持续发展

总部地址：英国

Oxfam（International）[乐施会（国际）]

机构名称：乐施会（国际）

机构名称（英文）：Oxfam（International）

机构名称缩写：Oxfam

机构名称缩写（英文）：Oxfam

机构网站：http://www.oxfam.org

简介：Oxfam 是一个由 14 个志同道合的组织组成的联盟，它们与世界各地的合作伙伴和盟友共同努力，以实现持久的变革。我们直接与社区合作，寻求影响当权者，以确保穷人能够改善他们的生活和生计，并在影响他们的决策中拥有发言权。我们与 3000 多个当地合作伙伴组织合作，帮助生活贫困的人们努力行使其人权、维护其作为正式公民的尊严并掌控自己的生活。

工作语言：英语

咨商地位：无

活动领域：经济、社会

总部地址：英国

Oxfam GB（英国乐施会）

机构名称：英国乐施会

机构名称（英文）：Oxfam GB

机构名称缩写：Oxfam GB

机构名称缩写（英文）：Oxfam GB

机构网站：http://www.oxfam.org.uk

简介：Oxfam GB 成立于 1942 年，是一项充满活力的全球运动，由致力于消除贫困的人们组成。一起做着令人惊奇的工作，通过人民的力量驱动我们所做的一切。从拯救生命和开发让穷人掌控自己生活和生计的项目，到发起持久变革的运动。这就是乐施会在行动。

工作语言：英语

咨商地位：1973 年提交咨商地位申请，获得联合国经社理事会特别咨

商地位

活动领域：经济、社会、可持续发展

总部地址：英国

Ocean and Climate Platform（海洋与气候平台，Plateforme Océan et Climat）

机构名称：海洋与气候平台（Plateforme Océan et Climat）

机构名称（英文）：Ocean and Climate Platform

机构名称缩写：POC

机构名称缩写（英文）：OCP

机构网站：http://www.ocean-climate.org/en/home-4/

简介：OCP 成立于 2014 年，致力于弥合科学知识与政策制定之间的差距。OCP 的主要目标是确保有关海洋、气候和生物多样性之间相互作用的科学信息得到决策者和公众的认可。

工作语言：法语、英语

咨商地位：2021 年提交咨商地位申请，获得联合国经社理事会特别咨商地位

活动领域：生物多样性、气候、海洋等

总部地址：法国

Organisation Pour la Communication en Afrique et de Promotion de la Coopération Economique Internationale（非洲通讯和国际经济合作促进组织）

机构名称：非洲通讯和国际经济合作促进组织

机构名称（英文）：Organisation Pour la Communication en Afrique et de Promotion de la Coopération Economique Internationale

机构名称缩写：OCAPROCE Intern.

机构名称缩写（英文）：OCAPROCE Intern.

机构网站：http://www.ocaproce.org

简介：OCAPROCE Intern. 是根据瑞士法律成立的国际非政府组织，致力于促进、保护和捍卫一般人权，特别是边缘化妇女、女童和儿童的经

济、社会和文化权利。OCAPROCE Intern. 还致力于非洲街头儿童和女童的教育、培训和重返社会。该组织积极参加联合国会议，特别是人权理事会的会议并作出贡献。OCAPROCE Intern 在联合国经济及社会理事会中享有特殊地位，还从事传播和国际合作等领域的工作。

工作语言：法语、英语

咨商地位：2008 年提交咨商地位申请，获得联合国经社理事会特别咨商地位

活动领域：社会发展、经济

总部地址：瑞士

P

Providers of Social Responses to the Development（发展社会响应提供者协会）

机构名称：发展社会响应提供者协会

机构名称（英文）：Providers of Social Responses to the Development

机构名称缩写：PRSD Network

机构名称缩写（英文）：PSRD

机构网站：http://www.prsd.eu

简介：PRSD Network 是一个成立于 2010 年的非营利性组织网络。它是通过年轻人组成的移民组织、青年组织和其他与社会弱势社区和少数群体合作的组织的支持而出现的。战略和发展战略网络支持欧洲国家的移民社区、青年移民和移民后裔，并促进散居海外的年轻人参与投资和参与他们所在社区和原籍国的发展。工作和国际关注的领域旨在加强社会反应的协同作用。

工作语言：英语、法语、葡萄牙语

咨商地位：2020 年提交咨商地位申请，获得联合国经社理事会特别咨商地位

活动领域：经济、发展融资、性别问题、妇女、人口、公共管理、社会发展、可持续发展、非洲和平发展

总部地址：葡萄牙

PEFC International（泛欧森林认证委员会）

机构名称：泛欧森林认证委员会

机构名称（英文）：PEFC International

机构名称缩写：PEFC International

机构名称缩写（英文）：PEFC International

机构网站：http://www.pefc.org

简介：PEFC International 成立于 1999 年，其致力于充分利用森林对可持续发展世界的贡献。

工作语言：英语

咨商地位：2004 年提交咨商地位申请，获得联合国经社理事会特别咨

商地位

活动领域：经济、社会发展、可持续发展

总部地址：瑞士

Parliament Network on the World Bank（世界银行议会网络）

机构名称：世界银行议会网络

机构名称（英文）：Parliament Network on the World Bank

机构名称缩写：PNOWB

机构名称缩写（英文）：PNOWB

机构网站：http://www.worldbank.org/pnowb

简介：PNOWB 旨在通过消除贫困和改善生活条件，特别是最弱势和服务不足的人民的生活条件，为毛里塔尼亚的可持续发展作出贡献；培训和援助妇女、处境危急的幼儿、老年人和残疾人等弱势群体。

工作语言：法语、英语

咨商地位：无

活动领域：发展融资

总部地址：法国

Partnership for Change（变革伙伴关系）

机构名称：变革伙伴关系

机构名称（英文）：Partnership for Change

机构名称缩写：PfC

机构名称缩写（英文）：PfC

机构网站：http://www.pfchange.org

简介：PfC 成立于 2012 年，其使命是通过教育和创造就业机会赋予个人，特别是妇女和青年权力，以建设社会、环境和经济上可持续的当地社区。

工作语言：挪威语（B）、英语

咨商地位：2016 年提交咨商地位申请，2017 年获得联合国经社理事会特别咨商地位

活动领域：经济、发展融资、性别问题、妇女、社会发展、可持续

发展

总部地址：挪威

Peace and Friendship International Organization（和平与友谊）

机构名称：和平与友谊

机构名称（英文）：Peace and Friendship International Organization

机构名称缩写：pf 4 all

机构名称缩写（英文）：pf 4 all

机构网站：http：//www.pf4all.com/

简介：pf 4 all 成立于 2008 年，是丹麦王国最大的自愿独立国际组织，在全球超过 33 个国家开展工作，根据 2014 年的最新统计，拥有超过 102 万名会员，其成员来自不同国家、年龄组以及所有宗教和教派。pf 4 all 还致力于通过其对以下领域的贡献来在各国人民中弘扬爱、宽容与和平的精神。支持和发展世界各地的人类活动和志愿工作，以实现所有人公平体面的生活。

工作语言：英语、法语、丹麦语、阿拉伯语

咨商地位：无

活动领域：经济、发展融资、性别问题、妇女、人口、公共管理、社会发展、数据统计、可持续发展、非洲和平发展、非洲冲突解决

总部地址：丹麦

Peace Brigades International（国际和平旅）

机构名称：国际和平旅

机构名称（英文）：Peace Brigades International

机构名称缩写：PBI

机构名称缩写（英文）：PBI

机构网站：http：//www.peacebrigades.org

简介：PBI 成立于 1981 年，在非暴力原则下承担维持和平、缔造和平与建设和平的任务。PBI 设想了一个人们以非暴力方式解决冲突、普遍维护人权、社会正义和跨文化尊重成为现实的世界。作为第三方力量，它在冲突局势中采用非暴力干预方法来建立和平与正义。PBI 通过保护性陪伴、

国际观察、宣传、提高认识和能力发展，为捍卫人权的个人、社区、运动和组织提供保护和支持。

工作语言：西班牙语、德语、英语

咨商地位：2016年提交咨商地位申请，2020年获得联合国经社理事会特别咨商地位

活动领域：经济社会、性别问题、妇女、打击有罪不罚现象

总部地址：比利时

Peace Brigades International Switzerland（瑞士国际和平旅）

机构名称：瑞士国际和平旅

机构名称（英文）：Peace Brigades International Switzerland

机构名称缩写：PBI

机构名称缩写（英文）：PBI

机构网站：http://www.peacebrigades.ch

简介：PBI成立于1983年，该组织致力于开辟一个和平空间，以非暴力方式解决冲突。我们采用国际存在和关注的战略，支持当地倡议并为发展和平与正义文化WT出贡献。我们应当以非暴力团体（原住民、妇女组织、律师等）的要求采取行动，致力于在遭受压迫和冲突的地区促进人权和社会变革。PBI的国际存在的目的是通过遏制暴力和促进非暴力的联合战略来配合政治和社会进程。我们的国际志愿者团队采用保护陪伴、和平教育、独立观察和分析冲突局势等方法。此外，PBI了解、开发并模拟非暴力干预的形式。在可能的情况下，我们会与冲突各方进行联系，以告知我们的存在。PBI通过广泛的国际组织和个人网络支持这项工作。

工作语言：西班牙语、德语、英语、法语

咨商地位：2014年提交咨商地位申请，获得联合国经社理事会特别咨商地位

活动领域：经济、性别问题、妇女、社会发展

总部地址：瑞士

Peace Child International（和平儿童国际）

机构名称：和平儿童国际

机构名称（英文）：Peace Child International

机构名称缩写：PCI

机构名称缩写（英文）：PCI

机构网站：http：//www.peacechild.org

简介：PCI 成立于 1981 年，它的使命是帮助年轻人应对他们一生中必须应对的最紧迫的全球挑战——气候变化、和平、人权、让贫困成为历史并为整个人类家庭实现可持续繁荣。

工作语言：英语

咨商地位：1997 年提交咨商地位申请，获得联合国经社理事会特别咨商地位

活动领域：经济、可持续发展、社会发展

总部地址：英国

Peace Direct（直达和平）

机构名称：直达和平

机构名称（英文）：Peace Direct

机构名称缩写：PD

机构名称缩写（英文）：PD

机构网站：https：//www.peacedirect.org/

简介：PD 成立于 2004 年，旨在与当地人民合作制止暴力冲突，建设可持续和平。

工作语言：西班牙语、英语、法语

咨商地位：2021 年提交咨商地位申请，2022 年获得联合国经社理事会特别咨商地位

活动领域：经济、社会、发展融资、可持续发展、非洲和平发展

总部地址：英国

Pax Christi International, International Catholic Peace Movement（国际基督和平会，国际天主教和平运动）

机构名称：国际基督和平会，国际天主教和平运动

机构名称（英文）：Pax Christi International, International Catholic

Peace Movement

机构名称缩写：PCI

机构名称缩写（英文）：PCI

机构网站：http://www.paxchristi.net

简介：PCI 于 1945 年在欧洲成立，作为第二次世界大战后法国人和德国人团结起来的和解运动。如今，该运动拥有 120 个成员组织，活跃于全球 50 多个国家。基督和平会是一个成员组织领导的运动，由国家分部和地方团体组成，全部都带有 Pax Christi 的名称，还包括以自己的名义开展工作的附属组织。国际基督和平会是一个天主教和平运动，在全球拥有 120 个成员组织，旨在促进世界各地的和平、尊重人权、正义与和解。国际基督和平会坚信和平是可能的，暴力和不公正的恶性循环是可以打破的，致力于解决暴力冲突和战争的根源和破坏性后果。

工作语言：法语、西班牙语、英语

咨商地位：1979 年提交咨商地位申请，获得联合国经社理事会特别咨商地位

活动领域：经济和社会

总部地址：比利时

Pax Romana Federation（International Catholic Movement for Intellectual and Cultural Affairs and International Movement of Catholic Students）（国际天主教知识文化事务运动和国际天主教学生运动）

机构名称：国际天主教知识文化事务运动和国际天主教学生运动

机构名称（英文）：Pax Romana Federation（International Catholic Movement for Intellectual and Cultural Affairs and International Movement of Catholic Students）

机构名称缩写：PRF（ICMICA-IMCS）

机构名称缩写（英文）：PRF（ICMICA-IMCS）

机构网站：http://www.icmica-miic.org

简介：PRF 成立于 1921 年，是一个由天主教知识分子和专业人士组成的全球社区，以行动的灵性参与世界。受到福音和天主教社会传统的启发，该组织支持成员就世界和教会面临的具体问题进行思考、反思和采取

行动。

工作语言：法语、英语

咨商地位：1949年提交咨商地位申请，获得联合国经社理事会特别咨商地位

活动领域：经济、发展融资、性别问题、妇女、人口、公共管理、社会发展、可持续发展、非洲和平发展、非洲冲突解决

总部地址：法国

Peace and Cooperation（和平与合作，Pazy Cooperación）

机构名称：和平与合作（Pazy Cooperación）

机构名称（英文）：Peace and Cooperation

机构名称缩写：PaC

机构名称缩写（英文）：PaC

机构网站：http://www.peaceandcooperation.org

简介：PaC由Joaquín Antuña于1982年创立，并于1998年成为基金会。从一开始，PaC的行动就以促进非暴力和创造力运动以及建设一个团结的世界为中心。因此，消除暴力造成的破坏并持续努力建设一个和平的星球始终是首要任务。为了实现这一目标，重点是裁军、发展、人权、团结行动和全球和平教育。该非政府组织的座右铭是"创造与生存"，其标志是两只叼着橄榄枝的鸽子。

工作语言：西班牙语、英语

咨商地位：1999年提交咨商地位申请，获得联合国经社理事会特别咨商地位

活动领域：经济、社会发展、可持续发展

总部地址：西班牙

Penal Reform International（国际刑法改革）

机构名称：国际刑法改革

机构名称（英文）：Penal Reform International

机构名称缩写：PRI

机构名称缩写（英文）：PRI

机构网站：http://www.penalreform.org

简介：PRI 成立于 1989 年，是一个独立的非政府组织，致力于制定和促进对全球刑事司法问题采取公平、有效和相称的应对措施。提倡监狱替代方案，支持罪犯改造，并促进被拘留者获得公平和人道待遇的权利。致力于防止酷刑和废除死刑，并努力确保对触犯法律的儿童和妇女做出公正和适当的反应。目前，PRI 在中东和北非、撒哈拉以南非洲、东欧、中亚和南高加索地区都有项目，并与南亚的合作伙伴合作。

工作语言：西班牙语、英语、哈萨克语、俄语、阿拉伯语、中文、格鲁吉亚语、法语

咨商地位：1993 年提交咨商地位申请，获得联合国经社理事会特别咨商地位

活动领域：经济、性别问题、妇女、公共管理、社会发展、可持续发展

总部地址：英国

Perfect Union（完美联盟）

机构名称：完美联盟

机构名称（英文）：Perfect Union

机构名称缩写：PU

机构名称缩写（英文）：PU

机构网站：http://www.perfectunion.fr

简介：PU 成立于 2009 年，旨在为持久和均衡的发展作出贡献。

工作语言：法语、西班牙语、英语

咨商地位：2013 年、2015 年提交咨商地位申请，2015 年获得联合国经社理事会特别咨商地位

活动领域：经济、社会、可持续发展

总部地址：法国

Perm Department of the Socio-Ecological Union（彼尔姆社会生态联盟部）

机构名称：彼尔姆社会生态联盟部

机构名称（英文）：Perm Department of the Socio-Ecological Union

机构名称缩写：PDoSU

机构名称缩写（英文）：PDoSU

机构网站：网站不详，邮箱为 nobody@ un. org

简介：PDoSU 成立于 1987 年，致力于生态保护。

工作语言：英语

咨商地位：无

活动领域：生态保护

总部地址：俄罗斯

Pioneer People Trust（先锋人民信托）

机构名称：先锋人民信托

机构名称（英文）：Pioneer People Trust

机构名称缩写：PPT

机构名称缩写（英文）：PPT

机构网站：http://www.pioneerpeople.org.uk

简介：PPT 成立于 2002 年 11 月，在威勒尔境内提供社区服务以及阿尔巴尼亚、摩洛哥、罗马尼亚、印度、肯尼亚和冈比亚的国际项目方面拥有 20 年的业绩记录。在国际上，PPT 现在主要在肯尼亚和冈比亚开展工作，帮助建立可持续企业并出口援助和设备。该组织的海外工作包括与我们自己、默西塞德郡警方和利物浦监狱建立充满活力的合作伙伴关系，将丢失和被盗的自行车翻新并运往非洲的合作伙伴。2022 年，PPT 还协调了当地的募捐活动，并将援助直接运送到乌克兰。PPT 的价值观是人与社区、平等、可持续性、合作伙伴关系以及采取行动解决贫困的根源。

工作语言：英语

咨商地位：该组织自 2002 年以来获得联合国经社理事会名册地位

活动领域：经济和社会

总部地址：英国

Pirate Parties International Headquarters（海盗党国际总部）

机构名称：海盗党国际总部

机构名称（英文）：Pirate Parties International Headquarters

机构名称缩写：PPI

机构名称缩写（英文）：PPI

机构网站：http://www.pp-international.net/

简介：PPI 成立于 2010 年，是一个全球性的海盗党组织，目前代表来自 41 个国家的成员。海盗党是言论自由运动的政治化身，试图通过既定的政治制度而不是激进主义来实现其目标。PPI 在国际层面倡导促进其成员共同的目标，例如保护数字时代的人权和基本自由、以消费者和作者权利为导向的版权及相关权改革、支持信息隐私、透明度和免费获取信息。

工作语言：英语

咨商地位：2017 年提交咨商地位申请，获得联合国经社理事会特别咨商地位

活动领域：经济、社会、公共管理

总部地址：比利时

Pitirim Sorokin-Nikolai Kondratieff International Institute（皮蒂里姆·索罗金-尼古拉·康德拉季耶夫国际学院）

机构名称：皮蒂里姆·索罗金-尼古拉·康德拉季耶夫国际学院

机构名称（英文）：Pitirim Sorokin-Nikolai Kondratieff International Institute

机构名称缩写：АНО "МИСК"

机构名称缩写（英文）：SKII

机构网站：http://www.misk.inesnet.ru

简介：SKII 成立于 1999 年，SKII 旨在推行文明的未来与文明对话与伙伴关系的战略。其资金来自提供咨询或研究服务的费用以及国内的捐赠和赠款。

工作语言：俄语、英语

咨商地位：2013 年提交咨商地位申请，获得联合国经社理事会特别咨商地位

活动领域：经济和社会、人口、公共管理、社会发展、数据统计、可持续发展

总部地址：俄罗斯

Plan International Norway（挪威国际计划）

机构名称：挪威国际计划

机构名称（英文）：Plan International Norway

机构名称缩写：PIN

机构名称缩写（英文）：PIN

机构网站：http://www.plan-norge.no

简介：PIN 是一个致力于基层儿童权利的全球援助组织。PIN 在 50 多个国家进行长期开发工作，并在 20 多个国家筹集资金。PIN 在宗教上独立且政治中立，自 1937 年以来一直为儿童服务。

工作语言：英语

咨商地位：2003 年以来获得联合国经社理事会名册地位

活动领域：经济、社会、性别问题、妇女

总部地址：挪威

Plan International, Inc.（国际计划公司）

机构名称：国际计划公司

机构名称（英文）：Plan International, Inc.

机构名称缩写：PII

机构名称缩写（英文）：PII

机构网站：http://www.plan-international.org

简介：PII 成立于 1937 年，是一个发展和人道主义组织，致力于促进儿童权利和女童平等。我们努力建设一个公正的世界，与儿童、年轻人、我们的支持者和合作伙伴共同努力：赋予儿童、年轻人和社区做出重大变革的能力，以解决歧视女孩、排斥和脆弱性的根本原因。通过我们对儿童面临的现实的影响力、经验和知识，推动地方、国家和全球各级实践和政策的变革。与儿童和社区合作，准备和应对危机并克服逆境。支持儿童从出生到成年的安全、成功的成长。

工作语言：法语、西班牙语、英语

咨商地位：自 2011 年起获得联合国经社理事会咨商地位

活动领域：经济、社会、性别问题、妇女、社会发展、可持续发展

总部地址：英国

Plant-for-the-Planet（植树造林基金会，Plant-for-the-Planet Foundation）

机构名称：植树造林基金会（Plant-for-the-Planet Foundation）

机构名称（英文）：Plant-for-the-Planet

机构名称缩写：PPF

机构名称缩写（英文）：PP

机构网站：http：//www.plant-for-the-planet.org

简介：PPF于2007年在德国发起，旨在帮助年轻人和组织恢复森林生态系统并保护气候，教育年轻人、恢复生态系统、进行恢复研究、为世界各地的组织提供免费软件工具和恢复建议。

工作语言：英语、德语

咨商地位：该组织不具有联合国经社理事会的咨商地位

活动领域：植树造林、气候、生态系统等

总部地址：德国

Platform for International Cooperation on Undocumented Migrants（无证移民国际合作平台）

机构名称：无证移民国际合作平台

机构名称（英文）：Platform for International Cooperation on Undocumented Migrants

机构名称缩写：PICUM

机构名称缩写（英文）：PICUM

机构网站：http：//www.picum.org

简介：PICUM成立于2000年，是一个旨在确保无证移民社会正义和人权的组织。PICUM基于社会正义、反种族主义和平等的原则和价值观，致力于确保无证移民享有有尊严的生活水平和权利。

工作语言：英语、西班牙语、法语

咨商地位：2014年提交咨商地位申请，获得联合国经社理事会特别咨

商地位

活动领域：卫生保健、移民、正义、种族主义等

总部地址：比利时

Plymouth Marine Laboratory（普利茅斯海洋实验室）

机构名称：普利茅斯海洋实验室

机构名称（英文）：Plymouth Marine Laboratory

机构名称缩写：PML

机构名称缩写（英文）：PML

机构网站：http：//www.pml.ac.uk

简介：PML致力于提供有影响力的尖端环境和社会科学，以支持海洋的健康和可持续发展，实现国家和国际指令中规定的目标和愿望以及可持续未来的目标。

工作语言：英语

咨商地位：2021年提交咨商地位申请，获得联合国经社理事会特别咨商地位

活动领域：海洋环境、生物多样性、气候变化、改善环境等

总部地址：英国

Population and Sustainability Network（人口与可持续发展网络）

机构名称：人口与可持续发展网络

机构名称（英文）：Population and Sustainability Network

机构名称缩写：PSN

机构名称缩写（英文）：PSN

机构网站：http：//www.populationandsustainability.org

简介：PSN汇集了从事发展、人口、性健康和生殖健康及保护工作的专家组织。PSN的愿景是建立一个每个人都可以自由决定是否想要孩子、何时想要孩子以及想要孩子数量的世界，以造福全人类和地球。

工作语言：英语

咨商地位：该组织不具有联合国经社理事会的咨商地位

活动领域：健康、人口、权利等

总部地址：英国

Population Matters（人口问题）

机构名称：人口问题

机构名称（英文）：Population Matters

机构名称缩写：PM

机构名称缩写（英文）：PM

机构网站：http://www.populationmatters.org

简介：PM致力于人权、妇女赋权和全球正义，实现人口可持续发展和环境再生的选择来推动积极的大规模行动，激发公众对人口过剩和不可持续消费的认识并采取相应的政策行动。

工作语言：英语

咨商地位：2021年提交咨商地位申请，获得联合国经社理事会特别咨商地位

活动领域：人权、正义、可持续消费等

总部地址：英国

Portuguese Platform for Women's Rights（葡萄牙妇女权利平台，Plataforma Portuguesa Para os Direitos das Mulheres-Associação）

机构名称：葡萄牙妇女权利平台（Plataforma Portuguesa Para os Direitos das Mulheres-Associação）

机构名称（英文）：Portuguese Platform for Women's Rights

机构名称缩写：PPDM

机构名称缩写（英文）：PPWR

机构网站：http://www.plataformamulheres.org.pt

简介：PPWR成立于2004年11月12日，旨在通过研究、游说、传播等多种手段，进行反思和协调集体行动，促进男女机会平等和维护妇女权利。

工作语言：法语、英语、葡萄牙语

咨商地位：2012年提交咨商地位申请，仍在申请中

活动领域：妇女权力、男女平等等

总部地址：葡萄牙

Practical Action（实际行动）

机构名称：实际行动

机构名称（英文）：Practical Action

机构名称缩写：PA

机构名称缩写（英文）：PA

机构网站：http：//www.practicalaction.org/

简介：PA 旨在与环境合作并为环境服务，以创新方式重复利用资源，帮助妇女和边缘化群体释放潜力，改善他们的生活、生计和未来。

工作语言：英语

咨商地位：1987 年提交咨商地位申请，获得联合国经社理事会名册磋商地位

活动领域：环境发展、弱势群体等

总部地址：英国

Precious Gems（珍贵的宝石）

机构名称：珍贵的宝石

机构名称（英文）：Precious Gems

机构名称缩写：PG

机构名称缩写（英文）：PG

机构网站：http：//www.preciousgems.org.uk

简介：PG 旨在支持妇女和女孩发掘、利用和发挥她们的潜力，以便她们能够更好地满足自己的需求，在非洲发展自己和社区。

工作语言：英语

咨商地位：2022 年提交咨商地位申请，获得联合国经社理事会特别咨商地位

活动领域：妇女权利、教育等

总部地址：英国

Press Emblem Campaign（新闻徽章活动，Presse Embleme Campagne）

机构名称：新闻徽章活动（Presse Embleme Campagne）

机构名称（英文）：Press Emblem Campaign

机构名称缩写：PEC

机构名称缩写（英文）：PEC

机构网站：http://www.pressemblem.ch

简介：PEC 成立于 2004 年 6 月，由来自多个国家的记者组成，总部设在日内瓦。它旨在加强冲突和内乱地区或执行危险任务的记者的法律保护和安全。PEC 赞成制定一项新的国际公约，以加强对媒体的保护。它得到了世界上大约 50 个非政府组织和记者协会的支持。

工作语言：西班牙语、英语、法语、阿拉伯语

咨商地位：2008 年提交咨商地位申请，2010 年获得联合国经社理事会特别咨商地位

活动领域：人生安全、新闻活动等

总部地址：瑞士

Privacy International（隐私国际）

机构名称：隐私国际

机构名称（英文）：Privacy International

机构名称缩写：PI

机构名称缩写（英文）：PI

机构网站：http://www.privacyinternational.org/

简介：PI 致力于保护民主，捍卫人民的尊严，并要求违背公众信任的机构承担责任。

工作语言：英语、西班牙语、法语

咨商地位：2015 年提交咨商地位申请，获得联合国经社理事会特别咨商地位

活动领域：民主、人权等

总部地址：英国

PROGETTO DOMANI：CULTURA E SOLIDARIETA（明日计划：文化与团结）

机构名称：明日计划：文化与团结

机构名称（英文）：PROGETTO DOMANI: CULTURA E SOLIDARIETA

机构名称缩写：PRO. DO. C. S

机构名称缩写（英文）：PRO. DO. C. S

机构网站：http://www.prodocs.org/

简介：PRO. DO. C. S. 成立于1981年，致力于全球公民信息和教育、志愿者/合作者和操作员的选择/培训、国际合作项目的开发/管理以及对发展中国家公民的现场培训。

工作语言：英语

咨商地位：该组织不具有联合国经社理事会的咨商地位

活动领域：教育、民主、开发、合作、人权、南北关系等

总部地址：意大利

Pro-Life Campaign（反堕胎运动）

机构名称：反堕胎运动

机构名称（英文）：Pro-Life Campaign

机构名称缩写：PLC

机构名称缩写（英文）：PLC

机构网站：http://www.prolifecampaign.ie

简介：PLC致力于确保公众了解以他们的名义正在发生的事情，并确保采取措施解决爱尔兰飙升的堕胎率，确保更多反堕胎的议员和参议员当选为议会议员。

工作语言：英语

咨商地位：2011年提交咨商地位申请，获得联合国经社理事会特别咨商地位

活动领域：反堕胎、人权等

总部地址：爱尔兰

Protestant Agency for Diakonie and Development（新教移民与发展机构）

机构名称：新教移民与发展机构

机构名称（英文）：Protestant Agency for Diakonie and Development

机构名称缩写：EWDE

机构名称缩写（英文）：EWDE

机构网站：http：//www.brot-fuer-die-welt.de

简介：EWDE致力于促进教育和健康、加强民主、尊重人权、维护和平和保护创造，支持贫困人口和农村人口通过环境友好型和针对特定地点的方法获得良好的产量。

工作语言：法语、英语、德语、西班牙语

咨商地位：2003年提交咨商地位申请，2004年获得联合国经社理事会特别咨商地位

活动领域：教育、健康、人权等

总部地址：德国

ProVeg International（德国ProVeg公司，ProVeg Deutschland e. V.）

机构名称：德国ProVeg公司（ProVeg Deutschland e. V.）

机构名称（英文）：ProVeg International

机构名称缩写：PD

机构名称缩写（英文）：PI

机构网站：http：//www.proveg.com/de/

简介：PD致力于可持续的营养方式和农业文化，即素食或纯素食，对生态、道德和社会负责且经济可行。

工作语言：英语

咨商地位：2021年提交咨商地位申请，获得联合国经社理事会特别咨商地位

活动领域：素食、农业等。

总部地址：德国

Public Eye（公众之眼）

机构名称：公众之眼

机构名称（英文）：Public Eye

机构名称缩写：Public Eye

机构名称缩写（英文）：Public Eye

机构网站：http：//www.publiceye.ch

简介：Public Eye 致力于揭露瑞士公司在海外造成的侵犯人权行为，持续研究和揭露损害其他国家人民的腐败、非法和非法商业行为，倡导解决不公正根源的法律规则。

工作语言：德语、英语、法语、西班牙语

咨商地位：2018 年提交咨商地位申请，获得联合国经社理事会特别咨商地位

活动领域：人权、正义等

总部地址：瑞士

Pugwash Conference on Science and World Affairs（帕格沃什科学与世界事务会议）

机构名称：帕格沃什科学与世界事务会议

机构名称（英文）：Pugwash Conference on Science and World Affairs

机构名称缩写：PCCIIS International

机构名称缩写（英文）：PCCIIS International

机构网站：http：//www.pugwash.org

简介：PCCIIS International 旨在发展和支持科学、基于证据的决策，重点关注存在核和大规模杀伤性武器风险的领域。PCCIIS International 通过促进五轨和二轨对话，促进关于如何加强各方安全并促进合作性和前瞻性政策制定的创造性讨论。

工作语言：英语

咨商地位：1991 年提交咨商地位申请，获得联合国经社理事会特别咨商地位

活动领域：网络安全、军备控制等

总部地址：意大利

Purposeful Productions（有目的的制作）

机构名称：有目的的制作

机构名称（英文）：Purposeful Productions

机构名称缩写：Purposeful

机构名称缩写（英文）：Purposeful

机构网站：http：//www.wearepurposeful.org

简介：Purposeful 是一个针对青春期女孩的女权主义运动建设中心。我们扩大女童的声音，为她们的抵抗提供资源，在女童运动之间建立团结，促进合作慈善事业，并支持与女童一起为女童服务的基层方案的创新。我们的工作既是全球性的，也是深度本地化的。在塞拉利昂，我们将我们的工作统一为一项综合战略，以便激发一大批女孩，她们能够获得和想象自己和社区的新可能性。在世界各地，我们通过一个由女孩主导的参与式赠款过程，支持女孩的组织和行动主义。Purposeful 支持女孩及其盟友以她们自己的语言和自己的条件倡导变革。Purposeful 以赠款和奖励的形式为在压迫前线战斗的女孩及其盟友提供财政资源。我们奉行的战略是以女童的集体解放为中心，优先考虑增强女童力量的活动，并在此过程中拆除阻碍女童和整个社会的压迫结构。

工作语言：英语

咨商地位：2021 年提交咨商地位申请，获得联合国经社理事会特别咨商地位

活动领域：正义、公平、女性权力等

总部地址：英国

People for Solidarity, Ecology and Lifestyle（以人为本、生态与生活方式，SOL-Menschen für Solidarität、Ökologie und Lebensstil）

机构名称：以人为本、生态与生活方式（SOL-Menschen für Solidarität、Ökologie und Lebensstil）

机构名称（英文）：People for Solidarity, Ecology and Lifestyle

机构名称缩写：SOL

机构名称缩写（英文）：SOL

机构网站：http：//www.nachhaltig.at

简介：SOL 致力于防治艾滋病毒/艾滋病、疟疾和其他疾病，消除极端贫困和饥饿，实现普及初等教育，促进性别平等并赋予妇女权力，降低儿童死亡率，改善孕产妇健康，确保环境可持续性，建立全球发展伙伴关系。

工作语言：德语、英语

咨商地位：无

活动领域：可持续发展

总部地址：奥地利

Portuguese Association for Nature Conservation（葡萄牙自然保护协会）

机构名称：葡萄牙自然保护协会

机构名称（英文）：Portuguese Association for Nature Conservation

机构名称缩写：Quercus

机构名称缩写（英文）：Quercus

机构网站：http://www.quercus.pt

简介：Quercus 是一个独立的、无党派的、全国性的非营利性协会，由公民组成，他们从可持续发展的角度，对保护自然和自然资源以及保护环境有着相同的兴趣。它今天的行动范围涵盖了当前环境的几个主题领域，除了保护自然和生物多样性外，还包括能源、水、废物、气候变化、森林、可持续消费、环境责任等。

工作语言：葡萄牙语

咨商地位：该组织不具有联合国经社理事会咨商地位

活动领域：环境保护、生物多样性等

总部地址：葡萄牙

R

Rashid International e. V. （拉希德国际）

机构名称：拉希德国际

机构名称（英文）：Rashid International e. V.

机构名称缩写：RI

机构名称缩写（英文）：RI

机构网站：http：//www.rashid-international.org

简介：RI总体目标是协助保护、保存和欣赏伊拉克的文化遗产，致力于收集、报告和分享有关伊拉克文化遗产遭受损害的相关信息和专家知识；与相关国家和国际警察当局合作，侦查和防止非法贩运伊拉克文化遗产；与伊拉克国家官员接触和合作，解决有关伊拉克文化遗产的关切问题；倡导和游说尊重有关保护文化遗产的国家和国际法律；参与和支持伊拉克境内外的公共教育和提高认识活动，以增进公众对伊拉克文化遗产的重要性和多样性的认识和理解。

工作语言：英语

咨商地位：2019年提交咨商地位申请，获得联合国经社理事会特别咨商地位

活动领域：文化遗产等

总部地址：德国

Rare Breeds International （国际稀有品种）

机构名称：国际稀有品种

机构名称（英文）：Rare Breeds International

机构名称缩写：RBI

机构名称缩写（英文）：RBI

机构网站：https：//www.rarebreeds.co.nz/rbi.html

简介：RBI的目标是：对稀有和不寻常牲畜的持有量和地点进行编目；促进官方和业余爱好者努力保护稀有品种、特殊繁殖群体和野生品种；在会议、展览和大众媒体上宣传牲畜遗传保护；与海外社团和国际机构保持联系；组织救援和繁殖计划。

工作语言：英语

咨商地位：该组织不具有联合国经社理事会咨商地位

活动领域：稀有动物保护等

总部地址：英国

Ratiu Foundation for Democracy / Ratiu Center for Democracy（拉蒂乌民主基金会/拉蒂乌民主中心）

机构名称：拉蒂乌民主基金会/拉蒂乌民主中心

机构名称（英文）：Ratiu Foundation for Democracy / Ratiu Center for Democracy

机构名称缩写：RFD

机构名称缩写（英文）：RFD

机构网站：http://www.ratiu.org/ratiu-democracy-centre/

简介：RFD位于罗马尼亚图尔达，成立于2004年，旨在维护和延续扬·拉蒂乌（Ion Ratiu）的民主遗产，基金会以他的名字命名。

工作语言：英语

咨商地位：该组织不具有联合国经社理事会咨商地位

活动领域：民主等

总部地址：罗马尼亚

Redress Trust（补救信托）

机构名称：补救信托

机构名称（英文）：Redress Trust

机构名称缩写：REDRESS

机构名称缩写（英文）：REDRESS

机构网站：http://www.redress.org

简介：REDRESS代表英国和世界各地的酷刑幸存者提出法律索赔，为侵犯人权的行为争取正义和赔偿，致力于通过针对政府的人权案件、个人民事案件和刑事案件，使幸存者能够诉诸司法。

工作语言：英语、法语

咨商地位：2011年提交咨商地位申请，获得联合国经社理事会特别咨商地位

活动领域：正义、健康、人权等

总部地址：英国

Reflection Association（反思协会，Refleksione Association）

机构名称：反思协会（Refleksione Association）

机构名称（英文）：Reflection Association

机构名称缩写：Refleksione

机构名称缩写（英文）：RA

机构网站：http://www.stopdhunes.com、www.refleksione.org

简介：Refleksione 汇集了各行各业、政治和宗教归属的妇女，她们最初致力于教育自己和其他妇女了解自己的权利，并批判性地看待该国正在发生的政治、经济、社会和文化变革影响妇女和女孩。

工作语言：英语、阿尔巴尼亚语

咨商地位：该组织不具有联合国经社理事会咨商地位

活动领域：妇女权利等

总部地址：阿尔巴尼亚

Reforesting Scotland（苏格兰重新造林）

机构名称：苏格兰重新造林

机构名称（英文）：Reforesting Scotland

机构名称缩写：RM

机构名称缩写（英文）：RM

机构网站：http://www.reforestingscotland.org/

简介：RM 是一个会员制组织，鼓励就广泛的森林和土地问题进行自由和公开的辩论，致力于让苏格兰拥有森林茂密、生产力高的景观。

工作语言：英语

咨商地位：该组织不具有联合国经社理事会咨商地位

活动领域：森林保护、土地问题等

总部地址：英国

Regional Public Charitable Organization "Drug Abuse Prevention Centre"（区域公共慈善组织"预防药物滥用中心"）

机构名称：区域公共慈善组织"预防药物滥用中心"

机构名称（英文）：Regional Public Charitable Organization "Drug Abuse Prevention Centre"

机构名称缩写：RPCO "DAPC"

机构名称缩写（英文）：RPCO "DAPC"

机构网站：http://www.eegyn.com

简介：RPCO "DAPC"致力于支持和实施疾病预防和促进健康生活方式、体育文化和运动领域的计划；加强旨在预防圣彼得堡非医疗药物使用的努力。

工作语言：英语、俄语

咨商地位：2013年提交咨商地位申请，获得联合国经社理事会名册咨商地位

活动领域：疾病预防、健康等

总部地址：俄罗斯

Regional Studies Association（区域研究协会）

机构名称：区域研究协会

机构名称（英文）：Regional Studies Association

机构名称缩写：RSA

机构名称缩写（英文）：RSA

机构网站：http://www.regionalstudies.org

简介：RSA是一个关注区域和区域问题分析的学术团体，致力于为学者、学生、从业者、政策制定者提供权威的声音和网络，力求在气候变化和可持续发展方面采取负责任的行为。

工作语言：英语

咨商地位：1984年提交咨商地位申请，获得联合国经社理事会名册磋商地位

活动领域：气候变化、区域等

总部地址：英国

Regions of Climate Action（气候行动区域）

机构名称：气候行动区域

机构名称（英文）：Regions of Climate Action

机构名称缩写：R20

机构名称缩写（英文）：R20

机构网站：http://www.regions20.org

简介：从2023年6月22日起，"R20"更名为Catalytic Finance Foundation，其使命是加速可持续基础设施，催化金融解决方案的设计和部署。

工作语言：英语、法语

咨商地位：该组织不具有联合国经社理事会咨商地位

活动领域：可持续发展等

总部地址：瑞士

Release Legal Emergency and Drugs Service Limited（紧急法律和药物服务有限公司）

机构名称：紧急法律和药物服务有限公司

机构名称（英文）：Release Legal Emergency and Drugs Service Limited

机构名称缩写：RELEASE

机构名称缩写（英文）：RELEASE

机构网站：http://www.release.org.uk

简介：RELEASE成立于1967年，相信一个公正和公平的社会，其中毒品政策应该减少与毒品相关的危害，并且吸毒者受到基于人权、尊严和平等原则的对待。

工作语言：英语

咨商地位：2011年提交咨商地位申请，2012年获得联合国经社理事会名册咨商地位

活动领域：公平、毒品、人权等

总部地址：英国

Renewable Energy and Energy Efficiency Partnership（可再生能源和能源效率合作伙伴关系）

机构名称：可再生能源和能源效率合作伙伴关系

机构名称（英文）：Renewable Energy and Energy Efficiency Partnership

机构名称缩写：REEEP

机构名称缩写（英文）：REEEP

机构网站：http：//www.reeep.org

简介：REEEP 致力于通过开发创新、高效的融资机制，以加强低收入和中等收入国家的清洁能源服务市场，造福弱势群体。

工作语言：英语、法语、德语

咨商地位：该组织不具有联合国经社理事会咨商地位

活动领域：可再生能源、清洁能源等

总部地址：奥地利

Renewable Energy Policy Network for the 21st Century（21 世纪可再生能源政策网络）

机构名称：21 世纪可再生能源政策网络

机构名称（英文）：Renewable Energy Policy Network for the 21st Century

机构名称缩写：REN21

机构名称缩写（英文）：REN21

机构网站：http：//www.ren21net

简介：REN21 的目标是让决策者立即转向可再生能源。REN21 为各种利益相关者提供了一个参与和协作的平台。凭借知识和工具、对话和辩论文化的支持以及新生态系统的增强，这个变革社区战略性地推动了使可再生能源成为常态所需的深度变革。

工作语言：英语、法语、德语

咨商地位：该组织不具有联合国经社理事会咨商地位

活动领域：可再生能源等

总部地址：法国

Reporters Without Borders（记者无国界组织，Reporters Sans Frontiers International-Reporters Without Borders International）

机构名称：记者无国界组织（Reporters Sans Frontiers International-Reporters Without Borders International）

机构名称（英文）：Reporters Without Borders

机构名称缩写：RSF

机构名称缩写（英文）：RWB

机构网站：http：//www.rsf.org/en

简介：RSF 捍卫每个人获取免费可靠信息的权利，为新闻业的自由、多元化和独立而行动，并捍卫那些体现这些理想的人。

工作语言：英语、法语

咨商地位：1993 年提交咨商地位申请，获得联合国经社理事会名册磋商地位

活动领域：新闻、自由等

总部地址：法国

Reprieve（缓刑）

机构名称：缓刑

机构名称（英文）：Reprieve

机构名称缩写：Reprieve

机构名称缩写（英文）：Reprieve

机构网站：http：//www.reprieve.org.uk

简介：Reprieve 是一个采取法律行动的非营利组织，保护为正义而战的调查员、律师和活动家，保护那些面临人权侵犯（通常是强权政府侵犯）的边缘人群。

工作语言：英语

咨商地位：该组织不具有联合国经社理事会咨商地位

活动领域：正义、人权等

总部地址：英国

Rescue the Poor Child（救助贫困儿童组织）

机构名称：救助贫困儿童组织

机构名称（英文）：Rescue the Poor Child

机构名称缩写：R. P. C

机构名称缩写（英文）：R. P. C

机构网站：http：//www. rpcaid. org

简介：R. P. C 是一个总部设在瑞典的国际非政府组织，旨在改善世界各地，特别是撒哈拉以南非洲极端贫困儿童的生活条件。

工作语言：英语、法语

咨商地位：2019 年获得联合国经社理事会特别咨商地位

活动领域：公平、教育、弱势人群等

总部地址：瑞典

Reseaux I. P Europeens Network Coordination Centre（欧洲 I. P 研究网络协调中心）

机构名称：欧洲 I. P 研究网络协调中心

机构名称（英文）：Reseaux I. P Europeens Network Coordination Centre

机构名称缩写：RIPENCC

机构名称缩写（英文）：RIPENCC

机构网站：http：//www. ripe. net

简介：RIPENCC 是一个独立的非营利性会员组织，通过其服务区域的技术协调来支持互联网基础设施，充当区域互联网注册管理机构（RIR），为服务区域的成员提供全球互联网资源和相关服务。

工作语言：英语

咨商地位：2007 年获得联合国经社理事会特别咨商地位

活动领域：网络服务等

总部地址：荷兰

RESO-Femmes（RESO-女性）

机构名称：RESO-女性

机构名称（英文）：RESO-Femmes

机构名称缩写：RESO-Femmes

机构名称缩写（英文）：RESO-Femmes

机构网站：http：//www.reso-femmesorg、http：//www.iagplanet.org.http：//www.iagplanet.eu

简介：RESO-Femmes 强调了跨学科方法整合解决方案的重要性，以及女性领导者"中介者"重要角色奖的重要性，以促进必要的合作。

工作语言：法语、英语、意大利语、西班牙语

咨商地位：2011 年提交申请，2016 年获得联合国经社理事会特别咨商地位

活动领域：女性权利等

总部地址：瑞士

Responding to Climate Change Limited（应对气候变化有限）

机构名称：应对气候变化有限

机构名称（英文）：Responding to Climate Change Limited

机构名称缩写：RTCC

机构名称缩写（英文）：RTCC

机构网站：http：//www.rtcc.org

简介：RTCC 的目的是通过敦促在气候变化需求的所有领域跨过先前协议采取行动，重点是保护人们免受气候变化的直接影响，确保没有人掉队。

工作语言：英语

咨商地位：2013 年获得联合国经社理事会特别咨商地位

活动领域：气候变化等

总部地址：英国

Restless Development（永不停歇的发展）

机构名称：永不停歇的发展

机构名称（英文）：Restless Development

机构名称缩写：RD

机构名称缩写（英文）：RD

机构网站：http://www.restlessdevelopment.org

简介：RD 是一家非营利性全球机构，致力于支持年轻领袖的集体力量，创造一个更美好的世界，通过培训、指导、培育和联系成千上万的年轻人，利用他们的青年力量并引领变革。

工作语言：英语

咨商地位：2012 年申请联合国经社理事会特别咨商地位，申请进行中

活动领域：发展等

总部地址：英国

RET Germany e. V.（RET 德国 e. V.）

机构名称：RET 德国 e. V.

机构名称（英文）：RET Germany e. V.

机构名称缩写：RET Germany e. V.

机构名称缩写（英文）：RET Germany e. V.

机构网站：http://www.retgermany.de/

简介：RET Germany e. V. 在世界各地的冲突、危机和脆弱环境中发挥作用，从欧洲到中东和亚洲，整个非洲，一直到美洲。RET 致力于提供跨人道主义、发展与和平（HDP）三重关系的干预措施，具有短期、中期和长期的多年视角，主要关注年轻人。在年轻人中，RET 特别关注年轻女性的困境，她们已成为我们在所有情况下的主要受益人群之一。

工作语言：英语、德语

咨商地位：2021 年获得联合国经社理事会特别咨商地位

活动领域：人道主义、女权等

总部地址：德国

RET International（雷特国际）

机构名称：雷特国际

机构名称（英文）：RET International

机构名称缩写：RET

机构名称缩写（英文）：RET

机构网站：http://www.theret.org/

简介：RET 的项目经常涉及多个领域——从保护妇女、儿童和青年等人道主义领域到包括经济增长和发展举措以及灾害风险管理和减少在内的发展领域等。

工作语言：英语

咨商地位：2005 年获得联合国经社理事会特别咨商地位

活动领域：人道主义等

总部地址：瑞士

Rights Tech Women（女性科技权利）

机构名称：女性科技权利

机构名称（英文）：Rights Tech Women

机构名称缩写：RTW

机构名称缩写（英文）：RTW

机构网站：http://www.rightstech.org

简介：RTW 是一个成立于 2018 年的国际协会，旨在促进两性平等并赋予妇女权利。使命是促进妇女和女孩在科学、技术、工程和数学（STEM）方面的人权，致力于通过研究和数据可视化、宣传和公共教育以及技术能力建设，吸引更多女孩和妇女接受 STEM 教育和就业。

工作语言：英语、法语

咨商地位：2023 年提交咨商地位申请，获得联合国经社理事会特别咨商地位

活动领域：经济、社会、性别问题、妇女、数据统计、可持续发展等

总部地址：瑞士

The Interest Organization for Substance Misusers（物质滥用者利益组织，RIO Rusmisbrukernes Interesseorganisasjon）

机构名称：物质滥用者利益组织（RIO Rusmisbrukernes Interesseorganisasjon）

机构名称（英文）：The Interest Organization for Substance Misusers

机构名称缩写：RIO

机构名称缩写（英文）：IOSM

机构网站：http://www.rio.no

简介：RIO 是一个成立于 1996 年的国际协会，旨在防治艾滋病、疟疾和其他疾病，促进两性平等并赋予妇女权利。致力于让所有有药物滥用问题的人能够获得一系列服务方法，从而促进更好的健康和社会融合。

工作语言：英语、挪威语

咨商地位：2019 年提交咨商地位申请，获得联合国经社理事会特别咨商地位

活动领域：毒品控制等

总部地址：挪威

Rotarian Action Group Addiction Prevention（扶轮社员预防毒瘾行动小组）

机构名称：扶轮社员预防毒瘾行动小组

机构名称（英文）：Rotarian Action Group Addiction Prevention

机构名称缩写：RAGAP

机构名称缩写（英文）：RAGAP

机构网站：http://www.rag-ap.org

简介：RAGAP 是一个成立于 2013 年的国际协会，旨在防治艾滋病疟疾和其他疾病。药物滥用和非法药物成瘾是一个全球性问题，只有社会各阶层和各组织共同努力，采取联合、结构性和持续的行动，才能制止这一问题。这不仅是政府的责任，所有民间社会组织都应参与其活动领域。通过预防毒瘾行动小组的工作，加强这项共同的努力。

工作语言：葡萄牙语、法语、荷兰语、印地语、世界语、西班牙语、英语

咨商地位：2020 年提交咨商地位申请，获得联合国经社理事会特别咨商地位

活动领域：社会发展、可持续发展等

总部地址：比利时

Royal College of Obstetricians and Gynaecologists（英国皇家妇产科学院）

机构名称：英国皇家妇产科学院

机构名称（英文）：Royal College of Obstetricians and Gynaecologists

机构名称缩写：RCOG

机构名称缩写（英文）：RCOG

机构网站：http://www.rcog.org.uk

简介：RCOG 是一个成立于 1962 年的国际协会，旨在制定标准，以改善不列颠群岛和世界各地的妇女健康和妇产科临床实践，鼓励妇产科的研究，并促进科学和实践。

工作语言：英语

咨商地位：2023 年提交咨商地位申请，获得联合国经社理事会特别咨商地位

活动领域：经济和社会、性别问题和提高妇女地位、人口、可持续发展等

总部地址：英国

Royal National Lifeboat Institution（皇家救生艇学会）

机构名称：皇家救生艇学会

机构名称（英文）：Royal National Lifeboat Institution

机构名称缩写：RNLI

机构名称缩写（英文）：RNLI

机构网站：http://www.rmtsociety.webs.com

简介：RNLI 是一个成立于 1824 年的国际协会，该组织是拯救海上生命的慈善机构。旨在解释风险，分享安全知识，拯救生命危险的人们，与其他人合作，让水对每个人来说都是一个更安全的地方。防止近海和近海发生悲剧。

工作语言：英语

咨商地位：2022 年提交咨商地位申请，获得联合国经社理事会特别咨商地位

活动领域：经济、社会发展、可持续发展等

总部地址：英国

Royal Society for the Protection of Birds（英国皇家鸟类保护协会）

机构名称：英国皇家鸟类保护协会

机构名称（英文）：Royal Society for the Protection of Birds

机构名称缩写：RSBP

机构名称缩写（英文）：RSBP

机构网站：http：//www.rspb.org.uk

简介：RSBP 是一个成立于 1904 年的国际协会，该组织坚信，我们都有责任保护鸟类和环境。鸟类数量反映了我们未来所依赖的地球的健康状况。

工作语言：英语

咨商地位：2003 年提交咨商地位申请，获得联合国经社理事会特别咨商地位

活动领域：经济与社会、可持续发展等

总部地址：英国

Rule of Law and Anti-Corruption Center（法治与反腐败中心）

机构名称：法治与反腐败中心

机构名称（英文）：Rule of Law and Anti-Corruption Center

机构名称缩写：ROLACC

机构名称缩写（英文）：ROLACC

机构网站：http：//www.rolacc.ch

简介：ROLACC 关注反腐败和维护法治，打击腐败、致力于教育和减贫。ROLACC 还致力于帮助各国实施善政和促进民主过渡，向公共和私营部门提供专门知识和国际反腐败专家网络，并对国际法规有深入的了解。

工作语言：英语

咨商地位：2021 年提交咨商地位申请，获得联合国经社理事会特别咨商地位

活动领域：经济、社会、公共行政、非洲和平发展等

总部地址：瑞士

Russian Peace Foundation（俄罗斯和平基金会）

机构名称：俄罗斯和平基金会

机构名称（英文）：Russian Peace Foundation

机构名称缩写：RPF

机构名称缩写（英文）：RPF

机构网站：http：//www.peacefound.ru

简介：RPF 是一个成立于 1990 年的国际协会，致力于促进和平与和解、民主与人权，为国际社会的利益创造一个更加安全和繁荣的世界。该组织努力为所有儿童、老年人和残疾人建立平等权利，以帮助满足他们的基本需求并扩大他们的机会。爱国阵线调动人力和物力，向独联体国家和刚刚摆脱冲突的国家提供人道主义援助。该组织与其在俄罗斯联邦和国外的所有伙伴合作，以实现可持续的人类发展。

工作语言：英语、俄语

咨商地位：2006 年提交咨商地位申请，获得联合国经社理事会特别咨商地位

活动领域：性别问题、社会发展等

总部地址：俄罗斯

Rutgers（拉特格斯）

机构名称：拉特格斯

机构名称（英文）：Rutgers

机构名称缩写：无

机构名称缩写（英文）：无

机构网站：http：//www.y.bogaarts@rutgers.nl

简介：Rutgers 是一个成立于 1967 年的国际协会，致力于通过教育和改善获得信息和服务的机会增强人民的权能，加强专业人员、组织和社会。

工作语言：英语

咨商地位：2003 年和 2004 年提交咨商地位申请，获得联合国经社理事会特别咨商地位

活动领域：经济、性别问题、妇女、社会发展等

总部地址：荷兰

Retour Foundation（Retour 基金会，Stichting Retour）

机构名称：Retour 基金会（Stichting Retour）

机构名称（英文）：Retour Foundation

机构名称缩写：Retour

机构名称缩写（英文）：Retour

机构网站：http：//www.retour.net

简介：Retour 的主要目标是促进有助于可持续发展的旅游业，特别关注增强旅游目的地当地社区的权能。在过去的 25 年里，Retour 开展了项目，支持发展中国家的组织和项目，在国际论坛上游说可持续旅游业，并提出了新的想法，试图在实现更可持续旅游业的想法发展方面保持领先地位。我们的方法之一是在所涉及的不同利益相关者之间建立桥梁，通过报告、文章和采访来分享我们的工作和观点。

工作语言：英语

咨商地位：无

活动领域：经济、社会发展、可持续发展

总部地址：荷兰

RESEARCH SOCIETY IN RIGHT AND DUTIES OF MANKIND（人类权利与义务研究会）

机构名称：人类权利与义务研究会

机构名称（英文）：RESEARCH SOCIETY IN RIGHT AND DUTIES OF MANKIND

机构名称缩写：CRED

机构名称缩写（英文）：CRED

机构网站：http：//www.pnad.ch

简介：CRED 成立于 1999 年，是一个国际研究机构，由一个关于法律和国际关系关键问题的多学科研究团队组成。CRED 在 12 个国家拥有 250 名成员（研究人员、研究助理、研究经理、高级研究助理）。它的大部分工作包括制定新的国际人权标准。这项工作的重点是起草自 1999 年以来关于个人基本义务的《世界人权宣言》，这是其在瑞士成立的基础。15 个研究所和非政府组织参与了这个项目。其他各种国际项目正在进行中，特别是关于保护证人的国际公约草案、关于保护生命权的国际公约草案、关于民主选举和民主机构章程的验证原则和标准的宣言草案、关于国际移徙综合公约草案和关于行使言论、集会和结社自由的行为守则草案。

工作语言：英语、法语

咨商地位：2007年提交咨商地位申请，获得经社理事会特别咨商地位

活动领域：经济、发展筹资、人口、公共行政、性别问题、妇女、社会发展、可持续发展等

总部地址：瑞士

Research Institute for Energy, Environment and Construction（能源、环境和建筑研究所，Institut de Recherche Pour l'Energie, l'Environnement et la Construction）

机构名称：能源、环境和建筑研究所（Institut de Recherche Pour l'Energie, l'Environnement et la Construction）

机构名称（英文）：Research Institute for Energy, Environment and Construction

机构名称缩写：IREEC

机构名称缩写（英文）：RIEEC

机构网站：不明

简介：IREEC成立于1982年，其总部位于法国，致力于研究能源、环境问题和建筑，其会员为个人会员制。

工作语言：法语、英语

咨商地位：无

活动领域：能源安全利用、环境保护、建筑

总部地址：法国

S

Saami Council（萨米理事会）

机构名称：萨米理事会

机构名称（英文）：Saami Council

机构名称缩写：无

机构名称缩写（英文）：无

机构网站：http：//www.saamicouncil.net

简介：Saami Council 是一个成立于 1956 年的国际组织，旨在在萨米人居住的四个国家促进萨米人的权利和利益，巩固萨米人之间的亲和力，承认萨米人是一个民族，并在四个国家的立法中维护萨米人的经济、社会和文化权利。这一目标可以通过这些国家与代表萨米人民的机构萨米议会之间的协议来实现。

工作语言：英语、芬兰语、挪威语、俄语

咨商地位：无

活动领域：经济、社会发展、可持续发展等

总部地址：挪威

Sadakatasi Association（Sadakatasi 协会，Sadakatasi Dernegi）

机构名称：Sadakatasi 协会（Sadakatasi Dernegi）

机构名称（英文）：Sadakatasi Association

机构名称缩写：Sadakataşı

机构名称缩写（英文）：Sadakataşı

机构网站：http：//www.sadakatasi.org.tr

简介：Sadakataşı 是一个成立 2009 年的国际组织，致力于消除贫困和饥饿。

工作语言：英语、阿拉伯语、土耳其语

咨商地位：2017 年提交咨商地位申请，获得联合国经社理事会特别咨商地位

活动领域：经济、人口、社会发展、非洲和平发展

总部地址：土耳其

Sahel Défis（发展环境社会发展组织，Développement et Environnement，Formation et Insertion Sociale）

机构名称：发展环境社会发展组织（Développement et Environnement，Formation et Insertion Sociale）

机构名称（英文）：Sahel Défis

机构名称缩写：无

机构名称缩写（英文）：无

机构网站：http：//www.ccd1196@wanadoo.fr

简介：Sahel Défis 是一个活跃在荒漠化控制和减贫领域的非政府组织网络。目标是向地方倡议提供财政和技术支持，作为实现重大可持续发展的第一步。它利用《防治荒漠化公约》进程发起、支持和跟踪萨赫勒各国当地非政府组织发起的实地活动。项目的重点是培训、创收和创造就业机会、自然资源管理和退化自然场所的恢复（例如通过植树造林）。

工作语言：英语

咨商地位：无

活动领域：无

总部地址：法国

The Salvation Army（救世军）

机构名称：救世军

机构名称（英文）：The Salvation Army

机构名称缩写：无

机构名称缩写（英文）：无

机构网站：http：//www.Victoria.Edmonds@Salvationarmy.org

简介：The Salvation Army1865年成立，以军队形式作为其架构和行政方针，并以基督教作为基本信仰的国际性宗教与慈善公益组织，以街道布道和慈善活动、社会组织著称。它有一个称呼，为"爱心代替枪炮的军队"。在国际运动中，该组织是基督教会的福音派成员。它的信息是以《圣经》为基础的。它的事业是由对上帝的爱所驱动的。它的使命是宣扬耶稣基督的福音，并以他的名义以非传统的传教方式满足人类的需要。

工作语言：巴萨语、老挝语、挪威语、瑞士德语、摩尔多瓦语、毛利语、广东话、斐济语、斯瓦希里语、英语、瑞典语、法语、印地语、柬埔寨语、法罗群岛语、克丘亚语、西班牙语、丹麦语、弗拉芒语、中文、芬兰语、阿拉伯语、葡萄牙语、德语、格鲁吉亚语、俄语、爪哇语、韩国语、他加禄语、孟加拉语、冰岛语、日本语、挪威语、意大利语、肖纳语

咨商地位：1947年提交咨商地位申请，获得联合国经社理事会特别咨商地位

活动领域：经济、性别问题、社会发展等

总部地址：英国

Society of the Sacred Heart（耶稣圣心协会，Casa Generaliziadella Societa'del Sacro Cuore）

机构名称：耶稣圣心协会（Casa Generaliziadella Societa'del Sacro Cuore）

机构名称（英文）：Society of the Sacred Heart

机构名称缩写：SSH

机构名称缩写（英文）：SSH

机构网站：http：//www.rscj-jpic.org/；https：//rscjinternational.org/

简介：SSH作为在所有人民平等和包容的基础上寻求正义的行动中的沉思者，其成员通过特别解决儿童、青年、妇女和社会边缘化者的需求来进行变革教育。该组织是1800年由玛德琳·索菲·巴拉特在法国建立的天主教中央宗教机构。

工作语言：英语、西班牙语、法语

咨商地位：2012年提交咨商地位申请，2014年获联合国经社理事会特殊咨商地位

活动领域：儿童、发展、教育、艾滋病、难民、残疾人等

总部地址：意大利

Scandinavian Human Rights Lawyers（斯堪的纳维亚人权律师）

机构名称：斯堪的纳维亚人权律师

机构名称（英文）：Scandinavian Human Rights Lawyers

机构名称缩写：SHRL

机构名称缩写（英文）：SHRL

机构网站：http://www.shrl.eu

简介：SHRL 成立于 2012 年，是致力于促进人权和自由的非营利组织。我们在人权法方面拥有广泛的专业知识，经常参与有关人权的案件。我们的非政府组织是几个欧盟人权、移民和人口贩运项目的合作伙伴。

工作语言：英语

咨商地位：2023 年提交咨商地位申请，获得联合国经社理事会特别咨商地位

活动领域：经济与社会、性别问题、妇女等

总部地址：瑞典

School Sisters of Notre Dame（圣母学校修女会）

机构名称：圣母学校修女会

机构名称（英文）：School Sisters of Notre Dame

机构名称缩写：SSND

机构名称缩写（英文）：SSND

机构网站：http://www.gerhardinger.org

简介：SSND 成立于 1847 年。SSND 的教育理念强调全面发展，注重智力教育、灵性关系以及培养同理心、负责任和以基督为中心的价值观。其目标是培育学生在德、智、体、美、劳各方面全面发展，让学生通过学习和活动实践出校训。SSND 在全球多个国家和地区开展教育和服务工作，体现了其广泛的国际影响力。

工作语言：英语

咨商地位：1998 年提交咨商地位申请，获得联合国经社理事会特别咨商地位

活动领域：经济、性别问题、社会发展、可持续发展等

总部地址：意大利

Swiss National Youth Council（瑞士国家青年理事会，Schweizerische Arbeitsgemeinschaft der Jugendverbände）

机构名称：瑞士国家青年理事会（Schweizerische Arbeitsgemeinschaft

der Jugendverbände）

机构名称（英文）：Swiss National Youth Council

机构名称缩写：SAJV-CSAJ

机构名称缩写（英文）：SNYC

机构网站：http：//www.sajv.ch

简介：SAJV-CSAJ 成立于 1933 年，旨在促进青年的全面发展，增强青年的社会经济、文化等领域的参与度，同时维护青年的权益与利益。

工作语言：德语、英语、法语、意大利语

咨商地位：2011 年提交咨商地位申请，获得联合国经社理事会特别咨商地位

活动领域：经济、社会发展等

总部地址：瑞士

Sci Tech Diplohub Association-Science and Technology Diplomatic Hub Assoc.（科技外交枢纽协会）

机构名称：科技外交枢纽协会

机构名称（英文）：Sci Tech Diplohub Association-Science and Technology Diplomatic Hub Assoc.

机构名称缩写：Scitech Diplohub

机构名称缩写（英文）：Scitech Diplohub

机构网站：http：//www.scitechdiplohub.org/

简介：Scitech Diplohub 成立于 2018 年，致力于确保环境可持续性。

工作语言：西班牙语、英语、加泰罗尼亚语

咨商地位：2023 年提交咨商地位申请，获得联合国经社理事会特别咨商地位

活动领域：经济、公共行政、社会发展、可持续发展等

总部地址：西班牙

Secours Islamique France（伊斯兰救援法国）

机构名称：伊斯兰救援法国

机构名称（英文）：Secours Islamique France

机构名称缩写：SIF

机构名称缩写（英文）：SIF

机构网站：http://www.lahlou@secours-islamique.org

简介：SIF成立于1991年，致力于防治根除贫穷与饥饿、实现普及初等教育、促进两性平等并赋予妇女权利、降低儿童死亡率、确保环境可持续性。

工作语言：英语、法语、阿拉伯语

咨商地位：2020年提交咨商地位申请，获得联合国经社理事会特别咨商地位

活动领域：经济、社会、可持续发展、非洲和平发展等

总部地址：法国

Secours Populaire Français（法国人民援助会）

机构名称：法国人民援助会

机构名称（英文）：Secours Populaire Français

机构名称缩写：SPF

机构名称缩写（英文）：无

机构网站：http://www.secourspopulaire.fr

简介：SPF成立于1945年，是法国最大的民间公益救助团体之一，致力于在全球范围内开展发展培训项目，并在武装冲突和自然灾害爆发时实施紧急救助。其主要工作包括推动大众教育和公共教学，促进全世界文化之间的青少年交流，消除偏见和狭隘，树立超越国界的团结精神。

工作语言：英语、法语

咨商地位：2006年提交咨商地位申请，获得联合国经社理事会特别咨商地位

活动领域：经济、社会、性别问题、可持续发展

总部地址：法国

Security Women（女性安全）

机构名称：女性安全

机构名称（英文）：Security Women

机构名称缩写：无

机构名称缩写（英文）：无

机构网站：https：//www.securitywomen.org

简介：Security Women 成立于 2015 年，致力于促进两性平等并赋予妇女权利。

工作语言：英语

咨商地位：2022 年提交咨商地位申请，获得联合国经社理事会特别咨商地位

活动领域：经济、社会、性别问题、非洲和平发展、非洲冲突解决等

总部地址：英国

Spiritual Emergence Slovakia and Czechia（精神的兴起斯洛伐克和捷克，SEN Slovensko a Cesko）

机构名称：精神的兴起斯洛伐克和捷克（SEN Slovensko a Cesko）

机构名称（英文）：Spiritual Emergence Slovakia and Czechia

机构名称缩写：SENSRCR

机构名称缩写（英文）：SENSRCR

机构网站：http：//www.julia.sellers@gmail.com

简介：SENSRCR 成立于 2018 年，致力于促进、倡导和同行支持健康问题，特别是心理健康、幸福和支持消除心理健康的污名化。

工作语言：斯洛伐克语

咨商地位：2022 年提交咨商地位申请，获得联合国经社理事会特别咨商地位

活动领域：社会发展等

总部地址：斯洛伐克

Servare et Manere（保存和维持）

机构名称：保存和维持

机构名称（英文）：无

机构名称缩写：SeM

机构名称缩写（英文）：无

机构网站：http：//www.tofp.eu

简介：SeM 成立于 2010 年，致力于在国际和国内各级促进与发展和平与友谊有关的活动。实现这一目标的主要工具是国际项目"和平之树"。

工作语言：斯洛伐克语、英语、捷克语

咨商地位：2022 年提交咨商地位申请，获得联合国经社理事会特别咨商地位

活动领域：经济、社会、非洲和平发展

总部地址：斯洛伐克

Servas International（塞尔瓦斯国际）

机构名称：塞尔瓦斯国际

机构名称（英文）：Servas International

机构名称缩写：SI

机构名称缩写（英文）：SI

机构网站：http：//www.servas.org

简介：SI 成立于 1949 年，是一个国际、非政府、多文化的和平协会，由 100 多个国家的志愿者管理，是一个致力于建立理解、宽容与世界和平的非营利组织。

工作语言：英语

咨商地位：1973 年提交咨商地位申请，获得联合国经社理事会特别咨商地位

活动领域：经济、社会发展等

总部地址：瑞典

Share the World's Resources（共享世界资源）

机构名称：共享世界资源

机构名称（英文）：Share the World's Resources

机构名称缩写：STWR

机构名称缩写（英文）：STWR

机构网站：http：//www.sharing.org

简介：STWR 成立于 2003 年，是一个独立的民间社会组织，致力于在

国家内部和国家之间更公平地分享财富、权利和资源。

工作语言：英语

咨商地位：2009年提交咨商地位申请，获得联合国经社理事会特别咨商地位

活动领域：无

总部地址：英国

Sign of Hope（希望的迹象，Hoffnungszeichen）

机构名称：希望的迹象（Hoffnungszeichen）

机构名称（英文）：Sign of Hope

机构名称缩写：无

机构名称缩写（英文）：无

机构网站：http://www.sign-of-hope.org

简介：Sign of Hope作为一个基督教组织，40年来我们一直致力于帮助全世界受压迫和被剥削的人们。我们促进可持续发展、提供紧急援助并倡导人权。我们的目标：未来，出生地不再决定有尊严的生活。

工作语言：德语、英语

咨商地位：2005年提交咨商地位申请，获得联合国经社理事会特别咨商地位

活动领域：经济、社会、冲突解决

总部地址：德国

Sikh Human Rights Group（锡克教人权组织）

机构名称：锡克教人权组织

机构名称（英文）：Sikh Human Rights Group

机构名称缩写：SHRG

机构名称缩写（英文）：SHRG

机构网站：http://www.shrg.net/

简介：SHRG是一个由志愿者和活动家组成的团体，他们对保护和促进人权、和平解决冲突、促进可持续发展和环境、善政和多样性以及社会改革有着共同的兴趣。联合国机构反映的是人民而不是国家的需要。

工作语言：葡萄牙语、英语、旁遮普语、印度斯坦语、斯瓦希里语

咨商地位：2014 年提交咨商地位申请，2015 年获得联合国经社理事会特别咨商地位

活动领域：经济、性别问题、社会发展、可持续发展

总部地址：英国

Sir William Beveridge Foundation（威廉·贝弗里奇爵士基金会）

机构名称：威廉·贝弗里奇爵士基金会

机构名称（英文）：Sir William Beveridge Foundation

机构名称缩写：SWBF

机构名称缩写（英文）：SWBF

机构网站：http://www.beveridgefoundation.org

简介：SWBF 是一家总部位于英国的国际慈善机构，致力于解决普遍存在的严重贫困所带来的问题。其核心是希望展示如何通过在人们需要的时间和地点为他们提供正确的工具和正确的支持，鼓励他们过上充满希望、尊严、自信和自尊以及能力的生活。

工作语言：英语、印地语、孟加拉语、乌尔都语

咨商地位：2012 年提交咨商地位申请，获得联合国经社理事会特别咨商地位

活动领域：经济、性别问题、社会发展、可持续发展

总部地址：英国

Slow Food（慢食）

机构名称：慢食

机构名称（英文）：Slow Food

机构名称缩写：无

机构名称缩写（英文）：无

机构网站：http://www.slowfood.com

简介：食物等于快乐，等于良心，等于责任。Slow Food 认为食物与政策、农业和环境密切相关。这就是该协会严格关注全球农业和生态问题的原因。SLow Food 是一个全球性、草根、非营利、会员制组织，成立于

1989 年，旨在应对快餐和快节奏生活的兴起、当地饮食传统的消失以及人们对所吃食物及其来源的长期兴趣。他们的食物选择如何影响世界其他地方。"慢食"设想的世界是，所有人都可以获得并享受对他们、对生产者和对地球有益的食物。

工作语言：英语、意大利语、西班牙语

咨商地位：无

活动领域：经济、社会、可持续发展

总部地址：意大利

Social Aid of Hellas（希腊社会援助）

机构名称：希腊社会援助

机构名称（英文）：Social Aid of Hellas

机构名称缩写：无

机构名称缩写（英文）：无

机构网站：http：//www.lalnicol-archgist@ tee.gr

简介：Social Aid of Hellas 的使命是通过提高女性专业人士的能力并为她们提供在全球范围内分享信息和经验的机会来增强她们的能力。

工作语言：英语

咨商地位：2005 年提交申请，获得联合国经社理事会名册咨商地位

活动领域：性别问题

总部地址：希腊

Socialist International（社会主义国际）

机构名称：社会主义国际

机构名称（英文）：Socialist International

机构名称缩写：SI

机构名称缩写（英文）：SI

机构网站：http：//www.socialistinternational.org

简介：SI 是一个政治国际或世界范围的政党组织，致力于建立民主社会主义。

工作语言：古西语、隆尼亚科雷语、夏威夷里语、韩语、奇切瓦语、

喀麦隆语、阿迪乌克鲁语、柯尔克孜语、僧伽罗语、泰米尔语、恩东加语、班巴拉语、瓜拉尼语、塞努福语、萨豪语、哈卡钦语、曼丁卡语、库利亚语、挪威语、塞索托语、塞尔维亚－克罗地亚语、纳瓦特尔语、科摩里亚语、乌韦安语、乌克兰语、掸语、泰语、阿萨姆语、布罗希语、新美拉尼西亚语、洛语、尼亚姆韦齐语、斯瓦特语、古吉拉特语、莫图语、苏苏语、格陵兰语、索马里语、埃克佩耶语、爱斯基摩语、纳姆旺加语、法语、毛利语等

咨商地位：1995年提交咨商地位申请，获得联合国经社理事会特别咨商地位

活动领域：经济、社会

总部地址：英国

Socialist International Women（社会主义妇女国际）

机构名称：社会主义妇女国际

机构名称（英文）：Socialist International Women

机构名称缩写：SIW

机构名称缩写（英文）：SIW

机构网站：http：//www.socinwomen.org

简介：SIW隶属于社会党国际的社会主义、社会民主党和工党的妇女组织的国际组织。目前有来自世界各地的157个成员组织。社会主义妇女国际组织的宗旨和目标是：增加妇女对政治的参与；促进对性别平等的认识和理解；反对社会上的性别不平等和对妇女的歧视；为和平而努力。

工作语言：英语、西班牙语、法语

咨商地位：1991年提交咨商地位申请，获得联合国经社理事会特别咨商地位

活动领域：经济、社会、发展融资、性别问题

总部地址：英国

Society of Comparative Legislation（立法比较协会，SOCIETE DE LEGISLATION COMPAREE）

机构名称：立法比较协会（SOCIETE DE LEGISLATION COMPAREE）

机构名称（英文）：Society of Comparative Legislation

机构名称缩写：无

机构名称缩写（英文）：SCL

机构网站：https：//www. legiscompare. fr/

简介：SCL 于 1869 年由保罗·约宗（Paul Jozon）和亚历山大·里博（Alexandre Ribot）律师在爱德华·拉布拉耶（Edouard Laboulaye）的赞助下创立，标志着其双重科学和政治项目，即通过借鉴对法国自由主义运动的研究，为肯定法国自由运动和改进立法作出贡献。

工作语言：法语

咨商地位：无

活动领域：经济、社会等

总部地址：法国

Society for International Development（国际发展协会）

机构名称：国际发展协会

机构名称（英文）：Society for International Development

机构名称缩写：SID

机构名称缩写（英文）：SID

机构网站：http：//www. sidint. net

简介：SID 是一个由个人和组织组成的国际网络，成立于 1957 年，旨在促进社会正义并促进发展进程中的民主参与。通过地方驱动的计划和活动，SID 加强集体赋权，促进以人为本的发展战略的对话和知识共享，并推动政策向包容性、公平性和可持续性方向转变。

工作语言：法语、英语

咨商地位：1981 年提交咨商地位申请，获得联合国经社理事会全面咨商地位

活动领域：经济、性别问题、社会发展、可持续发展

总部地址：意大利

Society for Threatened Peoples（受威胁人民协会）

机构名称：受威胁人民协会

机构名称（英文）：Society for Threatened Peoples

机构名称缩写：STP

机构名称缩写（英文）：STP

机构网站：http：//www.gfbv.de

简介：STP 是一个独立的人权组织。它的口号是：双眼不盲。

工作语言：英语、德语

咨商地位：1993 年提交咨商地位申请，获得联合国经社理事会特别咨商地位

活动领域：经济、社会、性别问题、妇女、可持续发展

总部地址：德国

Society of Catholic Medical Missionaries（天主教医疗传教士协会）

机构名称：天主教医疗传教士协会

机构名称（英文）：Society of Catholic Medical Missionaries

机构名称缩写：MMS

机构名称缩写（英文）：MMS

机构网站：http：//www.medicalmissionsisters.org

简介：MMS 是对完整、正义和生命充满热情的女性，在一个充满苦难、痛苦和潜力的世界里，努力促进生活各个方面的治愈和完整性。

工作语言：英语

咨商地位：2000 年提交咨商地位申请，获得联合国经社理事会特别咨商地位

活动领域：经济、社会、性别问题、可持续发展

总部地址：英国

Society of the Sacred Heart（圣心协会）

机构名称：圣心协会

机构名称（英文）：Society of the Sacred Heart

机构名称缩写：RSCJ

机构名称缩写（英文）：RSCJ

机构网站：https：//www.rscjuk.org/

简介：RSCJ 致力于通过帮助其他人发现上帝之心的爱来治愈法国大革命后人们的痛苦和分裂。主要通过教育和灵性来做到这一点。

工作语言：西班牙语、法语、英语

咨商地位：无

活动领域：经济、性别问题、社会发展、可持续发展

总部地址：意大利

SODALITAS FOUNDATION（索达利塔斯基金会，SODALITAS, Association for the Development of Entrepreneurship in the Civil Society）

机构名称：索达利塔斯基金会（SODALITAS, Association for the Development of Entrepreneurship in the Civil Society）

机构名称（英文）：SODALITAS FOUNDATION

机构名称缩写：SODALITAS

机构名称缩写（英文）：SODALITAS

机构网站：http://www.sodalitas.it

简介：SODALITAS 通过其沟通方式（官方网站、数字新闻通讯）以及活动和媒体关系，提供公司可持续发展最佳实践的可见性，并在欧洲层面分享意大利市场的良好实践。

工作语言：英语

咨商地位：2007 年提交咨商地位申请，获得联合国经社理事会特别咨商地位

活动领域：经济、社会等

总部地址：意大利

Solagral（索拉格拉尔）

机构名称：索拉格拉尔

机构名称（英文）：Solagral

机构名称缩写：无

机构名称缩写（英文）：无

机构网站：http://www.solagral.org

简介：Solagral 总部位于法国，是一家致力于全球化、食品、农业、生

物技术和环境的非政府组织。

工作语言：英语

咨询地位：该组织不具有联合国经社理事会咨商地位

活动领域：可持续发展等

总部地址：法国

Solidar（团结一致）

机构名称：团结一致

机构名称（英文）：Solidar

机构名称缩写：无

机构名称缩写（英文）：无

机构网站：http://www.solidar.org

简介：Solidar 的愿景是让世界各地的每个人都能过上有尊严的生活。使命：Solidar 在社会事务、国际合作和教育领域倡导团结、平等和社会正义的原则。目标：努力影响我们工作领域的欧盟和国际政策；将成员联系在一起，在共同的项目上进行协作并互相学习；促进发达国家和发展中国家的民间社会（公民）参与决策过程；加强与在欧洲和全球层面致力于我们共同原则的组织的联盟。

工作语言：法语、英语

咨询地位：无

活动领域：经济、发展融资、社会发展、可持续发展

总部地址：比利时

Solidarity Sweden-Latin America（瑞典—拉丁美洲团结会，Solidaridad Suecia-América Latina）

机构名称：瑞典—拉丁美洲团结会（Solidaridad Suecia-América Latina）

机构名称（英文）：Solidarity Sweden-Latin America

机构名称缩写：SAL

机构名称缩写（英文）：SAL

机构网站：http://www.latinamerikagrupperna.se

简介：SAL 与拉丁美洲社会运动共同努力，建立一个公正和可持续的

社会。一个以资源公平分配和男女权利得到平等保障为特征的社会。SAL 认为，国际、国家和地方各级的经济和政治权力集中是世界资源分配极度不平衡的最根本原因。因此，SAL 的主要目标是提高民众对决策机构的影响力，以保障因结构性环境而被迫生活在贫困和排斥中的妇女和男子的权利。要改变以牺牲受压迫的多数人为代价而使足智多谋的少数人受益的权力结构，需要合法而强大的社会运动。跨越国界的社会运动之间的合作对于创造一个公平、平等和公正的世界是必要的。SAL 反对反映在世界治理规则中的帝国主义，因此致力于：增加地方、国家和国际层面的民众影响力，民主国际机构，公平的国际资源分配，公平的世界贸易规则。

工作语言：西班牙语、瑞典语

咨商地位：无

活动领域：经济、性别问题、社会发展、可持续发展

总部地址：瑞典

SOLIDARITE LAIQUE（世俗团结会）

机构名称：世俗团结

机构名称（英文）：SOLIDARITE LAIQUE

机构名称缩写：无

机构名称缩写（英文）：无

机构网站：https://www.solidarite-laique.org/

简介：Solidarité Laique 是一个根据 1901 年法律被认定为公共事业的协会。该协会由 51 个与公立学校、大众教育以及社会和团结经济相关的组织组成。该协会正在动员起来为法国和 20 多个国家的所有人提供优质教育。

工作语言：英语、法语

咨商地位：无

活动领域：可持续发展

总部地址：法国

Solidarity Switzerland-Guinea（瑞士—几内亚团结会，Solidarité Suisse-Guinée）

机构名称：瑞士—几内亚团结会（Solidarité Suisse-Guinée）

机构名称（英文）：Solidarity Switzerland-Guinea

机构名称缩写：ASSG

机构名称缩写（英文）：ASSG

机构网站：http://www.solidaritesuisse-guinee.org

简介：ASSG的宗旨是消除极端贫困和饥饿，建立全球发展伙伴关系。

工作语言：法语

咨商地位：2015年提交咨商地位申请，获得联合国经社理事会特别咨商地位

活动领域：经济、性别问题、社会发展、可持续发展

总部地址：瑞士

Soroptimist International（国际职业妇女福利互助会）

机构名称：国际职业妇女福利互助会

机构名称（英文）：Soroptimist International

机构名称缩写：SI

机构名称缩写（英文）：SI

机构网站：http://www.soroptimistinternational.org

简介：SI通过教育、赋权和创造机会改变妇女和女童的生活和地位。

工作语言：英语

咨商地位：1984年提交咨商地位申请，获得联合国经社理事会全面咨商地位；1984年起担任联合国经济及社会理事会（ECOSOC）常务理事

活动领域：经济、性别问题、社会发展、可持续发展

总部地址：英国

Soroptimist International of Europe（欧洲职业妇女福利互助会国际协会）

机构名称：欧洲职业妇女福利互助会国际协会

机构名称（英文）：Soroptimist International of Europe

机构名称缩写：SIE

机构名称缩写（英文）：SIE

机构网站：http://www.soroptimisteurope.org/

简介：SIE 通过全球会员网络和国际伙伴关系激发行动并创造机会改变妇女和女孩的生活。

工作语言：法语、英语

咨商地位：2011 年提交咨商地位申请，获得联合国经社理事会特别咨商地位

活动领域：经济、性别问题、可持续发展

总部地址：瑞士

SOS Children's Villages International（幼儿园国际求救）

机构名称：幼儿园国际求救

机构名称（英文）：SOS Children's Villages International

机构名称缩写：无

机构名称缩写（英文）：无

机构网站：https://www.sos-childrensvillages.org

简介：SOS Children's Villages International 是一个国际性的民间慈善组织，起源于第二次世界大战的奥地利，其特色在于采用家庭模式收养孤儿，重新享有母爱和家庭温暖。

工作语言：英语

咨商地位：1995 年提交咨商地位申请，获得联合国经社理事会特别咨商地位

活动领域：经济、社会发展、数据统计、可持续发展

总部地址：奥地利

Social Mind Association（社会思想协会，Sosyal Akıl Derneği）

机构名称：社会思想协会（Sosyal Akıl Derneği）

机构名称（英文）：Social Mind Association

机构名称缩写：SAD

机构名称缩写（英文）：SMA

机构网站：https://www.sosyalakil.org.tr/tr

简介：SAD 为儿童、青少年和弱势群体提供有效、高效、持久和多方参与的解决方案。SAD 是在逐渐个性化的世界中基于社会责任和团结的需

要而成立的非政府组织。

工作语言：土耳其语、英语

咨商地位：2020 年提交咨商地位申请，2021 年起获得联合国经社理事会特别咨商地位

活动领域：经济、社会发展、可持续发展

总部地址：土耳其

Space Generation Advisory Council（太空生成咨询委员会）

机构名称：太空生成咨询委员会

机构名称（英文）：Space Generation Advisory Council

机构名称缩写：SGAC

机构名称缩写（英文）：SGAC

机构网站：http：//www.spacegeneration.org

简介：SGAC 的愿景是利用年轻人的创造力和活力，通过和平利用太空来推动人类进步。

工作语言：英语

咨商地位：2005 年提交申请，获得联合国经社理事会名册咨商地位

活动领域：可持续发展

总部地址：奥地利

Specialisterne Foundation（专业人才基金会）

机构名称：专业人才基金会

机构名称（英文）：Specialisterne Foundation

机构名称缩写：SPF

机构名称缩写（英文）：SPF

机构网站：http：//www.specialistpeople.com

简介：SPF 致力于通过社会创业、创新、研究、知识共享、协作、企业部门参与和全球思维方式转变，为自闭症患者提供 100 万个就业机会。我们与世界各地的利益相关者合作，实现人们在劳动力市场上享有平等机会的世界愿景。

工作语言：英语

咨询地位：无

活动领域：经济、社会发展、可持续发展

总部地址：丹麦

SPHER International Ltd（斯菲尔国际有限公司）

机构名称：斯菲尔国际有限公司

机构名称（英文）：SPHER International Ltd

机构名称缩写：SPHER International

机构名称缩写（英文）：SPHER International

机构网站：http：//www.spherinternational.org.uk

简介：SPHER International Ltd 的愿景是通过关注国际环境法（IEL）和国际人权法（HRL）赋予的权利，为人类和环境的福祉做出贡献，以便在全球发展更加人道的社会。

工作语言：英语、阿拉伯语

咨商地位：2018 年提交咨商地位申请，获得联合国经社理事会特别咨商地位

活动领域：经济、性别问题、可持续发展

总部地址：英国

Spire（萌芽发展基金的青年组织，Utviklingsfondets Ungdomsorganisasjon）

机构名称：萌芽发展基金的青年组织（Utviklingsfondets Ungdomsorganisasjon）

机构名称（英文）：Spire

机构名称缩写：Spire

机构名称缩写（英文）：Spire

机构网站：https：//www.spireorg.no/

简介：Spire 是一家环境与发展组织，致力于实现可持续和公平的世界。

工作语言：挪威语、英语

咨商地位：无

活动领域：可持续发展

总部地址：挪威

Sri Swami Madhavananda World Peace Council（斯瓦米·马达瓦南达世界和平理事会）

机构名称：斯瓦米·马达瓦南达世界和平理事会

机构名称（英文）：Sri Swami Madhavananda World Peace Council

机构名称缩写：SMWPC

机构名称缩写（英文）：SMWPC

机构网站：http://www.worldpeacecouncil.net

简介：SMWPC 促进和支持实现联合国千年发展目标；弘扬"地球宪章倡议"的价值观，这是关于创建公正、可持续与和平的全球社会的基本原则的宣言；实现 Dharmsamrat Paramhans Swami Madhavanandaji 尊者的讯息"合而为一"，以实现团结与和平；宣传圣雄甘地的非暴力、尊重与和平的信息。

工作语言：英语、斯洛伐克语、塞尔维亚－克罗地亚语、德语、印地语、斯洛文尼亚语、捷克语

咨商地位：2012 年提交咨商地位申请，获得联合国经社理事会特别咨商地位

活动领域：经济、性别问题、可持续发展

总部地址：奥地利

Stakeholder Forum for a Sustainable Future（可持续未来利益相关者论坛）

机构名称：可持续未来利益相关者论坛

机构名称（英文）：Stakeholder Forum for a Sustainable Future

机构名称缩写：Stakeholder Forum

机构名称缩写（英文）：SF

机构网站：https://www.stakeholderforum.org/

简介：Stakeholder Forum 是一个致力于可持续发展的国际多利益相关者组织；支持利益攸关方更多地参与国际和国家治理进程。该组织在可持

续发展问题世界首脑会议的筹备和后续行动中发挥了关键作用。它是开发和促进可持续发展多利益相关者流程的牵头组织。

工作语言：挪威语、德语、法语、西班牙语、克罗地亚语、英语

咨商地位：1996 年提交申请，获得联合国经社理事会名册磋商地位

活动领域：经济、社会发展、可持续发展

总部地址：英国

Stamp Out Poverty（消除贫困）

机构名称：消除贫困

机构名称（英文）：Stamp Out Poverty

机构名称缩写：无

机构名称缩写（英文）：无

机构网站：https：//www.stampoutpoverty.org/

简介：Stamp Out Poverty 要求对银行和其他大投机者的交易征收罗宾汉税，以便金融部门承担自身危机的成本，并为社会做出更公平的贡献。我们主张对开采时的化石燃料征收气候损害税，以便化石燃料行业为气候变化给脆弱国家造成的损害买单。

工作语言：英语

咨商地位：无

活动领域：经济和社会等

总部地址：英国

Stand Up For Your Rights（维护你的权利）

机构名称：维护你的权利

机构名称（英文）：Stand Up For Your Rights

机构名称缩写：SUFYR

机构名称缩写（英文）：SUFYR

机构网站：https：//www.standupforyourrights.org/

简介：SUFYR 的使命是提高全世界公众的认识，认识到与环境、水、发展、平等等相关的具体人权是地球可持续未来的关键要素。由于人权是社会最基本的价值，其层次高于普通立法，因此我们必须扩大人权范围，

将与可持续发展有关的人权包括在内。我们努力积极地倡导全球运动，促进这些权利的承认、发展和执行，同时注重团结和公平。我们打算尽可能传达积极的信息。我们还想强调，拥有人权是值得认识、珍惜和庆祝的。"捍卫你的权利"试图实现这一目标。通过承担能够支持其法定目标和使命的任务和活动，例如教育、信息、研究、咨询和活动，重点关注人类、人权、环境之间的可持续平衡和自然保护；将参与人权、发展、自然保护和/或环境问题的国际和地方团体聚集在一起，解决具体的地方、区域和全球问题。

工作语言：英语、德语、荷兰语、南非荷兰语、法语

咨商地位：无

活动领域：经济、社会、可持续发展

总部地址：荷兰

Standing Voice（站立的声音）

机构名称：站立的声音

机构名称（英文）：Standing Voice

机构名称缩写：SV

机构名称缩写（英文）：SV

机构网站：http://www.standvoice.org/

简介：SV 的宗旨是促进社会包容和边缘化群体的福祉。我们的存在是为了向被剥夺权利的人提供重要的工具和平台，让他们能够向社会发声，并重申他们的存在和平等。我们努力培养人们对他人的理解，以便将来这些社区能够受到社会的欢迎。与此同时，我们会满足那些被拒绝的基本需求。目前，我们正在解决坦桑尼亚和东非地区白化病患者的社会排斥问题。我们设计并提供健康、教育、宣传和社区计划，定期为坦桑尼亚和马拉维成千上万的白化病患者提供帮助。我们作为催化剂而存在，放大他人的声音，使个人能够塑造自己的生活并创造自己的未来。

工作语言：斯瓦希里语、英语

咨商地位：2018 年提交咨商地位申请，获得联合国经社理事会特别咨商地位

活动领域：经济、可持续发展、非洲和平发展

总部地址：英国

Samenwerking Sverband IKV Pax Christi（IKV 合作伙伴-Pax Christi，Stichting Samenwerking Sverband IKV Pax Christi）

机构名称：IKV 合作伙伴-Pax Christi（Stichting Samenwerking Sverband IKV Pax Christi）

机构名称（英文）：Samenwerking Sverband IKV Pax Christi

机构名称缩写：PAX

机构名称缩写（英文）：PAX

机构网站：http://www.paxvoorvrede.nl

简介：PAX 是荷兰最大的和平组织。我们致力于保护平民免受战争暴力、结束武装暴力并建设包容性和平。我们在世界各地的冲突地区与当地合作伙伴和像我们一样相信每个人都有权在和平社会中过上有尊严的生活的人们一起这样做。

工作语言：荷兰语、英语

咨商地位：2014 年提交咨商地位申请，2017 年以来获得联合国经社理事会特别咨商地位

活动领域：经济和社会等

总部地址：荷兰

Simavi（西马维，Stichting Simavi）

机构名称：西马维（Stichting Simavi）

机构名称（英文）：Simavi

机构名称缩写：Simavi

机构名称缩写（英文）：Simavi

机构网站：https://www.simavi.org/

简介：Simavi 相信坚强的女性有益于整个社会。因此，我们的使命是争取平等并克服障碍，让妇女和女童主张获得水和卫生设施的人权。赋予妇女和女孩权利不仅能改善她们自己的处境，还能改善她们周围人的处境。

工作语言：英语、荷兰语

咨商地位：2017 年提交咨商地位申请，获得联合国经社理事会特别咨

商地位

活动领域：性别问题、公共行政、社会发展、可持续发展

总部地址：荷兰

Spanda Foundation（斯潘达基金会）

机构名称：斯潘达基金会

机构名称（英文）：Spanda Foundation

机构名称缩写：Spanda

机构名称缩写（英文）：Spanda

机构网站：https：//www.spanda.org/

简介：Spanda 旨在推广创造性的解决方案和战略资源，以促进个人和集体的发展，并追求有利于共同利益、推动人类进步和丰富社区的举措，从而建设一个更加公正与和平的世界。致力于通过创建和实施促进转型、增加社会价值并成为长期系统性变革催化剂的项目和举措来实现其目标。这一使命的核心是渴望为实现更高程度的意识做出贡献。Spanda 的主要行动领域是教育、健康和文化。

工作语言：法语、英语、西班牙语、意大利语

咨商地位：2012 年提交咨商地位申请，获得联合国经社理事会特别咨商地位

活动领域：经济、发展融资、性别问题、人口、社会发展、可持续发展、非洲和平与发展

总部地址：荷兰

Stockholm International Water Institute（斯德哥尔摩国际水研究所，Stiftelsen Stockholm International Water Institute）

机构名称：斯德哥尔摩国际水研究所（Stiftelsen Stockholm International Water Institute）

机构名称（英文）：Stockholm International Water Institute

机构名称缩写：SIWI

机构名称缩写（英文）：SIWI

机构网站：http：//www.siwi.org

简介：SIWI 是一家政策机构，致力于为世界不断升级的水危机寻求可持续的解决方案。SIWI 管理项目、综合研究并发布有关当前和未来水、环境、治理和人类发展问题的调查结果和建议。SIWI 是科学界、商业界、政策界和民间社会团体之间的知识共享和网络平台。SIWI 培养专业能力和对水—社会—环境—经济之间联系的理解。

工作语言：英语

咨商地位：2015 年提交咨商地位申请，获得联合国经社理事会特别咨商地位

活动领域：经济和社会、发展融资、可持续发展

总部地址：瑞典

Solidarity Foundation for Unemployment and Poverty（劳动与援助团结基金会，Stiftung Solidarität bei Arbeitslosigkeit und Armut）

机构名称：劳动与援助团结基金会（Stiftung Solidarität bei Arbeitslosigkeit und Armut）

机构名称（英文）：Solidarity Foundation for Unemployment and Poverty

机构名称缩写：SSAA

机构名称缩写（英文）：SFUP

机构网站：http：//www. gellrich@ stiftung-solidaritaet. de

简介：SSAA 致力于建立全球发展伙伴关系。

工作语言：法语、英语、德语

咨商地位：无，但获得联合国开发计划署、世界卫生组织、联合国环境规划署、联合国教科文组织、联合国难民署、儿童基金会、产权组织认证

活动领域：经济、发展融资、社会发展、可持续发展

总部地址：荷兰

Stockholm Environment Institute（斯德哥尔摩环境研究所）

机构名称：斯德哥尔摩环境研究所

机构名称（英文）：Stockholm Environment Institute

机构名称缩写：SEI

机构名称缩写（英文）：SEI

机构网站：http://www.sei.org

简介：SEI 的使命是通过提供环境与发展领域的科学和政策的综合知识，支持决策并引导世界各地实现可持续发展的变革。SEI 相信，科学见解可以指导我们进行变革，并为决策和公共政策提供信息，而且当地知识和价值观对于建设可持续生活至关重要。我们的方法是高度协作的，利益相关者的参与始终是 SEI 工作的核心。我们的项目有助于建设能力和加强机构，为我们的合作伙伴提供长期装备。我们的研究人员致力于解决气候变化、能源系统转型、脆弱性和治理等首要问题，以及水资源管理和空气污染缓解等具体问题。

工作语言：英语

咨商地位：1996 年提交咨商地位申请，获得联合国经社理事会名册磋商地位

活动领域：可持续发展

总部地址：瑞典

Stopaids（斯托佩兹）

机构名称：斯托佩兹

机构名称（英文）：Stopaids

机构名称缩写：无

机构名称缩写（英文）：无

机构网站：http://www.stopaids.org.uk

简介：Stopaids 鼓励、发起和支持英国在政府、民间社会和其他相关行为者全球应对艾滋病毒和艾滋病方面发挥强有力的领导作用。

工作语言：英语

咨商地位：2019 年提交咨商地位申请，获得联合国经社理事会特别咨商地位

活动领域：经济、社会、发展融资、性别问题、妇女、可持续发展

总部地址：英国

Street Football World（街头足球世界）

机构名称：街头足球世界

机构名称（英文）：Street Football World

机构名称缩写：sfw

机构名称缩写（英文）：sfw

机构网站：http：//www. contact@ streetfootballworld. org

简介：sfw 成立于2002 年，总部设在德国柏林。sfw 相信足球的独特力量可以改变生活，让人们在共同的目标下团结起来。sfw 利用足球帮助年轻人克服贫困、歧视和缺乏教育等挑战。

工作语言：德语、法语、英语、西班牙语

咨商地位：2013 年提交咨商地位申请，获得联合国经社理事会特别咨商地位

活动领域：经济、青年、性别问题、社会发展、青年可持续发展

总部地址：德国

Sudanese Human Rights Activists（苏丹人权活动家）

机构名称：苏丹人权活动家

机构名称（英文）：Sudanese Human Rights Activists

机构名称缩写：SHRA

机构名称缩写（英文）：SHRA

机构网站：http：//www. sudanhr. org/

简介：SHRA 成立于2012 年，旨在促进和加强人权状况，努力制止一切形式的侵犯和虐待。

工作语言：挪威语、阿拉伯语、英语

咨商地位：该组织不具有联合国经社理事会特别咨商地位

活动领域：经济、社会、人权、人道主义事务、性别问题、妇女教育培训、信息、通信技术

总部地址：挪威

Support Home of God Project（支持上帝之家项目）

机构名称：支持上帝之家项目

机构名称（英文）：Support Home of God Project

机构名称缩写：SuhoG Project

机构名称缩写（英文）：SuhoG Project

机构网站：http://www.suhogproject.org

简介：SuhoG Project 成立于 1992 年，旨在促进非洲"穷人中最贫穷者"的尊严、独立和福祉，而不论他们的信仰如何。提供可持续的服务，以提高非洲贫困老年人、妇女、被忽视地区和农村地区儿童的生活质量。

工作语言：英语

咨商地位：2013 年提交咨商地位申请，获得联合国经社理事会特别咨商地位

活动领域：经济、社会、性别问题

总部地址：英国

Sustainability Challenge Foundation（可持续发展挑战基金会）

机构名称：可持续发展挑战基金会

机构名称（英文）：Sustainability Challenge Foundation

机构名称缩写：SCF

机构名称缩写（英文）：SCF

机构网站：http://www.scfoundation.org

简介：SCF 成立于 1994 年，旨在向世界各地参与可持续发展的各方提供培训和援助。其中包括来自公共、私营和非营利部门的高级代表。SCF 计划侧重于冲突管理，并展示如何发现经济发展和环境保护这两个明显对立需求背后的共同利益。

工作语言：英语

咨商地位：无

活动领域：可持续发展、教育

总部地址：荷兰

Sustainability Literacy Test（可持续发展素养测试）

机构名称：可持续发展素养测试

机构名称（英文）：Sustainability Literacy Test

机构名称缩写：Sulitest

机构名称缩写（英文）：Sulitest

机构网站：https：//www.sulitest.org

简介：Sulitest 成立于 2013 年，旨在衡量和提高知识，关于可持续发展和联合国 2030 年议程的技能和态度，通过创建和传播国际公认的与地方相关的提高认识和评估工具，促进可持续发展教育，以及与研究和教育界收集和分享数据，以确保当前和未来的经济和政治决策者能够就世界面临的问题作出知情决定。

工作语言：英语、法语

咨商地位：2019 年提交咨商地位申请，获得联合国经社理事会特别咨商地位

活动领域：经济、社会、发展筹资、性别问题、公共行政、可持续发展等

总部地址：法国

Swedish Women's Lobby（瑞典女子游说团，Sveriges Kvinnolobby）

机构名称：瑞典女子游说团（Sveriges Kvinnolobby）

机构名称（英文）：Swedish Women's Lobby

机构名称缩写：SKL

机构名称缩写（英文）：SWL

机构网站：http：//www.sverigeskvinnolobby.se

简介：SKL 成立于 1997 年，旨在将妇女的观点纳入当地和国际的所有政治、经济和社会进程。我们努力消除对妇女和女孩的一切形式的歧视，并通过信息、教育和提高认识活动建立和加强妇女之间的团结。

工作语言：英语、瑞典语

咨商地位：2012 年提交咨商地位申请，获得联合国经社理事会特别咨商地位

活动领域：经济、社会、性别问题

总部地址：瑞典

Swedish Association for Sexuality Education（瑞典性教育协会）

机构名称：瑞典性教育协会

机构名称（英文）：Swedish Association for Sexuality Education

机构名称缩写：RFSU

机构名称缩写（英文）：RFSU

机构网站：http://www.rfsu.se

简介：RFSU 成立于 1933 年，旨在降低儿童死亡率、防治艾滋病毒/艾滋病、疟疾和 SEA 其他疾病和改善产妇健康。

工作语言：英语

咨商地位：1999 年提交咨商地位申请，获得联合国经社理事会特别咨商地位

活动领域：经济、性别问题、社会发展

总部地址：瑞典

Swedish Federation of Lesbian, Gay, Bisexual and Transgender Rights（瑞典男女同性恋、双性恋和变性权利联合会）

机构名称：瑞典男女同性恋、双性恋和变性权利联合会

机构名称（英文）：Swedish Federation of Lesbian, Gay, Bisexual and Transgender Rights

机构名称缩写：RFSL

机构名称缩写（英文）：RFSL

机构网站：http://www.rfsl.se

简介：RFSL 成立于 1950 年，致力于让所有 LGBT 人群的社会权利得到尊重，创造一个平等的世界。

工作语言：英语

咨商地位：2007 年提交咨商地位申请，获得联合国经社理事会特别咨商地位

活动领域：经济、社会

总部地址：瑞典

Swedish NGO Foundation for Human Rights（瑞典非政府组织人权基金会）

机构名称：瑞典非政府组织人权基金会

机构名称（英文）：Swedish NGO Foundation for Human Rights

机构名称缩写：无

机构名称缩写（英文）：无

机构网站：http：//www. humanrights. se

简介：Swedish NGO Foundation for Human Rights 是一个非宗教性、非政治性的基金会。它由国际特赦组织瑞典分会、Diakonia、救助儿童会、瑞典红十字会和瑞典教会于1991年成立。它希望通过教育、国际合作、宣传和监测，在瑞典和世界范围内呼吁政府和非政府行为体对于基本人权的尊重。

工作语言：英语

咨商地位：2005年提交咨商地位申请，获得联合国经社理事会特别咨商地位

活动领域：经济、性别问题、公共行政、社会发展

总部地址：瑞典

Swedish Organization for Global Health（瑞典全球卫生组织）

机构名称：瑞典全球卫生组织

机构名称（英文）：Swedish Organization for Global Health

机构名称缩写：SOGH

机构名称缩写（英文）：SOGH

机构网站：http：//www. sogh. se

简介：SOGH成立于2014年，SEA提供了一个平台，可以传递激情和才智，让年轻人有机会成为全球运动的一部分，并为亟须的变革作出贡献。SOGH与合作伙伴一道，在多个网络内，致力于传播全球和全球健康知识，并具体改善低收入环境中的医疗质量和可获得性。

工作语言：英语、瑞典语

咨商地位：2022年提交咨商地位申请，获得联合国经社理事会特别咨商地位

活动领域：性别问题、可持续发展

总部地址：瑞典

Swedish Society for Nature Conservation（瑞典自然保护学会）

机构名称：瑞典自然保护学会

机构名称（英文）：Swedish Society for Nature Conservation

机构名称缩写：SSNC

机构名称缩写（英文）：SSNC

机构网站：http：//www.snfse

简介：SSNC 成立于 1909 年，是瑞典最大的自然保护和环境组织，在全国拥有 17 万名成员和 274 个地方分支机构。

工作语言：英语

咨商地位：该组织不具有联合国经社理事会特别咨商地位

活动领域：无

总部地址：瑞典

Swiss Catholic Lenten Fund（瑞士天主教四旬期基金）

机构名称：瑞士天主教四旬期基金

机构名称（英文）：Swiss Catholic Lenten Fund

机构名称缩写：SCLF

机构名称缩写（英文）：SCLF

机构网站：http：//www.fastenaktion.ch

简介：SCLF 成立于 1961 年，是瑞士的一个天主教非政府组织，旨在激励瑞士民众思考南方贫困国家的生活条件。瑞士天主教四旬期基金调查影响大部分人口的贫困原因，并将自己视为南方人民的代言人，包括在政治层面。SEA 的来源包括教区募集的资金、联邦政府的资助以及各个乡镇和州的资助。为确保资金的有效使用，SEA 根据具体需求谨慎分配资金。

工作语言：英语

咨商地位：2007 年提交咨商地位申请，获得联合国经社理事会特别咨商地位

活动领域：无

总部地址：瑞士

Swiss Peace Foundation（瑞士和平基金会）

机构名称：瑞士和平基金会

机构名称（英文）：Swiss Peace Foundation

机构名称缩写：SPF

机构名称缩写（英文）：SPF

机构网站：http://www.swisspeace.ch

简介：SPF 成立于 2005 年，关注议题为和平与冲突研究、南北关系；包括生态层面的政治、伦理和制度问题。

工作语言：英语、法语、德语

咨商地位：该组织不具有联合国经社理事会特别咨商地位

活动领域：经济、社会、可持续发展

总部地址：瑞士

Swisscontact: Swiss Foundation for Technical Cooperation（瑞士联系人：瑞士技术发展合作基金会，Swisscontact, Schweizerische Stiftung für Technische Entwicklungs-zusammenarbeit）

机构名称：瑞士联系人：瑞士技术发展合作基金会（Swisscontact, Schweizerische Stiftung für Technische Entwicklungs-zusammenarbeit）

机构名称（英文）：Swisscontact: Swiss Foundation for Technical Cooperation

机构名称缩写：Swisscontact

机构名称缩写（英文）：Swisscontact

机构网站：http://www.swisscontact.org

简介：Swisscontact 成立于 1959 年，旨在促进经济、社会和生态发展。寻求通过自己的倡议改善生活条件和生计的人们创造机会，并将他们融入当地商业生活。Swisscontact 具有经营基金会的法律形式，因此由 SEA 受托人委员会管理。董事会委员会每年召开四次会议。首席执行官和执行董事负责 Swisscontact 的运营，并与由 Swisscontact 部门主管组成的管理委员会协商。

工作语言：英语、法语、德语、西班牙语

咨商地位：2012 年提交咨商地位申请，获得联合国经社理事会特别咨商地位

活动领域：经济、社会、农业、生物多样性、工商业、气候变化等

总部地址：瑞士

T

Tax Justice Network（税务正义网）

机构名称：税务正义网

机构名称（英文）：Tax Justice Network

机构名称缩写：TJN

机构名称缩写（英文）：TJN

机构网站：http://www.taxjustice.net

简介：TJN 成立于 2003 年，致力于国际税收和金融监管领域的高层次研究、分析和宣传。它通过分析和解释逃税、避税以及税收竞争的有害影响，以期建立一个更加公正的税收制度。它希望推动系统性变革，以解决国际社会中国家间征税权分配不平等的问题，解决因税收政策不当而导致的国家不平等（包括性别不平等）问题，以及解决阻碍国家渐进式税收政策和有效金融监管的障碍。

工作语言：意大利语、葡萄牙语、英语、希伯来语、德语、法语、西班牙语、阿拉伯语

咨商地位：无

活动领域：经济、社会、发展筹资、公共行政、统计、可持续发展

总部地址：英国

Tearfund（泪水基金）

机构名称：泪水基金

机构名称（英文）：Tearfund

机构名称缩写：无

机构名称缩写（英文）：无

机构网站：http://www.tearfund.org

简介：Tearfund 成立于 2005 年，旨在在最需要的地方追随耶稣，应对危机，并与当地教会和组织合作，帮助人们摆脱贫困。愿景是看到人们摆脱贫困，过上改变了的生活，实现上帝赐予他们的潜力。

工作语言：英语

咨商地位：2005 年提交咨商地位申请，获得联合国经社理事会名册咨商地位

活动领域：性别问题、可持续发展、非洲和平发展

总部地址：英国

The Afro-Asian Union for Diplomatic and Media Cooperation（亚非外交和媒体合作联盟）

机构名称：亚非外交和媒体合作联盟

机构名称（英文）：The Afro-Asian Union for Diplomatic and Media Cooperation

机构名称缩写：无

机构名称缩写（英文）：无

机构网站：无

简介：The Afro-Asian Union for Diplomatic and Media Cooperation 旨在普及初等教育，发展全球发展伙伴关系。

工作语言：阿拉伯语、英语

咨商地位：该组织不具有联合国经社理事会咨商地位

活动领域：经济、公共行政、社会发展、可持续发展、非洲和平发展

总部地址：英国

The Against Malaria Foundation（防治疟疾基金会）

机构名称：防治疟疾基金会

机构名称（英文）：The Against Malaria Foundation

机构名称缩写：AMF

机构名称缩写（英文）：AMF

机构网站：http://www.AgainstMalaria.com

简介：AMF 旨在向社会筹集资金，用于购买预防疟疾的关键性物资，并通过募捐行为和社会活动，促进政府对于疟疾预防的重视并采取行动。

工作语言：英语、日语

咨商地位：该组织不具有联合国经社理事会咨商地位

活动领域：可持续发展、健康

总部地址：英国

The American Pakistan Foundation（美国巴基斯坦基金会）

机构名称：美国巴基斯坦基金会

机构名称（英文）：The American Pakistan Foundation

机构名称缩写：APF

机构名称缩写（英文）：APF

机构网站：http：//www.americanpakistan.org

简介：APF 成立于 2009 年，使命是增强美籍巴基斯坦人社区的能力，在美国和巴基斯坦之间架起桥梁。旨在消除极端贫困和饥饿、普及初等教育、促进性别平等，增强妇女权能、降低儿童死亡率、改善产妇保健、发展全球发展伙伴关系。

工作语言：乌尔都语、英语

咨商地位：2019 年提交咨商地位申请，获得联合国经社理事会特别咨商地位

活动领域：经济、性别问题、社会发展、可持续发展

总部地址：美国

The Assembly of the Representatives of the Peoples Living on the Territory of the Republic of Tatarstan（鞑靼斯坦共和国境内居民代表大会）

机构名称：鞑靼斯坦共和国境内居民代表大会

机构名称（英文）：The Assembly of the Representatives of the Peoples Living on the Territory of the Republic of Tatarstan

机构名称缩写：AHT

机构名称缩写（英文）：ATP

机构网站：http：//www.addnt.ru/

简介：AHT 成立于 2007 年，保护和发展不同民族的文化、语言和非物质遗产；在鞑靼斯坦和全俄罗斯促进鞑靼斯坦地区的多文化社会；制定鞑靼斯坦共和国的移民政策；促进鞑靼斯坦共和国与外国伙伴的互动；支持青年民族组织。

工作语言：俄语、英语

咨商地位：2022 年提交咨商地位申请，获得联合国经社理事会特别咨商地位

活动领域：人口迁移、人口结构

总部地址：俄罗斯

The Bar Human Rights Committee（律师协会人权委员会）

机构名称：律师协会人权委员会

机构名称（英文）：The Bar Human Rights Committee

机构名称缩写：BHRC

机构名称缩写（英文）：BHRC

机构网站：http://www.barhumanrights.org.uk

简介：BHRC 成立于 1996 年，是英格兰和威尔士律师协会的国际人权分支机构。它主要负责保护世界各地律师和法官的权利，致力于捍卫法治以及与人权和公平审判权有关的国际公认的法律标准。除英格兰和威尔士的司法管辖区外，律师协会人权委员会的职权范围涵盖世界所有国家。

工作语言：英语

咨商地位：2019 年提交咨商地位申请，获得联合国经社理事会特别咨商地位

活动领域：经济、社会、刑事司法、治理、人权、国际法、司法、酷刑

总部地址：英国

The Born Free Foundation Limited（天生自由基金会有限公司）

机构名称：天生自由基金会有限公司

机构名称（英文）：The Born Free Foundation Limited

机构名称缩写：BFF

机构名称缩写（英文）：BFF

机构网站：http://www.bornfree.org.uk/

简介：BFF 通过不懈努力以确保所有野生动物，无论是圈养的还是野生的，都能得到怜悯和尊重，并能按照自己的需要生活。反对剥削人工饲养的野生动物，并为将野生动物留在野外而努力。提倡"仁爱保护"，以提高濒危物种在野外的生存能力，保护自然栖息地，同时尊重动物个体的需求并保障其福利。力求对野生动物产生积极影响，并永久保护它们的生态系统，因

为它们本身具有内在价值，而且在自然界中发挥着至关重要的作用。

工作语言：英语

咨商地位：2020年提交咨商地位申请，获得联合国经社理事会特别咨商地位

活动领域：可持续发展

总部地址：英国

The Centre Against Racism in Iran（伊朗反对种族主义中心）

机构名称：伊朗反对种族主义中心

机构名称（英文）：The Centre Against Racism in Iran

机构名称缩写：CARI

机构名称缩写（英文）：CARI

机构网站：http://www.coare.org

简介：CARI成立于2010年，使命是关注对伊朗阿瓦兹阿拉伯人人权的侵犯和歧视。以和平方式反对侵犯伊朗阿瓦兹阿拉伯人人权的种族言论和做法。参加有关人权的国际活动，揭露伊朗政权以及在伊朗推动种族主义的波斯个人和机构。

工作语言：英语、波斯语、阿拉伯语

咨商地位：2021年提交咨商地位申请，获得联合国经社理事会特别咨商地位

活动领域：经济、社会

总部地址：英国

The Club of Rome（罗马俱乐部）

机构名称：罗马俱乐部

机构名称（英文）：The Club of Rome

机构名称缩写：CoR

机构名称缩写（英文）：CoR

机构网站：http://www.clubofrome.org

简介：CoR的成立是为了应对人类和地球面临的多重危机。该组织成员包括100多名著名科学家、经济学家、商界领袖和前政治家。它希望通

过独特的集体知识，力求为我们这个世界面临的复杂、相互关联的挑战确定全面的解决方案。俱乐部优先考虑五个关键影响领域：气候—行星紧急状况、重塑经济学、反思金融、新兴新文明、青年领导力。

工作语言：英语

咨商地位：该机构不具有联合国经社理事会咨商地位

活动领域：经济、社会、可持续发展、非洲和平发展

总部地址：瑞士

The Conflict and Environment Observatory （冲突与环境观察站）

机构名称：冲突与环境观察站

机构名称（英文）：The Conflict and Environment Observatory

机构名称缩写：CEOBS

机构名称缩写（英文）：CEOBS

机构网站：http：//www.ceobs.org

简介：CEOBS 是一家在英国注册的慈善机构，与国际组织、民间社会、学术界和社区合作，致力于监测、收集和公布有关武装冲突和军事活动对环境和人道造成的后果的数据；开发工具和开展能力建设活动，使相关利益攸关方能够进行此类监测和数据收集；监测和审查法律和政策的发展情况，以帮助减少人道和环境损害。它的总体目标是确保武装冲突和军事活动造成的环境后果得到适当的记录和处理，受影响者得到援助。

工作语言：英语

咨商地位：2021 年提交咨商地位申请，获得联合国经社理事会特别咨商地位

活动领域：农业、生物多样性、气候变化、灾害管理、森林、淡水、健康、国际法、自然资源、科学、技术、有毒化学品、废物管理

总部地址：英国

The Corner House （转角屋）

机构名称：转角屋

机构名称（英文）：The Corner House

机构名称缩写：无

机构名称缩写（英文）：无

机构网站：无

简介：The Corner House 在支持民主和社区运动，促进环境和社会正义，始终关注社会、经济和政治权力问题以及实际战略。

工作语言：英语

咨商地位：该机构不具有联合国经社理事会咨商地位

活动领域：农业、原子能、工商业、气候变化、企业共同责任、排雷、债务减免、非殖民化、经济与金融、能源与环境、环境、赤贫、发展筹资、粮食、人权、人道主义事务、土著人民、知识产权、国际安全、司法、劳工、小额信贷、移民、少数民族权利、和平与安全、人口、私营部门、难民、安全、社会发展、可持续发展、税收政策、酷刑、贸易与发展、暴力问题、水资源、妇女、妇女/性别平等、青年

总部：英国

The Death Penalty Project Limited（死刑项目有限公司）

机构名称：死刑项目有限公司

机构名称（英文）：The Death Penalty Project Limited

机构名称缩写：DPP

机构名称缩写（英文）：DPP

机构网站：http://www.deathpenaltyproject.org

简介：DPP 旨在为面临死刑的个人提供免费、有效的法律代表和援助；促进按照国际最低法律要求限制死刑；维护和发展人权标准和刑法；以及促进提高对死刑的认识并加强与主要利益攸关方的对话。

工作语言：英语

咨商地位：2015 年提交咨商地位申请，获得联合国经社理事会特别咨商地位

活动领域：刑事司法、人权、国际法、司法、酷刑

总部地址：英国

The Donkey Sanctuary（驴子保护协会）

机构名称：驴子保护协会

机构名称（英文）：The Donkey Sanctuary

机构名称缩写：TDS

机构名称缩写（英文）：TDS

机构网站：https：//www.thedonkeysanctuary.org.uk/

简介：TDS 旨在通过增进理解、合作和支持，促进持久、相互增进的关系，改善全球驴、骡和人类的生活质量。

工作语言：英语、西班牙语、意大利语、法语

咨商地位：2022 年提交咨商地位申请，获得联合国经社理事会特别咨商地位

活动领域：农业、大气、能力建设、气候变化、消费生产模式、灾害管理、教育、能源、金融、性别平等、医疗卫生、工业发展、综合决策、国际法、伙伴关系、贫困、农村发展、环境卫生、科学、非洲可持续发展

总部地址：英国

The Equal Rights Trust（平等权利信托基金）

机构名称：平等权利信托基金

机构名称（英文）：The Equal Rights Trust

机构名称缩写：ERT

机构名称缩写（英文）：ERT

机构网站：http：//www.equalrightstrust.org

简介：ERT 是一个独立的国际组织，其宗旨是反对歧视，促进平等，将其作为一项基本人权和社会正义的基本原则。作为一个宣传、资源中心和智囊团，它重点关注不同类型歧视之间复杂而互补的关系，制定将平等原则转化为实践的战略。平等权利信托基金由一个国际董事会管理，是根据英国法律注册的一家慈善机构。

工作语言：英语

咨商地位：2012 年提交咨商地位申请，获得联合国经社理事会特别咨商地位

活动领域：公民身份、公民治理、残疾人、赤贫、人权、国际法、移民、少数民族权利、酷刑、妇女/性别平等

总部地址：英国

The Global Initiative Against Transnational Organized Crime（打击跨国有组织犯罪全球倡议）

机构名称：打击跨国有组织犯罪全球倡议

机构名称（英文）：The Global Initiative Against Transnational Organized Crime

机构名称缩写：GITOC

机构名称缩写（英文）：GITOC

机构网站：http：//www.globalinitiative.net

简介：GITOC 发起于 2011 年，是一个主要由来自各国执法官员以及社会治理和社会发展工作者组成的社会网络，致力于探索应对有组织犯罪的新战略和新方法。

工作语言：英语

咨商地位：2019 年提交咨商地位申请，获得联合国经社理事会特别咨商地位

活动领域：经济、社会、非洲和平与发展

总部地址：瑞士

The Hague International Model United Nations（海牙国际模拟联合国大会）

机构名称：海牙国际模拟联合国大会

机构名称（英文）：The Hague International Model United Nations

机构名称缩写：THIMUN

机构网站：https：//www.thimun.org/

简介：THIMUN 是全球最为知名的模拟联合国会议之一，始于 1968 年，每年吸引全球 100 多个国家和地区约 200 所学校逾 3500 名师生参加会议。1998 年，THIMUN 成为联合国正式承认的国际非政府组织。

工作语言：英语

咨商地位：2003 年提交咨商地位申请，获得联合国经社理事会特别咨商地位

活动领域：经济、社会

总部地址：荷兰

The HALO Trust（HALO 信托）

机构名称：HALO 信托

机构名称（英文）：The HALO Trust

机构名称缩写：HALO

机构名称缩写（英文）：HALO

机构网站：https：//www.halotrust.org/

简介：HALO 创立于 1988 年。使命是努力保护受冲突影响的人的生命并恢复生计。

工作语言：英语

咨商地位：2021 年提交咨商地位申请，获得联合国经社理事会特别咨商地位

活动领域：社会发展

总部地址：英国

"Road Safety Promotion Centre" Movement for Safe Traffic（"道路安全促进中心"交通安全运动）

机构名称："道路安全促进中心"交通安全运动

机构名称（英文）："Road Safety Promotion Centre" Movement for Safe Traffic

机构名称缩写：БЕЗДТП РФ

机构名称缩写（英文）：Road Safety Russia

机构网站：https：//www.rsrussia.org/

简介：自 2007 年成立以来，БЕЗДТП РФ 团结了高素质的专家，他们既专注于方案和社会运动的制定、实施和管理，也致力于在国际项目中作为专业团队工作。该组织的目标是与俄罗斯各部委、部门、私营公司、非政府组织、司机和其他道路使用者共同努力，以实现旨在减少俄罗斯道路上伤亡人数的持续活动状态。

工作语言：英语、法语、俄语

咨商地位：2020 年提交咨商地位申请，获得联合国经社理事会特别咨商地位

活动领域：信息、通信技术、社会统计、社会检测、交通运输等

总部地址：俄罗斯

The International Automotive Lighting and Light Signalling Expert Group（国际汽车照明和光信号专家组）

机构名称：国际汽车照明和光信号专家组

机构名称（英文）：The International Automotive Lighting and Light Signalling Expert Group

机构名称缩写：GTB

机构名称缩写（英文）：GTB

机构网站：https：//www.gtb-lighting.org/

简介：GTB 建立于 2011 年。GTB 的主要目标是通过鼓励技术创新来改善交通安全。GTB 的目标是：（1）为新的或经修订的法规和标准准备建议，以允许对车辆照明和光信号系统及光源进行测试和批准/认证；（2）通过参与国际委员会的工作，支持这些条例和标准的全球协调；（3）考虑与汽车照明有关的所有事项。

工作语言：英语

咨商地位：自 2014 年以来联合国经社理事会特别咨商地位

活动领域：交通安全、车辆工程、通信工程等

总部地址：意大利

The International Coalition to Ban Uranium Weapons（国际禁止铀武器联盟）

机构名称：国际禁止铀武器联盟

机构名称（英文）：The International Coalition to Ban Uranium Weapons

机构名称缩写：ICBUW

机构名称缩写（英文）：ICBUW

机构网站：http：//www.icbuw.eu

简介：ICBUW 在联合国框架内协调全世界反对铀弹药的运动。特别是，这场运动得到了国际防止核战争医生组织（IPPNW）和反对原子、生物和化学武器律师组织（IALANA）的支持。2003 年在比利时贝拉尔成立。该联盟为处理铀武器问题的所有方面提供了框架，并力求在这个问题上使

和平、人权和环境运动更紧密地结合在一起。

工作语言：英语

咨商地位：2013年提交咨商地位申请，自2015年以来一直具有联合国经社理事会特别咨商地位

活动领域：核武器、和平、军事

总部地址：德国

The International Federation of Anti-Leprosy Associations（国际抗麻风病协会联合会）

机构名称：国际抗麻风病协会联合会

机构名称（英文）：The International Federation of Anti-Leprosy Associations

机构名称缩写：ILEP

机构名称缩写（英文）：ILEP

机构网站：http：//www.ilepfederation.org/

简介：ILEP是一个由国际非政府组织组成的联盟，其共同愿望是看到一个没有麻风病的世界，并认识到该组织任何人都无法单独实现这一目标。通过其成员协会的计划，ILEP遍布全球60多个国家和1000个项目地点。全球大多数麻风病专业知识掌握在国际麻风病协会成员及其国内合作伙伴手中。

工作语言：英语、法语

咨商地位：自2012年起获得联合国经社理事会特别咨询地位，还获得过WHO的认证

活动领域：医疗

总部地址：瑞士

The International Society of Physical and Rehabilitation Medicine（ISPRM，国际物理与康复医学学会）

机构名称：ISPRM，国际物理与康复医学学会

机构名称（英文）：The International Society of Physical and Rehabilitation Medicine

机构名称缩写：ISPRM

机构名称缩写（英文）：ISPRM

机构网站：http：//www.isprm.org/

简介：ISPRM 是国际康复医学协会（IRMA）和国际物理与康复医学联合会（IFPMR）合并和整合的结果。ISPRM 于 1999 年 11 月 13 日成立。ISPRM 是物理与康复医学（PRM）的全球机构。作为一个与世界卫生组织有关系的非政府组织，作为预防生殖疾病研究的国际伞形组织，以及作为国际预防生殖疾病研究的催化剂，预防生殖疾病研究所具有人道主义或民间社会、专业和科学任务。

工作语言：英语

咨商地位：自 2021 年以来一直具有联合国经社理事会的特别咨商地位

活动领域：医疗

总部地址：意大利

The LACRIMA Foundation SCIO（LACRIMA 基金会）

机构名称：LACRIMA 基金会

机构名称（英文）：The LACRIMA Foundation SCIO

机构名称缩写：LACRIMA FDN

机构名称缩写（英文）：LACRIMA FDN

机构网站：http：//www.lacrimafoundation.org

简介：蜜蜂作为主要的传粉者，对粮食生产和人类生计至关重要，并将野生生态系统与农业生产系统直接联系了起来。通过 LACRIMA 基金会，该组织与当地合作伙伴合作，了解如何改善蜜蜂的健康。在这样做的过程中，该组织的目标是对全球养蜂业产生根本性的影响。

工作语言：英语、捷克语、斯洛伐克语

咨商地位：自 2023 年以来一直具有联合国经社理事会特别咨商地位

活动领域：农业、蜜蜂养殖

总部地址：英国

The Lady Fatemah（A. S.）Charitable Trust（法蒂玛夫人〔A. S.〕慈善信托基金）

机构名称：法蒂玛夫人（A. S.）慈善信托基金

机构名称（英文）：The Lady Fatemah（A. S.）Charitable Trust

构名称缩写：LFT

机构名称缩写（英文）：LFT

机构网站：http：//www. ladyfatemahtrust. org

简介：LFT 成立于 1997 年，创始人 AmiraliG. Karim 在他的祖国肯尼亚有慈善活动的历史，他意识到以一种不同的方式服务人类的愿景。他的愿景是确保慈善机构负责任，他们的工作是可持续的、赋权的和可复制的。他强烈反对扶植依赖性，并认为无论干预是通过教育、保健还是小额信贷进行的，受益人都应从慈善的净接受者转变为慈善的净捐助者。

工作语言：英语

咨商地位：自 2017 年以来一直具有联合国经社理事会的特别咨商地位

活动领域：慈善

总部地址：英国

The Leprosy Mission International（Africa Regional Office）[国际麻风宣教团（非洲区域办事处）]

机构名称：国际麻风宣教团（非洲区域办事处）

机构名称（英文）：The Leprosy Mission International（Africa Regional Office）

机构名称缩写：TLM

机构名称缩写（英文）：TLM

机构网站：https：//www. leprosymission. org/

简介：TLM 是一个拥有近 150 年经验的国际基督教组织，成立于 1874 年，是世界上历史最悠久、规模最大的关注麻风的组织，在 30 多个国家开展活动。

工作语言：英语

咨商地位：无

活动领域：医疗

总部地址：荷兰

The Natural Step International（国际自然之步组织）

机构名称：国际自然之步组织

机构名称（英文）：The Natural Step International

机构名称缩写：TNS

机构名称缩写（英文）：TNS

机构网站：https：//www.thenaturalstep.org/

简介：TNS 的宗旨是加速向真正可持续的全球社会过渡。它将通过支持其成员来做到这一点，这些成员将让个人和组织采取具体行动，以实现生态、社会和经济的可持续性。TNS 的决策委员会由 10 个成员办公室组成，他们积极为 TNS 作为一个全球性组织的发展做出贡献。

工作语言：法语、瑞典语、意大利语、葡萄牙语、英语、西班牙语

咨商地位：无

活动领域：可持续发展、教育

总部地址：瑞典

The Next Century Foundation（新世纪基金会）

机构名称：新世纪基金会

机构名称（英文）：The Next Century Foundation

机构名称缩写：NCF

机构名称缩写（英文）：NCF

机构网站：https：//www.nextcenturyfoundation.org/

简介：NCF 认为，在非政治层面上的会晤可以润滑外交的车轮。所有参与者都决心通过一个非官方网络采取行动，为对立双方的人们创建论坛。NCF 的唯一目标是为恐惧、不安全感和缺乏信任的人们提供交流的平台。

工作语言：阿拉伯语、英语

咨商地位：2016 年提交申请，2017 年获得联合国经社理事会特别咨商地位

活动领域：经济、社会、人权、国际安全、难民问题、宗教、性别平等

总部地址：英国

The Palestinian Return Centre Ltd（巴勒斯坦回返中心有限公司）

机构名称：巴勒斯坦回返中心有限公司

机构名称（英文）：The Palestinian Return Centre Ltd

机构名称缩写：PRC

机构名称缩写（英文）：PRC

机构网站：http：//www.prc.org.uk

简介：PRC 致力于确保《人权宣言》《日内瓦公约》《难民公约》中所载的巴勒斯坦难民的基本人权得到落实。其中组织机构下有研究部门、法律部门和媒体部门以保障组织运转。

工作语言：英语、阿拉伯语

咨商地位：2014 年提交申请，获得联合国经社理事会特别咨商地位

活动领域：经济、社会、人口问题（国际移徙）、社会发展

总部地址：英国

The Partnering Initiative（伙伴关系倡议）

机构名称：伙伴关系倡议

机构名称（英文）：The Partnering Initiative

机构名称缩写：TPI

机构名称缩写（英文）：TPI

机构网站：http：//www.tpiglobal.org

简介：TPI 于 2003 年发起，其信念是只有通过企业、政府、非政府组织、联合国、基金会和其他方面之间的系统、有效合作，世界才能实现一个集体的、全社会的愿景，即以繁荣的经济和健康的环境为基础的繁荣社会。

工作语言：英语、西班牙语、法语

咨商地位：2021 年提交申请，获得联合国经社理事会特别咨商地位

活动领域：经济、社会、可持续发展

总部地址：英国

The Royal Institution of Chartered Surveyors（英国皇家特许测量师学会）

机构名称：英国皇家特许测量师学会

机构名称（英文）：The Royal Institution of Chartered Surveyors

机构名称缩写：RICS

机构名称缩写（英文）：RICS

机构网站：http：//www.rics.org/

简介：无

工作语言：英语

咨商地位：2003年提出申请，获得联合国经社理事会特别咨商地位

活动领域：经济、社会、可持续发展

总部地址：英国

The Royal Society of Chemistry（英国皇家化学学会）

机构名称：英国皇家化学学会

机构名称（英文）：The Royal Society of Chemistry

机构名称缩写：RSC

机构名称缩写（英文）：RSC

机构网站：http：//www.rsc.org

简介：RSC是欧洲最大的推动化学科学发展的专业机构，其起源可以追溯到1841年在伦敦伯灵顿宫成立的化学学会。英国皇家化学学会的愿景是成为世界上最重要的组织，以促进和发展化学科学，造福社会。

工作语言：英语

咨商地位：无

活动领域：可持续发展

总部地址：英国

The Royal Society of London for Improving Natural Knowledge（伦敦皇家自然知识改善学会）

机构名称：伦敦皇家自然知识改善学会

机构名称（英文）：The Royal Society of London for Improving Natural Knowledge

机构名称缩写：无

机构名称缩写（英文）：无

机构网站：https：//www.royalsociety.org/

简介：The Royal Society of London for Improving Natural Knowledge 宗旨是促进自然科学的发展。它是世界上历史最长而又从未中断过的科学学会。它在英国起着全国科学院的作用。

工作语言：英语

咨商地位：获得联合国经社理事会特别咨商地位

活动领域：农业、大气、生物多样性

总部地址：英国

The Kvinna till Kvinna Foundation（女性互助筹款基金会，Insamlingsstiftelsen Kvinna till Kvinna）

机构名称：女性互助筹款基金会（Insamlingsstiftelsen Kvinna till Kvinna）

机构名称（英文）：The Kvinna till Kvinna Foundation

机构名称缩写：Kvinna till Kvinna

机构名称缩写（英文）：Kvinna till Kvinna

机构网站：http://www.kvinnatillkvinna.se

简介：Kvinna till Kvinna 致力于保障 20 个国家的妇女权利，并支持世界各地 100 多个妇女权利组织。他们共同在逃生路线沿线创造安全场所，并确保遭受暴力的妇女得到帮助，为女性提供了掌控自己生活的条件。

工作语言：瑞典语、英语

咨商地位：2016 年提出申请，2018 年获得联合国经社理事会特别咨商地位

活动领域：经济、社会、国际安全、媒体、和平、打击暴力、女性、平权

总部地址：瑞典

The International Corrections and Prisons Association for the Advancement of Professional Corrections（国际惩教和监狱职业惩教促进协会）

机构名称：国际惩教和监狱职业惩教促进协会

机构名称（英文）：The International Corrections and Prisons Association for the Advancement of Professional Corrections

机构名称缩写：ICPA

机构名称缩写（英文）：ICPA

机构网站：https：//www.icpa.org

简介：ICPA 是一个创新的学习平台，旨在加强国际和机构间合作，积极推动人性化、有效的惩教政策和做法，并协助其制定和实施。我们认为监禁是最后的手段，并支持制定替代制裁和社区矫正措施。我们相信诚信和专业精神、分享想法和合作伙伴关系。我们相信个人积极改变的能力、他们的尊严以及保护他们权利的责任。ICPA 与世界各地的地方组织委员会合作，将我们的重大年度会议和区域活动带到监狱和惩教专业人员的家门口。在活动之外，我们继续通过研讨会、网络小组、社交媒体和交互式在线服务鼓励讨论、网络和合作。ICPA 与非洲（《阿布贾宣言》）和拉丁美洲（《巴巴多斯宣言》）的标准制定伙伴组织合作并达成协议，并承诺与联合国维持和平部共同努力，解决监狱系统面临的诸多挑战。

工作语言：英语

咨商地位：2003 年提交咨商地位申请，获得联合国经社理事会特别咨商地位

活动领域：经济、社会事务

总部地址：比利时

The National Alliance for Rare Diseases Support-Malta（全国罕见病支持联盟—马耳他）

机构名称：全国罕见病支持联盟—马耳他

机构名称（英文）：The National Alliance for Rare Diseases Support-Malta

机构名称缩写：RDM

机构名称缩写（英文）：RDM

机构网站：http：//www.rarediseasesmalta.com

简介：RDM 应在国家一级为所有罕见病患者和其他罕见病群体进行宣传，并将成为社会中强有力的利益攸关方。

工作语言：马耳他语、英语

咨商地位：2020 年提交咨商地位申请，获得联合国经社理事会特别咨

商地位

活动领域：罕见病、科普、病患帮扶

总部地址：马耳他

The Human Rights Institute of Catalonia（加泰罗尼亚人权研究所，Institut de Drets Humans de Catalunya）

机构名称：加泰罗尼亚人权研究所（Institut de Drets Humans de Catalunya）

机构名称（英文）：The Human Rights Institute of Catalonia

机构名称缩写：IDHC

机构名称缩写（英文）：THRIC

机构网站：http://www.idhc.org/

简介：IDHC 是一个非政府和非营利性组织，其主要行动方针是人权培训。IDHC 于 1983 年在巴塞罗那成立，旨在从跨学科的角度研究、传播、教学和促进人权。

工作语言：西班牙语、英语

咨商地位：2013 年提出申请，2016 年获得联合国经社理事会特别咨商地位

活动领域：经济、公民治理、教育、人权、国际法、难民、社会发展、水资源

总部地址：西班牙

The Danish Family Planning Association（丹麦计划生育协会，Sex & Samfund）

机构名称：丹麦计划生育协会（Sex & Samfund）

机构名称（英文）：The Danish Family Planning Association

机构名称缩写：S&S

机构名称缩写（英文）：DFPA

机构网站：http://www.sexogsamfund.dk

简介：S&S 成立于 1956 年，致力于防治艾滋病、疟疾和其他疾病、促进两性平等并赋予妇女权利、降低儿童死亡率、改善产妇健康。

工作语言：英语、丹麦语

咨商地位：无

活动领域：经济、社会、性别问题、人口、可持续发展等

总部地址：丹麦

The Destree Institute（德斯特里研究所，Institut Jules-Destrée）

机构名称：德斯特里研究所（Institut Jules-Destrée）

机构名称（英文）：The Destree Institute

机构名称缩写：IJD

机构名称缩写（英文）：TDI

机构网站：https://www.institut-destree.eu/

简介：IJD 既是非政府研究中心，也是多元化和独立的实验室，它通过系统地激活事实方法（收集和严格的批判性分析数据），互动（审议和共同构建）和概念（生产更多的创新价值），将其方法纳入创造性思维。通过回顾和展望，IJD 的目标坚决转向当前的行动，使其符合一种更和谐的理想：一种模范的民主和更好的发展。IJD 单独或合作领导各种倡议：大会、国际会议、专题讨论会、出版物、分析、编年史或著名的公民倡议，如共识会议、公民小组，自 1995 年以来颁发瓦隆奖或瓦隆年度奖。

工作语言：法语、英语

咨商地位：2012 年提出申请，并获得联合国经社理事会特别咨商地位

活动领域：性别问题、妇女与环境、妇女与媒体等

总部地址：比利时

U

Union of the Rationalist Atheists and Agnostics（理性主义无神论者和不可知论者的联盟）

机构名称：理性主义无神论者和不可知论者的联盟

机构名称（英文）：Union of the Rationalist Atheists and Agnostics

机构名称缩写：UAAR

机构名称缩写（英文）：UAAR

机构网站：https：//www.uaar.it/

简介：UAAR是一个社会促进协会，代表无神论者和不可知论者，捍卫国家的世俗主义。

工作语言：英语、意大利语

咨商地位：无

活动领域：公民权利

总部地址：意大利

UBUNTU-World Forum of Civil Society Networks（UBUNTU—世界民间社会网络论坛）

机构名称：UBUNTU—世界民间社会网络论坛

机构名称（英文）：UBUNTU-World Forum of Civil Society Networks

机构名称缩写：UBUNTU

机构名称缩写（英文）：UBUNTU

机构网站：http：//www.ubuntu.upc.edu

简介：UBUNTU于2001年在西班牙巴塞罗那成立，目标是促进建设一个更加人性化、公正、和平、多样化和可持续的世界，从而有助于实现从以武力和强加为基础的文化向和平、对话、正义、公平和团结的文化过渡。

工作语言：英语、加泰隆语、西班牙语、法语

咨商地位：无

活动领域：社会活动

总部地址：西班牙

Ukrainian Nataional Environmental NGO "MAMA-86"(乌克兰国家环境非政府组织"MAMA-86")

机构名称：乌克兰国家环境非政府组织"MAMA-86"

机构名称（英文）：Ukrainian Nataional Environmental NGO "MAMA-86"

机构名称缩写：ВЕГОМАМА-86

机构名称缩写（英文）：UNENGOMAMA-86

机构网站：http://www.mama-86.org.ua

简介：UNENGOMAMA-86 是一个广泛的环境非政府机构网络。它于2001年1月注册，具有国家地位，目前联合了来自乌克兰各地区的17个组织。"MAMA-86"的活动旨在为乌克兰向可持续发展过渡创造条件，特别侧重于在转型经济背景下应对复杂的环境挑战，并加强公众在这些过程中的作用。"MAMA-86"在公众中积极开展教育活动，通过信息收集和传播、持续培训以及公共和部门间辩论、为公民利益游说政府决策，特别关注妇女。

工作语言：乌克兰语、俄语、英语

咨商地位：无

活动领域：妇女权利教育

总部地址：乌克兰

Ukrainian Think Tanks Liaison Office in Brussels（乌克兰智库布鲁塞尔联络处）

机构名称：乌克兰智库布鲁塞尔联络处

机构名称（英文）：Ukrainian Think Tanks Liaison Office in Brussels

机构名称缩写：UTTLOB

机构名称缩写（英文）：UTTLOB

机构网站：https://www.ukraine-office.eu/en/

简介：UTTLOB 的任务是交流乌克兰和国际专家界的知识和意见，以促进泛欧和全球对乌克兰及相关问题的讨论。它为处理欧盟—乌克兰的关键问题提供了一个独立的平台，并正在欧洲各地建立一个研究人员和决策者网络，以对乌克兰的民主发展和乌克兰的欧洲一体化产生持久影响。对该组织来说，报道包括乌克兰在内的东欧邻国地区的转变和传播分析也很重要。该组织设想乌克兰是一个改革后的国家和欧盟成员国,并看到欧洲经济区自由繁荣。该组织努力实现这一目标。

工作语言:法语、英语

咨商地位:2022年提交咨商地位申请,2023年获得联合国经社理事会特别咨商地位

活动领域:知识交流

总部地址:比利时

UN Women National Committee Sweden(联合国妇女署—瑞典国家委员会,UN Women-Nationell Kommitté Sverige)

机构名称:联合国妇女署—瑞典国家委员会(UN Women-Nationell Kommitté Sverige)

机构名称(英文):UN Women National Committee Sweden 机构名称缩写:UNWnk Sverige

机构名称缩写(英文):UN Wnc Sweden

机构网站:http://www.unwomen.se

简介:UN Wnc Sweden是一个致力于两性平等和赋予妇女权利的组织。作为妇女和女孩的全球倡导者,联合国妇女署的成立旨在加快在满足全球妇女和女孩需求方面的进展。

工作语言:瑞典、英语

咨商地位:1998年提交咨商地位申请,获得联合国经社理事会特别咨商地位

活动领域:妇女权益

总部地址:瑞典

Union of Southern European Forest Owners(南欧森林工人联盟,Union de Selvicultores del Sur de Europa)

机构名称:南欧森林工人联盟(Union de Selvicultores del Sur de Europa)

机构名称(英文):Union of Southern European Forest Owners

机构名称缩写：USSE

机构名称缩写（英文）：USSE

机构网站：http://www.usse-eu.org

简介：USSE 成立于 1989 年，是一个欧洲经济利益集团（EEIG），汇集了南欧的林务员组织。以国际森林政策方向为主体，酌情跟踪欧洲森林政策工具的发展和巩固，这直接或间接影响到共同农业政策、农村发展政策（农村发展方案）、《欧洲森林战略》等领域。

工作语言：西班牙语、英语

咨商地位：2003 年提交咨商地位申请，获得联合国经社理事会特别咨商地位

活动领域：森林政策

总部地址：西班牙

UDP（西班牙养老金领取者和退休人员民主联盟，UNION DEMOCRATICADE PENSIONISTAS Y JUBILADOS DE ESPANA）

机构名称：西班牙养老金领取者和退休人员民主联盟（UNION DEMOCRATICADE PENSIONISTAS Y JUBILADOS DE ESPANA）

机构名称（英文）：UDP

机构名称缩写：UDP

机构名称缩写（英文）：UDP

机构网站：http://www.mayoresudp.org

简介：UDP 是一个致力于维护西班牙老年人权利的协会，由老年人创建、指导和管理，并为老年人服务。UDP 在公共当局面前主张所有人享有有尊严的晚年的权利。

工作语言：西班牙语

咨商地位：无

活动领域：养老

总部地址：西班牙

Union for International Cancer Control（国际癌症控制联盟）

机构名称：国际癌症控制联盟

机构名称（英文）：Union for International Cancer Control

机构名称缩写：UICC

机构名称缩写（英文）：UICC

机构网站：http：//www.uicc.org

简介：UICC 创立于 1933 年，是拥有来自 80 个以上国家，超过 270 个会员组织的独立、非政府的协会。UICC 是非营利性的、非政治性的，也是非宗教性的组织。UICC 致力于四个策略方向：癌症预防与控制、烟害防治、知识转移、以及能力建立和支持性的护照。

工作语言：法语、英语

咨商地位：2011 年提交咨商地位申请，获得联合国经社理事会特别咨商地位

活动领域：癌症预防与控制、健康

总部地址：瑞士

Union of Arab Jurists（阿拉伯法学家联盟）

机构名称：阿拉伯法学家联盟

机构名称（英文）：Union of Arab Jurists

机构名称缩写：UAJ

机构名称缩写（英文）：UAJ

机构网站：无

简介：UAJ 成立于 1975 年 1 月 15 日，其宗旨是：实现阿拉伯祖国的政治和经济解放；致力于阿拉伯祖国的统一；保护阿拉伯法律遗产；制定阿拉伯法律并致力于统一和统一其条款；为阿拉伯祖国的进步政治和社会原则制定宪法和法律框架；致力于捍卫人权，特别是国际人道主义法。

工作语言：英语、法语、阿拉伯语

咨商地位：1977 年提交咨商地位申请，获得联合国经社理事会特别咨商地位

活动领域：可持续发展等

总部地址：瑞士

Union of Ibero American Capitals-Intermunicipal Financial and Economic Centre for Advice and Co Operation（伊比利亚美洲各国首都联盟—市际金融和经济咨询与合作中心）

机构名称：伊比利亚美洲各国首都联盟—市际金融和经济咨询与合作中心

机构名称（英文）：Union of Ibero American Capitals-Intermunicipal Financial and Economic Centre for Advice and Co Operation

机构名称缩写：UCCI

机构名称缩写（英文）：UCCI

机构网站：http://www.ciudadesiberoamericanas.org

简介：UCCI 成立于 1982 年 10 月，是一个国际市政组织，其主要目标是确定一个构成和平共处和团结发展典范的地区，以及巩固一种良知，使伊比利亚—美洲地区各国人民之间能够更好地相互理解与合作。

工作语言：葡萄牙语、西班牙语

咨商地位：1989 年提交咨商地位申请，获得联合国经社理事会特别咨商地位

活动领域：经济、性别问题、公共管理、社会发展、可持续发展等

总部地址：西班牙

Union of International Associations（国际协会联合会）

机构名称：国际协会联合会

机构名称（英文）：Union of International Associations

机构名称缩写：UIA

机构名称缩写（英文）：UIA

机构网站：http://www.uia@uia.org

简介：在 1914 年之前的整个时期，比利时是国际运动的主要东道国。1907 年，保罗－奥特莱（被认为是信息科学之父之一）和亨利－拉方丹（1913 年诺贝尔和平奖得主）以国际协会中央办公室的名义成立了国际协会联合会，以加强各组织之间的合作，并充当文献中心。UIA 有两个主要目的：维护和提供有关国际协会、其活动和关切问题以及其会议活动的全面、最新和可靠的信息；通过培训和联网机会支持和促进国际协会的工

作。国际协会联合会与许多政府间组织和非政府组织以及其他实体建立了合作伙伴关系，这有助于推动其目标的实现。国际协会联合会的主要结构包括：积极成员大会、执行理事会、主席团和秘书处。

工作语言：英语

咨商地位：1951年提交咨商地位申请，获得联合国经社理事会特别咨商地位

活动领域：经济、信息、可持续发展等

总部地址：比利时

United Church of Christ-Wider Church Ministries（基督教联合教会—更广泛的教会事工）

机构名称：基督教联合教会—更广泛的教会事工

机构名称（英文）：United Church of Christ-Wider Church Ministries

机构名称缩写：无

机构名称缩写（英文）：无

机构网站：http：//www.ucc.org/

简介：United Church of Christ-Wider Church Ministries 支持会众和教会的其他环境与更广泛的教会发展关系，这种关系是全球性的、多种族的、多文化的、开放的、肯定的，并且是所有人都可以接触到的。卡伦－乔治亚－汤普森牧师（Rev. Dr. Karen Georgia Thompson）是更广泛教会事工的副总牧师。更广泛教会事工通过全球事工——两个教会共同的宣教见证——与基督教会（基督门徒会）海外事工部合作。一些"更广泛的教会事工"计划是基督教联合教会独有的，而其他一些计划则是与基督教门徒会共享的。

工作语言：英语

咨商地位：无

活动领域：经济、社会、性别问题

总部地址：瑞士

United Cities and Local Governments（城市和地方政府联合会）

机构名称：城市和地方政府联合会

机构名称（英文）：United Cities and Local Governments

机构名称缩写：UCLG

机构名称缩写（英文）：UCLG

机构网站：无

简介：UCLG 2004 年 5 月 5 日成立于法国巴黎，由国际地方当局联盟（IULA）和世界联合城市联盟（UTO）合并而成。宗旨是通过成员的活动，促进建立一个以地方民主、自治和权力下放为基础的公平、可持续和团结的社会，并以普遍利益和公民利益为重点。具体而言：加强地方当局的作用，为解决目前的重大挑战做出贡献，并使这一作用在国际体系中得到承认；采取行动支持联合国可持续发展目标；促进强有力和有效的地方和地区当局以及有代表性的国家协会；通过"城市外交"鼓励和平；促进创新和加强地方治理。

工作语言：法语、英语、西班牙语

咨商地位：1947 年提交咨商地位申请，获得联合国经社理事会全面咨商地位

活动领域：经济、社会、性别问题、可持续发展等

总部地址：西班牙

United for Human Rights（人权联盟）

机构名称：人权联盟

机构名称（英文）：United for Human Rights

机构名称缩写：UFHR

机构名称缩写（英文）：UFHR

机构网站：无

简介：UFHR 成立于 2005 年，宗旨为在地方、地区、国家和国际层面落实《世界人权宣言》。

工作语言：俄语、阿拉伯语、西班牙语、中文、法语、英语

咨商地位：2023 年提交咨商地位申请，获得联合国经社理事会特别咨商地位

活动领域：正义、和平与安全、妇女/性别平等、性别问题

总部地址：瑞士

United for Intercultural Action（文化间行动联合会）

机构名称：文化间行动联合会

机构名称（英文）：United for Intercultural Action

机构名称缩写：无

机构名称缩写（英文）：无

机构网站：无

简介：United for Intercultural Action 成立于 1992 年法国斯特拉斯堡，由两次欧洲研讨会的与会者创立。宗旨是协调具有不同政治背景的欧洲组织的网络进程，这些组织希望联合起来打击种族主义和法西斯主义，并影响移民和庇护政策。

工作语言：英语

咨商地位：1997 年提交咨商地位申请，获得联合国经社理事会特别咨商地位

活动领域：公民治理、人权、移民、少数民族权利、难民、可持续发展、妇女、青年等

总部地址：荷兰

United Kingdom Association for the United Nations Development Fund for Women（英国联合国妇女发展基金协会）

机构名称：英国联合国妇女发展基金协会

机构名称（英文）：United Kingdom Association for the United Nations Development Fund for Women

机构名称缩写：无

机构名称缩写（英文）：无

机构网站：http：//www.unwomenuk.org

简介：United Kingdom Association for the United Nations Development Fund for Women 的使命是确保每个妇女和女孩都能获得安全保障、选择权和发言权。

工作语言：英语

咨商地位：2011 年提交咨商地位申请，获得联合国经社理事会特别咨商地位

活动领域：性别问题

总部地址：英国

United Nations Association of Great Britain and Northern Ireland（UNA-UK）（大不列颠及北爱尔兰联合国协会）

机构名称：大不列颠及北爱尔兰联合国协会

机构名称（英文）：United Nations Association of Great Britain and Northern Ireland（UNA-UK）

机构名称缩写：UNA-UK

机构名称缩写（英文）：UNA-UK

机构网站：http：//www.una.org.uk

简介：UNA-UK 成立于 1945 年，是英国在联合国行动的主要倡导者；是英国有关联合国分析的主要来源；是一个由来自各行各业的 20000 人组成的充满活力的基层运动。我们是英国唯一一家致力于在政策制定者、舆论制造者和公众中建立对联合国支持的慈善机构。我们的使命是在联合国开展系统性改革运动；倡导英国为全球合作采取行动。我们的价值观是大胆、破坏性、建设性、创造性——我们不惜一切代价，用事实说话。责任——影响我们所有人的决策不应闭门造车。我们践行自省，期待透明，挑战不平等。交叉性——我们认识到压迫的相互关联性，并挑战驱动不公正的结构。团结——我们在世界各地的社区中发现力量，并扩大基层变革者的工作。我们通过解释联合国是如何运作的，以及它能够切实实现的目标，将人们和组织与联合国的工作和价值观联系起来；提供联合国与英国之间的接口；呼吁英国在联合国发挥积极进取的领导作用；就如何使联合国更加有效、透明、包容和负责激发辩论和行动；召集来自英国和国际各领域的主要参与者，推动全球问题的多边解决方案；使我们的成员和支持者有能力推动所有这些目标的实现。英国联合国协会的巨大力量来自其成员和支持者，以及遍布英国的社区、学生和以问题为基础的联合国协会小组网络。他们共同构成了英国国内和全球支持联合国的重要力量。

工作语言：英语

咨商地位：1996 年提交咨商地位申请，获得联合国经社理事会 A1 咨商地位

活动领域：经济、性别问题、社会发展、可持续发展等

总部地址：英国

United Nations Association of Russia（俄罗斯联合国协会）

机构名称：俄罗斯联合国协会

机构名称（英文）：United Nations Association of Russia

机构名称缩写：无

机构名称缩写（英文）：无

机构网站：http：//www.una.ru

简介：United Nations Association of Russia 是一个国际公共组织，成立的目的是"为实现《联合国宪章》宣布的目标和原则提供一切可能的帮助"，并积极参与"加强各国和各国人民之间的信任和友谊"。

工作语言：英语、俄语

咨商地位：1999 年提交咨商地位申请，获得联合国经社理事会全面咨商地位

活动领域：经济、发展筹资、性别问题、人口、公共管理、社会发展、统计、可持续发展等

总部地址：俄罗斯

United Nations Association of Serbia（塞尔维亚联合国协会）

机构名称：塞尔维亚联合国协会

机构名称（英文）：United Nations Association of Serbia

机构名称缩写：无

机构名称缩写（英文）：无

机构网站：http：//www.unaserbia.rs

简介：United Nations Association of Serbia 是一个非政府组织，1952 年成立于贝尔格莱德。它是联合国协会世界联合会（WFUNA）的成员，并获得纽约联合国新闻部的认可。塞尔维亚联合国协会的主要任务是宣传联合国的理想，支持联合国的目标和活动。塞尔维亚联合国协会的愿景是根据《联合国宪章》的主要目标，建设一个更美好、更平等的世界。我们致力于向会员和公众宣传联合国系统，并根据《联合国宪章》的目标和原则

组织教育和其他项目。我们还致力于提高公众对民族和国家间合作在维护和平、尊重人权以及世界整体发展和进步方面的重要性的认识。

工作语言：英语

咨商地位：无

活动领域：经济、性别问题、社会发展、可持续发展等

总部地址：塞尔维亚

United Nations Association of Sweden（瑞典联合国协会）

机构名称：瑞典联合国协会

机构名称（英文）：United Nations Association of Sweden

机构名称缩写：UNA Sweden

机构名称缩写（英文）：UNA Sweden

机构网站：http：//www.fn.se

简介：UNA Sweden 致力于建设一个更好、更强大的联合国。我们需要更多的人来捍卫国际合作，保护最弱势群体，保障人民的基本权利。

工作语言：英语、瑞典语

咨商地位：2000 年提交咨商地位申请，获得联合国经社理事会 A1 咨商地位

活动领域：经济、社会、可持续发展等

总部地址：瑞典

United Nations of Yoga（UNY）（瑜伽联合国）

机构名称：瑜伽联合国

机构名称（英文）：United Nations of Yoga（UNY）

机构名称缩写：UNY

机构名称缩写（英文）：无

机构网站：无

简介：UNY 成立于 1942 年 7 月 30 日匈牙利布达佩斯。

工作语言：英语

咨商地位：1975 年提交咨商地位申请，获得联合国经社理事会 A1 咨商地位

活动领域：经济、社会、性别问题

总部地址：瑞典

United Nations Watch（联合国观察组织）

机构名称：联合国观察组织

机构名称（英文）：United Nations Watch

机构名称缩写：UN Watch

机构名称缩写（英文）：UN Watch

机构网站：无

简介：UN Watch 成立于 1993 年，由莫里斯-B-艾布拉姆斯（1918—2000）创立。宗旨是监督联合国的表现及其对《联合国宪章》的遵守情况。

工作语言：英语

咨商地位：2002 年提交咨商地位申请，获得联合国经社理事会特别咨商地位

活动领域：治理、人权、人道主义事务、国际法、国际安全、少数群体权利、和平与安全、难民、可持续发展、联合国改革、妇女等

总部地址：瑞士

United Network of Young Peacebuilders（UNOY Peacebuilders）（青年和平建设者联合网络）

机构名称：青年和平建设者联合网络

机构名称（英文）：United Network of Young Peacebuilders（UNOY Peacebuilders）

机构名称缩写：UNOY

机构名称缩写（英文）：UNOY

机构网站：http://www.unoy.org

简介：UNOY 1989 年 6 月成立于荷兰汉德尔（Handel），当时来自五大洲的 35 名青年在一次会议上制定了《宪章》，并将其命名为青年联合国（UNOY 基金会），又称 UNOY 和平建设者。根据荷兰法律注册。宗旨是致力于建立和平社会；促进能力发展并支持成员的宣传工作。

工作语言：荷兰语、英语

咨商地位：2007 年提交咨商地位申请，2010 年获得联合国经社理事会特别咨商地位

活动领域：性别问题、妇女、冲突、青年、可持续发展能力建设、性别平等、伙伴关系、非洲和平发展、非洲冲突解决等

总部地址：荷兰

United Towns Agency for North South Cooperation（南北合作联合城市机构，United Towns Agency for North-South Cooperation）

机构名称：南北合作联合城市机构（United Towns Agency for North-South Cooperation）

机构名称（英文）：United Towns Agency for North South Cooperation

机构名称缩写：UTA

机构名称缩写（英文）：UTA

机构网站：http://www.utagency.org

简介：UTA 正在动员一切力量，促进采取集体行动，建设一个可持续发展的世界。UTA 成立于 1982 年。自 1995 年以来，它一直被联合国认可，具有经社理事会批准的特别咨商地位，是历史最悠久的经认可的非政府组织之一。

工作语言：西班牙语、英语、法语、阿拉伯语

咨商地位：1995 年提交咨商地位申请，获得联合国经社理事会特别咨商地位

活动领域：经济、发展筹资、性别问题、人口、公共管理、社会发展、可持续发展、非洲和平发展、非洲冲突解决

总部地址：瑞士

Universal Esperanto Association（世界语协会）

机构名称：世界语协会

机构名称（英文）：Universal Esperanto Association

机构名称缩写：UEA

机构名称缩写（英文）：UEA

机构网站：http://www.uea.org

简介：UEA 成立于 1908 年，是世界语者的个人组织。目前，UEA 是世界语者最大的国际组织，成员遍布 120 个国家。UEA 不仅致力于推广世界语，还致力于促进对世界语言问题的讨论，并呼吁人们关注语言平等的必要性。

工作语言：英语、世界语、法语

咨商地位：无

活动领域：教育、人权、原住民、少数民族权利、持续发展等

总部地址：荷兰

Universalis Matter（世界问题）

机构名称：世界问题

机构名称（英文）：Universalis Matter

机构名称缩写：Unimatter

机构名称缩写（英文）：Unimatter

机构网站：http://www.unimatter.org

简介：Unimatter 的宗旨是研究人类的起源与命运。

工作语言：法语

咨商地位：2016 年提交咨商地位申请，获得联合国经社理事会特别咨商地位

活动领域：儿童、公民治理、文化、教育、人权、人道主义事务、和平与安全、科学技术、技术合作、价值观、妇女/性别平等、青年等

总部地址：法国

UPR Info（普遍定期审议资讯组织）

机构名称：普遍定期审议资讯组织

机构名称（英文）：UPR Info

机构名称缩写：无

机构名称缩写（英文）：无

机构网站：http://www.upr-info.org

简介：UPR Info 是一个国际非营利性非政府组织，总部设在瑞士日内

瓦。UPR Info 成立于 2008 年，具有联合国经社理事会特别咨商地位。普遍定期审议资讯组织的名称源自联合国大会第 60/251 号决议于 2006 年 3 月 15 日确立的程序：普遍定期审议（UPR）。这一独特的机制包括由人权理事会（HRC）对所有联合国会员国的人权记录进行审查。普遍定期审议资讯组织是为响应普遍定期审议机制的建立而成立的，目的是通过我们组织的数据库免费提供普遍定期审议的建议，从而提供有关该机制的信息并提高透明度。最初，普遍定期审议资讯组织的工作重点是支持民间社会组织（CSO）。2012 年，它开发了一个宣传平台——会前会议，以加强民间社会组织在普遍定期审议互动对话中的发言权。会前会议现已被公认为国际层面最重要的人权宣传平台之一。

工作语言：英语

咨商地位：2011 年提交咨商地位申请，2012 年获得联合国经社理事会特别咨商地位

活动领域：人权等

总部地址：瑞士

Union of Luso-African-America-Asiatic Capital Cities（葡萄牙语非洲—美洲—亚洲国家首都联盟，Uniao das Cidades Capitais Luso Afro Americo Asiaticas）

机构名称：葡萄牙语非洲—美洲—亚洲国家首都联盟（Uniao das Cidades Capitais Luso Afro Americo Asiaticas）

机构名称（英文）：Union of Luso-African-America-Asiatic Capital Cities

机构名称缩写：UCCLA

机构名称缩写（英文）：UCCLA

机构网站：http://www.uccla.pt

简介：UCCLA 成立于 1985 年 6 月 28 日，是一个国际性的城市间协会。比绍、里斯本、罗安达、澳门、马普托、普拉亚、里约热内卢和圣多美/格兰德瓜等城市签署了法案。作为一个真正的首都城市协会、自由民族和国家的代表，UCCLA 开展了富有成果和密切的交流与合作。它是一个非营利性的城市间协会，自豪地承担着促进其人民的发展和福祉的使命。经过 30 年的发展，UCCLA 目前拥有 43 个城市（有效城市、联系城市和观

察员城市），遍布四大洲，以及 45 家支持公司。在这 30 年里，拉美城市联盟为加强城市之间的联系做出了贡献，这些联系赋予了城市联盟灵魂，促进了经济、社会和文化的发展，激发了团结互助的纽带，这自然有利于支持最贫困的城市、城区和城郊人口。葡语国家联盟参与分权合作和发展合作，促进经济、科学和商业发展和葡语文化，以及职业培训、基本卫生、城市规划、金融和工业合作。

工作语言：葡萄牙语、英语

咨商地位：1993 年提交咨商地位申请，获得联合国经社理事会特别咨商地位

活动领域：经济、性别问题、公共管理、社会发展、可持续发展等

总部地址：葡萄牙

United Villages（联合村，Villages Unis）

机构名称：联合村（Villages Unis）

机构名称（英文）：United Villages

机构名称缩写：VU

机构名称缩写（英文）：UV

机构网站：http：//www.villagesunis.ch/

简介：UV 成立于 2011 年。

工作语言：英语、法语

咨商地位：2015 年提交咨商地位申请，获得联合国经社理事会特别咨商地位

活动领域：经济、社会、性别问题、可持续发展、非洲冲突解决

总部地址：瑞士

United Nations Association Flanders Belgium（弗兰德斯比利时联合国协会，Vereniging Voor de Verenigde Naties-United Nations Association Flanders Belgium）

机构名称：弗兰德斯比利时联合国协会（Vereniging Voor De Verenigde Naties-United Nations Association Flanders Belgium）

机构名称（英文）：United Nations Association Flanders Belgium

机构名称缩写：VVN

机构名称缩写（英文）：UNA Flanders Belgium

机构网站：http：//www.vvn.be

简介：VVN旨在传播有关联合国原则和运作的知识，严格监督各国政府与联合国有关的政策，提高公众对国际合作促进和平、福利、繁荣和人权必要性的认识。

工作语言：英语、弗拉芒语、法语

咨商地位：无

活动领域：经济、社会发展、可持续发展等

总部地址：比利时

UN Association of Finland（芬兰联合国协会，Suomen YK-liitto Ry）

机构名称：芬兰联合国协会（Suomen YK-liitto Ry）

机构名称（英文）：UN Association of Finland

机构名称缩写：YK-liitto

机构名称缩写（英文）：UNA-FI

机构网站：http：//www.ykliitto.fi

简介：YK-liitto成立于1954年，旨在促进联合国的原则和目标并支持其行动，从而促进国际谅解和国家间的和平合作。为了实现其宗旨，芬兰联合国协会组织会议、研讨会、课程和演讲，提供信息和出版物，并支持建立具有共同理想和宗旨的当地联合国协会和活动团体。

工作语言：瑞典语、英语、芬兰语

咨商地位：2013年提交咨商地位申请，获得联合国经社理事会特别咨商地位

活动领域：经济、社会、公民身份、公民治理、气候变化、可持续发展、能力建设、消费、生产模式

总部地址：芬兰

UNESCO Center of Florence ONLUS（联合国教科文组织佛罗伦萨ONLUS中心）

机构名称：联合国教科文组织佛罗伦萨ONLUS中心

机构名称（英文）：UNESCO Center of Florence ONLUS

机构名称缩写：CUFONLUS

机构名称缩写（英文）：UCFONLUS

机构网站：http：//www.centrounescofi.it

简介：CUFONLUS成立于1971年，是一个非政府组织，在地方和国际层面的文化、社会和合作领域开展可持续发展活动。该中心旨在使联合国教育、科学及文化组织的原则具体化。我们对世界的愿景是："既然战争始于人类的头脑，那么在人类的头脑中，必须构建对和平的捍卫。"（1945年教科文组织宪法）我们意识到它承诺："通过教育、科学、文化、通信和信息，为建设和平、消除贫困、可持续发展和文化间对话做出贡献。"（1945年教科文组织宪法）我们的目标是通过更好地了解不同文明来促进各国人民之间的理解与合作。传播对人权的认识，如《世界人权宣言》（1948年）所承认的人权。通过能力建设支持自决的发展中国家社区。

工作语言：英语、意大利语、法语、西班牙语

咨商地位：2012年提交咨商地位申请，获得联合国经社理事会特别咨商地位

活动领域：经济、性别问题、公共行政、社会发展、可持续发展等

总部地址：西班牙

V

VDE Testing and Certification Institute（电气工程电子信息技术 VDE 协会，VDE Prüf- und Zertifizierungsinstitut GmbH）

机构名称：电气工程电子信息技术 VDE 协会（VDE Prüf- und Zertifizierungsinstitut GmbH）

机构名称（英文）：VDE Testing and Certification Institute

机构名称缩写：VDE Institut

机构名称缩写（英文）：VDE Institute

机构网站：http://www.vde.com

简介：VDE Institute 拥有 36000 名会员（包括 1300 家公司）和 1200 名员工，是欧洲最大的技术和科学协会之一：一个科学、标准化和产品测试的国际专家平台——跨学科、紧密交织、独特。具有集中的专业经验、市场知识和技术知识。主要专注面涉及能源转型、工业 4.0、智能交通、智能生活和医疗技术以及 IT 安全。VDE 特别致力于研究工作和对培养年轻人才的投入以及对消费者的保护工作。我们的世界正在发生变化：所有可能的事情都将成为可能——电子和数字化的未来——何时才是正确时机？如果有其他行动方式，那么需要理想，开创新局面的安全性，共同发展，跨行业的责任以及对人类的创新。

工作语言：英语、德语

咨商地位：2012 年提交咨商地位申请，获得联合国经社理事会特别咨商地位

活动领域：工商业、发展、经济与金融、教育、能源、环境、工业发展、信息、知识产权、安全、科学与技术、技术合作、科学、技术、有毒化学品等

总部地址：德国

Verification Research, Training and Information Centre（核查研究、培训与信息中心）

机构名称：核查研究、培训与信息中心

机构名称（英文）：Verification Research, Training and Information Centre

机构名称缩写：VERTIC

机构名称缩写（英文）：无

机构网站：http：//www.vertic.org

简介：VERTIC是一个独立的非营利性慈善组织。我们的使命是支持国际协定及相关地区和国家倡议的制定、实施和核查。VERTIC通过一系列公开出版物中有关核查制度和实施的研究和分析来提供这种支持。中心还通过在世界各地举办的讲习班以及实习计划提供培训。我们通过提供批准/加入支持，帮助各国政府和国际组织努力使核查制度具有约束力。VERTIC还协助各国政府将国际法中的承诺转化为国家立法。我们以客观公正的方式开展所有工作。

工作语言：英语

咨商地位：1996年提交咨商地位申请，获得联合国经社理事会A1咨商地位

活动领域：原子能、气候变化、排雷、裁军、环境、国际法、国际安全、和平与安全、可持续发展等

总部地址：英国

Victim Support Europe（欧洲受害者支助组织）

机构名称：欧洲受害者支助组织

机构名称（英文）：Victim Support Europe

机构名称缩写：VSE

机构名称缩写（英文）：VSE

机构网站：https://www.victim-support.eu/

简介：VSE成立于1989年，宗旨是：促进在整个欧洲为犯罪受害者提供有效的服务；促进为欧洲的犯罪受害者提供公平和平等的赔偿，无论受害者的国籍如何；促进欧洲的犯罪受害者在参与刑事司法系统和与其他机构合作时的权利；在成员组织之间交流经验和信息，分享最佳做法和知识。

工作语言：英语

咨商地位：1995年提交咨商地位申请，获得联合国经社理事会特别咨商地位

活动领域：可持续发展等

总部地址：比利时

Vienna Economic Forum（维也纳经济论坛）

机构名称：维也纳经济论坛

机构名称（英文）：Vienna Economic Forum

机构名称缩写：VEF

机构名称缩写（英文）：VEF

机构网站：http：//www.vvn.be

简介：VEF 自 2004 年成立以来，促进区域经济合作一直是其目标。我们感到自豪的是，这些年来，维也纳经济论坛成员国（阿尔巴尼亚、波斯尼亚和黑塞哥维那、保加利亚、克罗地亚、科索沃、摩尔多瓦、黑山、北马其顿、奥地利、罗马尼亚、斯洛文尼亚、土耳其和乌克兰）企业家之间的经济合作发展顺利。维也纳经济论坛（VEF）的创始成员包括奥地利一些最知名的公司和实业家。VEF 于 2011 年 1 月 7 日首次获得国际非政府组织地位，并于 2022 年 1 月 1 日再次获得确认。2012 年 7 月 27 日，VEF 获得联合国经社理事会特别咨商地位，自 2015 年起，VEF 在欧洲议会和欧盟委员会的透明登记册中注册。奥地利当局授予 VEF 悬挂其论坛旗帜的权利。

工作语言：德语、英语

咨商地位：2012 年提交咨商地位申请，获得联合国经社理事会特别咨商地位

活动领域：工业发展、信息等

总部地址：奥地利

Viva Network（Viva 网络）

机构名称：Viva 网络

机构名称（英文）：Viva Network

机构名称缩写：无

机构名称缩写（英文）：无

机构网站：无

简介：Viva Network 成立于 1996 年，在英国注册为慈善机构。在香港注册为慈善机构。宗旨是让儿童摆脱贫困和虐待。

工作语言：英语

咨商地位：2002 年提交咨商地位申请，获得联合国经社理事会 A1 咨商地位

活动领域：儿童、发展、教育、赤贫、家庭、食品、人权、人道主义事务、司法、劳动、最不发达国家、和平与安全、人口、难民、宗教、社会发展、统计、可持续发展、价值观、暴力问题、妇女、青年等

总部地址：英国

Voluntary Service Overseas（海外志愿服务）

机构名称：海外志愿服务

机构名称（英文）：Voluntary Service Overseas

机构名称缩写：VSO

机构名称缩写（英文）：VSO

机构网站：http：//www.vsointernational.org

简介：VSO 知道，仅仅寄钱并不能带来我们都希望看到的持久变化。因此，我们释放人的力量，将当地、国内和国际志愿者聚集在一起，与世界上最边缘化和最脆弱的社区并肩工作，创造一代又一代的改变。我们的愿景是人人享有公平的世界。我们的宗旨是通过志愿服务创造持久的变革。我们不是通过提供援助，而是通过与志愿者和合作伙伴合作，增强生活在世界上一些最贫困和脆弱地区的人们的能力，从而带来改变。

工作语言：英语

咨商地位：2011 年提交咨商地位申请，2012 年获得联合国经社理事会特别咨商地位

活动领域：经济、发展筹资、性别问题、人口、公共管理、社会发展、统计、可持续发展等

总部地址：英国

Vienna NGO Committee on Drugs（维也纳非政府组织毒品委员会，Wiener Drogen Komittee）

机构名称：维也纳非政府组织毒品委员会（Wiener Drogen Komittee）

机构名称（英文）：Vienna NGO Committee on Drugs

机构名称缩写：VNGOC

机构名称缩写（英文）：VNGOC

机构网站：http：//www.vngoc.org

简介：VNGOC 是一个国际性组织，专注于毒品问题的研究、政策倡导和行动。VNGOC 成立于 1983 年，旨在为 NGO、学术界和国际社会提供一个平台，共同讨论和应对全球毒品问题。VNGOC 的使命是推动关于毒品问题的多边对话、促进合作，以及加强毒品政策和毒品治疗的可持续发展。VNGOC 在维也纳联合国办事处附近设有办公室，以便更好地与联合国毒品和犯罪办公室（UNODC）等国际组织合作。

工作语言：法语、英语

咨商地位：2015 年提交咨商地位申请，获得联合国经社理事会特别咨商地位

活动领域：经济、社会发展、可持续发展

总部地址：奥地利

Vernadsky Nongovernmental Ecological Foundation（韦尔纳茨基非政府生态基金会）

机构名称：韦尔纳茨基非政府生态基金会

机构名称（英文）：Vernadsky Nongovernmental Ecological Foundation

机构名称缩写：NGO EVF

机构名称缩写（英文）：Vngo EF

机构网站：http：//www.vernadsky.ru

简介：NGO EVF 成立于 1995 年，是面向俄罗斯联邦的全国性组织，旨在促进俄罗斯环境的可持续发展。该组织第一次开始提出需要解决环境问题，通过国家、企业和社会的共同努力实现国家的可持续发展。谨慎地使用自然资源，为子孙后代保护有利的自然环境及其生物多样性。

工作语言：俄语、英语

咨商地位：2003 年提交咨商地位申请，获得联合国经社理事会特别咨商地位

活动领域：环境保护、环境教育

总部地址：俄罗斯

W

World Federation for Mental Health（世界心理卫生联合会）

机构名称：世界心理卫生联合会

机构名称（英文）：World Federation for Mental Health

机构名称缩写：WFMH

机构名称缩写（英文）：WFMH

机构网站：http://www.wfmh.global

简介：WFMH 的使命是在全球范围内促进提高心理健康意识、预防精神障碍、宣传和以康复为重点的最佳干预措施。

工作语言：英语

咨商地位：1963 年提交咨商地位申请，获得联合国经社理事会特别咨商地位

活动领域：经济、性别问题、人口、公共管理、社会发展、可持续发展

总部地址：英国

World Federation of Engineering Organizations（世界工程组织联合会）

机构名称：世界工程组织联合会

机构名称（英文）：World Federation of Engineering Organizations

机构名称缩写：WFEO

机构名称缩写（英文）：WFEO

机构网站：http://www.wfeo.org/

简介：WFEO 成立于 1968 年，是工程专业的国际组织。由联合国教科文组织赞助，汇集了来自约 100 个国家的工程机构，代表着 3000 多万工程师。

工作语言：法语、英语

咨商地位：无

活动领域：可持续发展、可持续发展能力建设、气候变化、教育、能源、技术等

总部地址：法国

World Federation of Khoja Shi'a Ithna-Asheri Muslim Communities（世界 Khoja Shi'a Ithna-Asheri 穆斯林社团联合会）

机构名称：世界 Khoja Shi'a Ithna-Asheri 穆斯林社团联合会

机构名称（英文）：World Federation of Khoja Shi'a Ithna-Asheri Muslim Communities

机构名称缩写：无

机构名称缩写（英文）：无

机构网站：http://www.world-federation.org

简介：在英国注册的 World Federation of Khoja Shi'a Ithna-Asheri Muslim Communities 已有40多年的历史。它是一个以信仰为基础的组织，由全世界约15万名社区成员组成，主要分布在加拿大、东非、印度、中东、巴基斯坦、英国和美国。世界联合会由不同地区的成员组织组成：非洲 Khoja Shia Ithna Asheri Jamaats 联合会、欧洲 Jamaats 理事会、澳大利亚社团联合会、印度联合会、北美什叶派 Ithna-asheri 穆斯林社团组织和巴基斯坦 Khoja Shia Isna Asheri Jamaats 联合会。世界联合会的作用是通过战略规划和提供有效实施所需的资源，促进其成员组织的努力。世界联合会是具有联合国经社理事会特别咨商地位的非政府组织。

工作语言：英语

咨商地位：2007年提交咨商地位申请，获得联合国经社理事会特别咨商地位

活动领域：经济、性别问题、人口、社会发展、可持续发展等

总部地址：英国

World Federation of Methodist and Uniting Church Women（世界卫理公会和团结教会女教友联合会）

机构名称：世界卫理公会和团结教会女教友联合会

机构名称（英文）：World Federation of Methodist and Uniting Church Women

机构名称缩写：WFMUCW

机构名称缩写（英文）：WFMUCW

机构网站：http://www.wfmucw.org

简介：WFMUCW（前身为世界卫理公会女教友联合会）是一个由官方承认的卫理公会、联合教会和团结教会女教友团体组成的联谊会，由各参与国的单位组成，以确认其宗旨"认识基督并使他为人所知"。国家单位由九个地理区域组成。地区和单位的官员负责协调各项计划，并提供一个共享计划活动信息的全球网络。

工作语言：法语、英语、西班牙语

咨商地位：1983 年提交咨商地位申请，获得联合国经社理事会特别咨商地位

活动领域：经济、社会、性别问题、可持续发展等

总部地址：英国

World Federation of Neurology（世界神经病学联合会）

机构名称：世界神经病学联合会

机构名称（英文）：World Federation of Neurology

机构名称缩写：WFN

机构名称缩写（英文）：WFN

机构网站：http：//www.wfneurology.org

简介：WFN 于 1957 年在布鲁塞尔成立，是一个神经病学会员学会协会。如今，WFN 代表着全球所有地区的 123 个专业学会，每个学会都有自己的神经病学家个人会员。在年度代表理事会会议上，每个成员学会派一名代表选举理事和官员。作为一家在英国注册的慈善机构，WFN 的使命是在全球范围内促进高质量的神经病学和脑健康，希望通过促进全球神经病学教育和培训来实现这一目标，并将重点放在世界上资源匮乏的地区。

工作语言：英语

咨商地位：2022 年提交咨商地位申请，获得联合国经社理事会特别咨商地位

活动领域：残疾人、教育、科学技术等

总部地址：英国

World Federation of Occupational Therapists（世界职业治疗师联合会）

机构名称：世界职业治疗师联合会

机构名称（英文）：World Federation of Occupational Therapists

机构名称缩写：WFOT

机构名称缩写（英文）：WFOT

机构网站：http://www.wfot.org

简介：WFOT 是代表职业治疗专业的官方国际组织。WFOT 是一个由 107 个成员组织组成的全球网络，代表着 633000 名职业治疗师。作为一个世界性机构，我们代表职业治疗行业在改善世界健康和福祉方面发挥作用。自 1959 年以来，一直与世界卫生组织保持正式关系。我们提高人们对职业的认识，并为我们的成员提供一个展示和交流多样性的平台。WFOT 通过推动职业疗法的卓越发展，让每个人都能参与其中，过上有意义的生活。

工作语言：英语

咨商地位：获得联合国经社理事会 A1 咨商地位

活动领域：可持续发展等

总部地址：英国

World Federation of Public Health Associations（世界公共卫生协会联合会）

机构名称：世界公共卫生协会联合会

机构名称（英文）：World Federation of Public Health Associations

机构名称缩写：WFPHA

机构名称缩写（英文）：WFPHA

机构网站：http://www.wfpha.org

简介：WFPHA 是唯一的世界性专业协会，在国际范围内代表并服务于广泛的公共卫生领域，在当今全球化的世界中为人们的健康做出贡献。我们代表着全球 500 多万名公共卫生专业人员。

工作语言：法语、英语

咨商地位：获得联合国经社理事会 A1 咨商地位

活动领域：经济、社会、性别问题、人口、可持续发展等

总部地址：瑞士

World Federation of Scientific Workers（世界科学工作者联合会）

机构名称：世界科学工作者联合会

机构名称（英文）：World Federation of Scientific Workers

机构名称缩写：FMTS

机构名称缩写（英文）：WFSW

机构网站：http://www.fmts-wfsw.org

简介：WFSW 成立于1946 年，是在高级科学界人士和英国工会——英国科学工作者协会的倡议下成立的。其是一个非政府国际组织，是联合国教科文组织的正式合作伙伴。WFSW 的存在首先是呼吁整个科学界为科学技术服务于人类福祉作出贡献。WFSW 与其附属组织一起采取行动，于1974 年获得了教科文组织关于科学和科学研究人员的建议书（2017 年11 月更新），从而帮助科学家开展解放的专业活动。

工作语言：西班牙语、阿拉伯语、法语、英语

咨商地位：获得联合国经社理事会 A1 咨商地位

活动领域：科学与技术、统计、可持续发展

总部地址：法国

World Federation of the Deaf（世界聋人联合会）

机构名称：世界聋人联合会

机构名称（英文）：World Federation of the Deaf

机构名称缩写：无

机构名称缩写（英文）：无

机构网站：http://www.wfdeaf.org

简介：World Federation of the Deaf 1951 年9 月23 日成立于意大利罗马，首部章程于1951 年9 月23 日在罗马（意大利）通过；已修订：1963 年8 月，斯德哥尔摩（瑞典）；1967 年8 月11 日，华沙（波兰）；1987 年7 月，埃斯波（芬兰）；1991 年7 月3 日，东京（日本）；1995 年7 月8 日，维也纳（奥地利）；2003 年7 月18 日，蒙特利尔 QC（加拿大）；2007 年7 月15 日，马德里（西班牙）；2011 年7 月，德班（南非）；2015 年7 月至8 月，伊斯坦布尔（土耳其）；2019 年7 月，巴黎（法国）。宗旨是通过促进人权和手语使用，改善面临不平等待遇的聋人的生活。

工作语言：英语

咨商地位：1959年提交咨商地位申请，获得联合国经社理事会特别咨商地位

活动领域：经济

总部地址：芬兰

World Federation of the Sporting Goods Industry（世界体育用品业联合会）

机构名称：世界体育用品业联合会

机构名称（英文）：World Federation of the Sporting Goods Industry

机构名称缩写：WFSGI

机构名称缩写（英文）：WFSGI

机构网站：http://www.wfsgi.org

简介：WFSGI成立于1978年，是一个非营利性组织，代表体育用品行业的利益。

工作语言：英语

咨商地位：无

活动领域：经济、社会、可持续发展

总部地址：瑞士

World Federation of Trade Unions（世界工会联合会）

机构名称：世界工会联合会

机构名称（英文）：World Federation of Trade Unions

机构名称缩写：WFTU

机构名称缩写（英文）：WFTU

机构网站：http://www.wftucentral.org

简介：WFTU 1945年10月3日成立于法国巴黎。主要目标是通过反对对人民的一切形式的剥削，为所有工人争取和保证生活条件和工作条件；实现社会、经济和政治民主，捍卫和发展工人和工会的权利和自由，尊重人权，落实《世界工会权利宣言》；国际缓和，在所有国家之间建立公正持久的和平共处，各国人民之间开展互利合作，结束军备竞赛，特别

是核军备竞赛，逐步裁减军备，最终实现全面彻底裁军的目的。

工作语言：英语、法语、俄语、阿拉伯语、西班牙语、现代希腊语

咨商地位：1946年提交咨商地位申请，获得联合国经社理事会全面咨商地位

活动领域：经济、社会、性别问题

总部地址：希腊

World Federation of UNESCO Clubs, Centres and Associations（联合国教科文组织俱乐部、中心和协会世界联合会）

机构名称：联合国教科文组织俱乐部、中心和协会世界联合会

机构名称（英文）：World Federation of UNESCO Clubs, Centres and Associations

机构名称缩写：WFUCA / F. M. A. C. U.

机构名称缩写（英文）：WFUCA / F. M. A. C. U.

机构网站：http://www.wfuca.org

简介：WFUCA / F. M. A. C. U. 于1981年7月2日成立。宗旨是促进教科文组织理想、目标和计划的实现，并为此促进、加强和鼓励教科文组织俱乐部、中心和协会的发展；促进国际了解和教育，特别是为了有效行使人权，促进各国人民的自身发展，建立新的世界经济和社会秩序，并在各国和各国人民中努力实现这些目标，特别是为了促进世界不同文化之间的相互了解；让人民参与教科文组织的工作，特别是基层的工作；促进为和平目的利用科学技术，造福人类，特别是发展中国家；在所有社会中促进每个人和每个民族的文化特性权利。

工作语言：英语

咨商地位：无

活动领域：经济、社会、可持续发展等

总部地址：法国

World for World Organization（世界互助组织）

机构名称：世界互助组织

机构名称（英文）：World for World Organization

机构名称缩写：WFWO

机构名称缩写（英文）：WFWO

机构网站：http://www.worldforworld.org

简介：WFWO 于 2001 年 10 月 16 日世界粮食日之际发起，成立于 2002 年，是一个非营利组织，在意大利和国际上开展活动，具有经济及社会理事会特别咨商地位。经社理事会是协调联合国经济及社会理事会、专门机构和国际机构工作的主要机构。世界妇女组织联合会在举行主要会议的联合国各主要总部都有指定的代表：纽约、日内瓦和维也纳。

工作语言：西班牙语、法语、阿拉伯语、意大利语、英语

咨商地位：2006 年提交咨商地位申请，获得联合国经社理事会特别咨商地位

活动领域：经济、发展筹资、性别问题、社会发展、可持续发展等

总部地址：意大利

World Forum on Shooting Activities（世界射击活动论坛）

机构名称：世界射击活动论坛

机构名称（英文）：World Forum on Shooting Activities

机构名称缩写：WFSA

机构名称缩写（英文）：WFSA

机构网站：http://www.wfsa.net

简介：WFSA 是一个由狩猎、射击和行业组织组成的协会。WFSA 成立于 1996 年，由 50 多个协会和组织组成，远至瑞士和瑞典，近至新西兰和南非。它代表着全球一亿多运动射击爱好者。二十多年来，世界射击运动联合会及其成员组织参加了联合国每一次影响狩猎或射击运动的重要会议。世界射击运动联合会是联合国大会经济及社会理事会承认的联合国正式非政府组织（NGO）。它是世界上少数几个应邀在联合国大会五个委员会之一发言的非政府组织之一。

工作语言：英语

咨商地位：获得联合国经社理事会 A1 咨商地位

活动领域：可持续发展等

总部地址：比利时

World Futures Studies Federation（世界未来研究联合会）

机构名称：世界未来研究联合会

机构名称（英文）：World Futures Studies Federation

机构名称缩写：WFSF

机构名称缩写（英文）：WFSF

机构网站：http://www.wfsf.org

简介：WFSF 是联合国教科文组织和联合国的咨询合作伙伴和全球性非政府组织，成员遍布 60 多个国家。WFSF 汇集了学术界、研究人员、从业人员、学生和以未来为重点的机构。WFSF 提供了一个论坛，通过长期、大视野的思考和激进的变革，激发、探索和交流替代未来的想法、愿景和计划。

工作语言：英语

咨商地位：1987 年提交咨商地位申请，获得联合国经社理事会特别咨商地位

活动领域：经济、性别问题、社会发展、可持续发展等

总部地址：挪威

World Habitat（世界人居署）

机构名称：世界人居署

机构名称（英文）：World Habitat

机构名称缩写：无

机构名称缩写（英文）：无

机构网站：无

简介：World Habitat 1976 年在英国注册为慈善机构。前身为建筑与社会住房基金会（BSHF）。宗旨是通过在国内外开展合作研究和知识转让，促进住房领域的可持续发展和创新。

工作语言：英语

咨商地位：2006 年提交咨商地位申请，获得联合国经社理事会特别咨商地位（已暂停）

活动领域：可持续发展、经济、社会等

总部地址：荷兰

World Heart Federation（世界心脏联盟）

机构名称：世界心脏联盟

机构名称（英文）：World Heart Federation

机构名称缩写：无

机构名称缩写（英文）：无

机构网站：http://www.worldheart.org

简介：人人享有心血管健康。World Heart Federation 相信，无论种族、国籍、性别、年龄、教育程度或收入如何，每个人都应获得保持心脏健康所需的信息、护理和治疗。我们的核心价值观：关爱、平等、社区、诚信、抱负。

工作语言：英语、法语

咨商地位：2012 年提交咨商地位申请，获得联合国经社理事会特别咨商地位

活动领域：可持续发展等

总部地址：瑞士

World Hepatitis Alliance（世界肝炎联盟）

机构名称：世界肝炎联盟

机构名称（英文）：World Hepatitis Alliance

机构名称缩写：Alliance

机构名称缩写（英文）：Alliance

机构网站：无

简介：Alliance 2007 年 12 月 2 日成立，宗旨是与成员、政府和其他主要合作伙伴合作，消除病毒性肝炎。

工作语言：西班牙语、英语、俄语、法语、阿拉伯语、葡萄牙语、中文

咨商地位：2013 年提交咨商地位申请，获得联合国经社理事会特别咨商地位

活动领域：原住民、土著问题、健康等

总部地址：瑞士

World Human Dimension（世界人文因素）

机构名称：世界人文因素

机构名称（英文）：World Human Dimension

机构名称缩写：WHD

机构名称缩写（英文）：WHD

机构网站：http：//www.whd.ru

简介：WHD 于 1991 年 7 月，根据俄罗斯法律注册，宗旨是在人道主义和人权领域开展合作。

工作语言：英语

咨商地位：2000 年提交咨商地位申请，获得联合国经社理事会特别咨商地位

活动领域：老龄化、可持续发展、妇女教育培训、妇女、人权、性别问题、妇女与经济、人口增长、残疾人、农业、教育、非洲发展等

总部地址：俄罗斯

World Humanitarian Drive（世界人道主义运动）

机构名称：世界人道主义运动

机构名称（英文）：World Humanitarian Drive

机构名称缩写：WHD

机构名称缩写（英文）：WHD

机构网站：http：//www.whd.org.uk

简介：WHD 是一个国际非政府组织，业务遍及 12 个国家，由全球和平活动家、企业家、作家阿卜杜勒－巴西特－赛义德博士（Dr. Abdul Basit Syed）在英国克罗伊登创立。WHD 的主要愿景是在全球范围内促进和平、教育和贸易和谐。WHD 的计划、活动和倡议尤其关注妇女、青年、最弱势人群和少数群体的发展。为了实现这一目标，WHD 与世界各国领导人、政府和组织合作，通过各种全球倡议和人道主义活动，促进和平、教育和贸易和谐。我们的伙伴组织"世界和平联合会"（UPF）拥有联合国经济及社会理事会（ECOSOC）的全面咨商地位。

工作语言：英语

咨商地位：2023 年提交咨商地位申请，获得联合国经社理事会特别咨

商地位

活动领域：经济、性别问题、社会发展等

总部地址：英国

World Information Clearing Centre（世界信息交流中心）

机构名称：世界信息交流中心

机构名称（英文）：World Information Clearing Centre

机构名称缩写：无

机构名称缩写（英文）：无

机构网站：无

简介：World Information Clearing Centre 于1986年成立，2009年解散。宗旨是推广有关全球问题的信息和传播新方法，帮助传播有关联合国及其专门机构活动的信息。

工作语言：英语

咨商地位：无

活动领域：文化、发展、裁军、教育、环境、赤贫、人权、信息、国际法、国际安全、司法、媒体、新的全球机构、和平与安全、人口、难民、社会发展、统计、可持续发展、价值观、水资源、妇女、青年等

总部地址：瑞士

World Information Service on Energy（世界能源信息服务处）

机构名称：世界能源信息服务处

机构名称（英文）：World Information Service on Energy

机构名称缩写：WISE

机构名称缩写（英文）：WISE

机构网站：http://www.antenna.nl/wise

简介：WISE 是一个反核组织，成立于1978年，旨在成为关注核能、放射性废物、辐射和可持续能源问题的公民和组织的信息和网络中心。

工作语言：英语

咨商地位：无

活动领域：经济、社会、性别问题、可持续发展等

总部地址：荷兰

Wales Assembly of Women（威尔士妇女议会）

机构名称：威尔士妇女议会

机构名称（英文）：Wales Assembly of Women

机构名称缩写：WAW

机构名称缩写（英文）：WAW

机构网站：http://www.walesassemblyofwomen.co.uk

简介：WAW 成立于 1984 年，是一个非政府组织，由志愿者组成，包括来自不同领域的妇女和女性权益倡导者。WAW 的使命是为威尔士地区的妇女争取更多的权利、资源和机会，推动性别平等和社会公正。WAW 日常开展各种活动、研究、倡导、培训和交流，关注多个议题，包括妇女在职场和政治中的参与、性别歧视和暴力问题、平等薪酬、妇女健康和教育等，在社区中发挥着积极的作用，倡导公正和包容的社会环境，为妇女争取更多的权利和影响力。

工作语言：英语

咨商地位：2003 年提交咨商地位申请，获得联合国经社理事会特别咨商地位

活动领域：经济、科学技术、社会发展、可持续发展、暴力问题、妇女、性别平等

总部地址：英国

War on Want-Campaign Against World Poverty（向贫困宣战——反对世界贫困运动）

机构名称：向贫困宣战——反对世界贫困运动

机构名称（英文）：War on Want-Campaign Against World Poverty

机构名称缩写：War on Want

机构名称缩写（英文）：War on Want

机构网站：https://www.waronwant.org

简介：War on Want 是一个慈善组织，旨在推动全球范围内的贫困问题，争取实现社会正义和经济平等。War on Want 的主要工作包括通过研

究、倡导、运动和教育活动来揭示和解决导致贫困的根本原因。他们关注世界各地的社会不平等、经济剥削、贫富差距、劳工权益、环境破坏等问题，旨在改善弱势群体的生活和权益。

工作语言：英语

咨商地位：1996年提交咨商地位申请，获得联合国经社理事会特别咨商地位

活动领域：经济、社会、可持续发展等

总部地址：英国

War Resisters International（国际反战者联盟）

机构名称：国际反战者联盟

机构名称（英文）：War Resisters International

机构名称缩写：WRI

机构名称缩写（英文）：WRI

机构网站：http://www.wri-irg.org

简介：WRI成立于1921年，成员包括长期反对战争的团体，共同努力推动全球的和平与非暴力理念。WRI的使命是通过教育、倡导、运动和直接行动来促进和平、反对军事侵略和干涉，以及支持那些因为他们的良心而拒绝服兵役的人。该组织在全球范围内开展工作，支持各种和平运动和活动。WRI的成员和支持者在和平教育、反对武器贸易、支持战争受害者和难民等方面发挥着重要的作用。

工作语言：英语、法语、德语、西班牙语

咨商地位：1973年提交咨商地位申请，获得联合国经社理事会特别咨商地位

活动领域：经济、社会

总部地址：英国

War Veterans Committee（战争退伍军人委员会）

机构名称：战争退伍军人委员会

机构名称（英文）：War Veterans Committee

机构名称缩写：WVC

机构名称缩写（英文）：WVC

机构网站：http：//www.okww.ru

简介：WVC 成立于 1992 年，致力于为退伍军人提供支持和服务。WVC 的主要目标是关注那些参与过战争并退伍的军人的权益和福祉。他们提供各种服务，包括物质援助、康复服务、心理支持、教育机会和就业帮助，以帮助退伍军人重新适应平民生活。

工作语言：英语、俄语

咨商地位：无

活动领域：经济、社会

总部地址：俄罗斯

Wash United（联合清洁有限责任公司）

机构名称：联合清洁有限责任公司

机构名称（英文）：Wash United

机构名称缩写：Wash United

机构名称缩写（英文）：Wash United

机构网站：http：//www.wash-united.org

简介：Wash United 是德国的非营利组织，其使命是通过教育、倡导和创新项目来提高公众对水卫生问题的认识，并促进这些领域的可持续发展。目标是让全球各地的人们获得清洁的饮用水、卫生设施和良好的卫生习惯，从而提高健康和生活质量。

工作语言：英语、德语

咨商地位：2015 年提交咨商地位申请，获得联合国经社理事会特别咨商地位

活动领域：经济、社会、儿童、教育、人权、和平与发展运动、水资源

总部地址：德国

Water Aid（水源卫生组织）

机构名称：水源卫生组织

机构名称（英文）：Water Aid

机构名称缩写：Water Aid

机构名称缩写（英文）：Water Aid

机构网站：http://www.wateraid.org/uk/

简介：Water Aid 是成立于 1981 年的国际性非政府组织，致力于解决全球水卫生危机和卫生困境。Water Aid 的使命是通过改善安全用水、环境卫生和个人卫生的获得方式来提高最贫困和最边缘化人群的生活水平，确保所有人都能够获得清洁的饮用水、卫生设施和卫生知识。Water Aid 通过实施水项目、卫生项目和卫生教育来推动水卫生的改善，同时为弱势社区提供安全、可持续的水源和供水系统。此外，Water Aid 还致力于推动政策改革，争取投资和资源，以促进全球水卫生议程的重要性。

工作语言：英语

咨商地位：2005 年提交咨商地位申请，获得联合国经社理事会特别咨商地位

活动领域：儿童权益、发展、教育、极端贫困、人权、人口、水资源、可持续发展

总部地址：英国

Water Lex（国际水法与政策中心）

机构名称：国际水法与政策中心

机构名称（英文）：Water Lex

机构名称缩写：Water Lex

机构名称缩写（英文）：Water Lex

机构网站：http://www.waterlex.org

简介：Water Lex 是 2010 年成立于瑞士的非政府组织，其使命是通过研究和宣传与水资源管理和水供应相关的法律和政策，推动可持续发展，确保每个人都能够享有可持续、安全和可获得的水资源。Water Lex 的工作涵盖全球范围，通过提供技术支持、法律咨询、政策建议等方式，帮助国家和地区制定和实施适当的水资源管理政策和法律框架，同时致力于提高公众对水资源管理和水供应人权的意识和理解。

工作语言：英语、法语

咨商地位：2014 年提交咨商地位申请，获得联合国经社理事会特别咨

商地位

活动领域：社会经济、治理、人权、公共管理、可持续发展能力建设、淡水资源、综合决策、国际合作、国际法、自然资源管理与保护

总部地址：瑞士

We for Them（我们为他们）

机构名称：我们为他们

机构名称（英文）：We for Them

机构名称缩写：We4Them

机构名称缩写（英文）：We4Them

机构网站：http：//www.we4them.org

简介：We4Them 是一个非营利的社会发展组织，其宗旨是为社会上的每个人服务。We4Them 的目标是创建一个没有剥削、歧视和暴力的社会，推动社会能够发挥其最终的社会经济潜力。We4Them 特别注重弱势群体的教育、食物、健康和收入，致力于改善弱势群体的生活，推动建设良好的、发展的幸福社会。

工作语言：英语

咨商地位：1989 年提交咨商地位申请，被列入联合国经社理事会咨商名单

活动领域：可持续发展等

总部地址：意大利

We the Children（儿童之家）

机构名称：儿童之家

机构名称（英文）：We the Children

机构名称缩写：We the Children

机构名称缩写（英文）：We the Children

机构网站：https：//www.wethechildren.org

简介：We the Children 是一个非营利组织，致力于帮助生活条件极其贫困的儿童恢复健康、幸福和希望，帮助儿童和青少年摆脱经济困难。We the Children 的使命是为贫困弱势儿童提供食品、药品和医疗服务，帮助家

庭和儿童克服危机和贫困，健康成长。We the Children 目前为委内瑞拉、乍得、黎巴嫩、马里、阿尔巴尼亚、乌干达和萨尔瓦多的儿童提供援助。

工作语言：英语

咨商地位：2010 年提交咨商地位申请，被列入联合国经社理事会咨商名单

活动领域：儿童医疗服务、儿童食品供应、儿童教育保障等

总部地址：法国

Wedad International Foundation（威达国际基金会）

机构名称：威达国际基金会

机构名称（英文）：Wedad International Foundation

机构名称缩写（英文）：Wedad

机构名称缩写：Wedad

机构网站：http：//www.wedadint.org

简介：Wedad 成立于 2017 年，其使命是处理与 18 个月或以下的弃婴的相关问题，旨在为这些婴儿分配必要的资源，加强相关服务，并帮助他们获得综合医疗护理的机会。同时，Wedad 致力于在全球范围内推广该基金会所采取的思想和方法，即被遗弃的婴儿应该享有法律和社会保护，其生存权是最需要被保护的权利。

工作语言：法语、阿拉伯语、英语

咨商地位：2021 年提交咨商地位申请，获得联合国经社理事会特别咨商地位

活动领域：经济、社会、可持续发展等

总部地址：瑞士

Wellcome Trust（威康信托基金会）

机构名称：威康信托基金会

机构名称（英文）：Wellcome Trust

机构名称缩写（英文）：Wellcome

机构名称缩写：Wellcome

机构网站：https：//www.wellcome.org

简介：Wellcome 是一个英国的慈善基金组织，成立于 1936 年。Wellcome 致力于推动全球健康和医学研究的发展。它是全球最大的私人医学研究慈善基金之一，其使命是促进全球健康的改善，支持医学和人类生命科学方面的研究，以及推动科学和医学的发展。该组织的目标是在全球范围内改善人们的健康状况，预防疾病，提高医疗保健水平。Wellcome 通过提供资金支持，以奖学金、研究项目、科学家培训和设施建设等方式来支持医学研究和科学发展，同时积极参与全球健康和公共卫生领域的倡导工作，并与其他组织和机构合作，共同解决全球卫生挑战。

工作语言：英语

咨商地位：2022 年提交咨商地位申请，获得联合国经社理事会特别咨商地位

活动领域：可持续发展

总部地址：英国

Wemos Foundation（韦莫斯基金会）

机构名称：韦莫斯基金会

机构名称（英文）：Wemos Foundation

机构名称缩写（英文）：Wemos

机构名称缩写：Wemos

机构网站：https://www.wemos.nl/en/

简介：Wemos 成立于 1981 年，专注于国际卫生和公共卫生政策领域，其使命是推动全球卫生公平，促进可持续的卫生系统，并为弱势群体争取更好的医疗和卫生条件。Wemos 在全球范围内与政府、国际组织、非政府组织和卫生专业人士合作，倡导政策变革和改善卫生体系。Wemos 的重点领域包括健康权利、全球卫生治理、药物政策、性别平等和健康不平等等。Wemos 通过研究、政策分析、倡导和宣传活动，为改善全球卫生状况和保障公众健康权益做出了积极的贡献。

工作语言：荷兰语、英语

咨商地位：无

活动领域：金融发展、人口问题、疾病和死亡率、生育、家庭组成和妇女地位、社会政策、可持续发展

总部地址：荷兰

World Esperanto Youth Organisation（国际世界语青年组织）

机构名称：国际世界语青年组织

机构名称（英文）：World Esperanto Youth Organisation

机构名称缩写（英文）：TEJO

机构名称缩写：TEJO

机构网站：http：//www.tejo.org

简介：TEJO 成立于 1989 年，总部设立在荷兰。TEJO 的使命是通过世界语这种国际辅助语言，促进全球青年之间的友谊、文化交流和合作。TEJO 旨在鼓励年轻人学习和使用世界语，以消除语言障碍，促进全球沟通和理解。通过举办国际性的活动、夏令营、培训和文化交流，TEJO 为来自不同国家和地区的青年提供了一个共享经验、学习世界语和了解其他文化的平台，在年青一代中传播世界语的价值，促进国际友谊和多元文化的认知。

工作语言：世界语、英语

咨商地位：2021 年提交咨商地位申请，获得联合国经社理事会特别咨商地位

活动领域：公民权利、公民治理、土著问题、青年、可持续发展

总部地址：荷兰

Widows for Peace through Democracy（用民主为寡妇换和平）

机构名称：用民主为寡妇换和平

机构名称（英文）：Widows for Peace through Democracy

机构名称缩写：WPD

机构名称缩写（英文）：WPD

机构网站：http：//www.widowsforpeace.org

简介：WPD 是一个国际性非政府组织，WPD 主要使命是提高对寡妇权益的认识，并为她们争取公平和尊严的待遇。WPD 致力于促进寡妇的社会和经济权益，提高她们在家庭、社区和国家层面的地位和参与。同时，该组织也关注促进和平与民主，支持民主治理和冲突解决，以建设更和平

稳定的社会环境。

工作语言：英语

咨商地位：2009年和2015年分别提交咨商地位申请，尚未获得联合国经社理事会的咨商地位；自2012年被列入联合国经社理事会名册

活动领域：性别问题、妇女人权、千年发展目标等

总部地址：英国

Widows Rights International（国际寡妇权益组织）

机构名称：国际寡妇权益组织

机构名称（英文）：Widows Rights International

机构名称缩写：WRI

机构名称缩写（英文）：WRI

机构网站：http://www.widowsrights.org

简介：WRI成立于2001年，是一个国际性非政府组织。WRI致力于寡妇人权领域的工作，目前正在建立一个基于网络的互动平台，为所有关注挑战虐待寡妇行为的人们交换重要信息。WRI重点关注撒哈拉以南非洲地区寡妇的状况。WRI的目标是提高各国对寡妇所遭受的歧视和暴力的认识和理解、倡导将寡妇权利纳入国家和国际机构的人权议程等。

工作语言：英语

咨商地位：2001年提交咨商地位申请，获得联合国经社理事会特别咨商地位

活动领域：儿童、公民权利、公民治理、发展、教育、极端贫困、家庭、人权、正义、人口、难民、宗教信仰、可持续发展、暴力、妇女等

总部地址：英国

Womankind Worldwide（世界女性组织）

机构名称：世界女性组织

机构名称（英文）：Womankind Worldwide

机构名称缩写：Womankind

机构名称缩写（英文）：Womankind

机构网站：http://www.womankind.org.uk

简介：Womankind 是一个国际性的非政府组织，专注于促进妇女权益和性别平等。该组织的使命是支持妇女在全球范围内争取权益、发展和尊严，倡导妇女的社会、政治和经济参与，以实现性别平等和社会正义。Womankind 通过项目实施、资助、研究、倡导和公众宣传等方式，支持妇女在不同层面、不同背景下的权益。

工作语言：英语

咨商地位：1998 年提交咨商地位申请，获得联合国经社理事会特别咨商地位

活动领域：经济、社会、性别问题、可持续发展

总部地址：英国

Womenand Children First UK（英国妇幼优先组织）

机构名称：英国妇幼优先组织

机构名称（英文）：Womenand Children First UK

机构名称缩写：WCF

机构名称缩写（英文）：WCF

机构网站：http://www.womenandchildrenfirst.org.uk

简介：WCF 是成立于 2000 年的慈善组织，旨在支持和改善妇女和儿童的健康和权益，特别是在发展中国家。WCF 致力于提供基本的医疗保健、营养、卫生和教育等服务，以改善妇女和儿童的生活状况，降低妇女和儿童的健康风险。

工作语言：英语

咨商地位：2012 年提交咨商地位申请，获得联合国经社理事会特别咨商地位

活动领域：经济、社会、发展融资、性别问题、人口、可持续发展

总部地址：英国

Women for Peace, Sweden（瑞典妇女和平组织）

机构名称：瑞典妇女和平组织

机构名称（英文）：Women for Peace, Sweden

机构名称缩写：WfP

机构名称缩写（英文）：WfP

机构网站：无

简介：WfP 成立于 1979 年，是一个致力于促进和平、妇女权益和性别平等等议题的非政府组织。WfP 在瑞典以及国际范围内从事各种活动，以推动社会的和平、稳定和公正。WfP 的使命是促进和平、关注妇女的社会地位和权益、倡导和外展以及促进社会变革。

工作语言：英语

咨商地位：无

活动领域：性别平等、妇女教育和培训、女权

总部地址：瑞典

Women for Water Partnership（妇女水资源伙伴关系组织）

机构名称：妇女水资源伙伴关系组织

机构名称（英文）：Women for Water Partnership

机构名称缩写：WfWP

机构名称缩写（英文）：WfWP

机构网站：http://www.womenforwater.org

简介：WfWP 成立于 2004 年，致力于密切促进性别平等、水资源管理和可持续发展之间的联系。WfWP 的使命是通过妇女在水资源领域的参与和领导，推动社会、环境和经济的可持续发展。

工作语言：荷兰语、英语

咨商地位：2015 年提交咨商地位申请，2016 年获得联合国经社理事会特别咨商地位

活动领域：性别问题、可持续发展

总部地址：荷兰

Women for Women's Human Rights-New Ways（妇女人权互助组织）

机构名称：妇女人权互助组织

机构名称（英文）：Women for Women's Human Rights-New Ways

机构名称缩写：WWHR

机构名称缩写（英文）：WWHR

机构网站：http://www.wwhr.org

简介：WWHR 是土耳其的一个国际性非政府组织，成立于 2005 年，专注于促进妇女权益和性别平等。WWPR 使命是通过倡导、培训、教育和项目来实现性别平等，支持妇女在社会、政治和经济领域的参与和权益。

工作语言：英语

咨商地位：2005 年提交咨商地位申请，获得联合国经社理事会特别咨商地位

活动领域：公民身份与治理、教育、家庭、人权、国际法、司法、劳工、移民、少数民族权利、人口、宗教、社会发展、可持续发展、暴力、妇女等

总部地址：土耳其

Women in Dialogue（妇女对话组织）

机构名称：妇女对话组织

机构名称（英文）：Women in Dialogue

机构名称缩写：WinD

机构名称缩写（英文）：WinD

机构网站：暂未开发

简介：WinD 成立于 1985 年，由来自不同种族、民族、年龄、国籍、性别认同和残疾/残障的妇女组成。WinD 的使命是通过将妇女聚集在一起来解决民众共同关心的问题，从而使社区团结起来。

工作语言：英语

咨商地位：1985 年提交咨商地位申请，获得联合国经社理事会特别咨商地位

活动领域：老龄化、女权、可持续发展

总部地址：英国

Women Engage for a Common Future（女性行动共创未来组织）

机构名称：女性行动共创未来组织

机构名称（英文）：Women Engage for a Common Future

机构名称缩写：WECF

机构名称缩写（英文）：WECF

机构网站：http://www.wecf.org

简介：WECF成立于1996年，是荷兰的非政府组织，旨在促进妇女在可持续发展、环境保护、社会正义和人权等领域的参与和合作。该组织致力于鼓励妇女发挥积极作用，推动社会变革和改善社会状况，帮助妇女积极参与使其所在社区更健康、更可持续的活动。

工作语言：德语、法语、英语、荷兰语

咨商地位：2003年提交咨商地位申请，获得联合国经社理事会特别咨商地位

活动领域：女权、可持续发展、平权

总部地址：荷兰

Women in Informal Employment: Globalizing and Organizing Limited（全球非正规就业中的妇女：全球化与组织有限公司）

机构名称：全球非正规就业中的妇女：全球化与组织有限公司

机构名称（英文）：Women in Informal Employment: Globalizing and Organizing Limited

机构名称缩写：WIEGO

机构名称缩写（英文）：WIEGO

机构网站：http://www.wiego.org

简介：WIEGO是成立于1997年的国际性非政府组织，专注于支持和组织在全球范围内从事非正规就业的妇女。WIEGO旨在推动这些妇女的权益、福祉和社会地位，如提高非正规经济中的贫困劳动者，尤其是妇女的收入、降低风险并增强其谈判能力等。

工作语言：英语

咨商地位：2016年提交咨商地位申请，获得联合国经社理事会特别咨商地位

活动领域：女权、经社发展、可持续发展、平权

总部地址：英国

Women's Education and Culture Foundation（妇女教育和文化基金会）

机构名称：妇女教育和文化基金会

机构名称（英文）：Women's Education and Culture Foundation

机构名称缩写：HEKVA

机构名称缩写（英文）：WECF

机构网站：http://www.hekva.org

简介：WECF 成立于 1988 年，旨在支持妇女的教育和文化发展。WECF 的使命是促进性别平等并赋予女性平等权利，消除极端贫困和饥饿，同时推动建立全球伙伴关系。

工作语言：土耳其语

咨商地位：2007 年提交咨商地位申请，2009 年获得联合国经社理事会特别咨商地位

活动领域：经济、性别问题、社会发展

总部地址：土耳其

Women's Human Rights International Association（国际妇女人权协会）

机构名称：国际妇女人权协会

机构名称（英文）：Women's Human Rights International Association

机构名称缩写：WHRIA

机构名称缩写（英文）：WHRIA

机构网站：暂未开发

简介：WHRIA 是成立于 1994 年的国际性非政府组织。WHRIA 的参与国是法国、加拿大、意大利、比利时、美国、澳大利亚。其使命是保护妇女人权，消除性别歧视，营造性别平等的国际环境。

工作语言：英语

咨商地位：1999 年提交咨商地位申请，获得联合国经社理事会特别咨商地位

活动领域：经济、社会、性别平等

总部地址：法国

Women's International League for Peace and Freedom（国际妇女争取和平与自由联盟）

机构名称：国际妇女争取和平与自由联盟

机构名称（英文）：Women's International League for Peace and Freedom

机构名称缩写：WILPF

机构名称缩写（英文）：WILPF

机构网站：http://www.wilpf.org

简介：WILPF 成立于 1915 年，是一个国际性的妇女组织，致力于促进和平、安全、人权和性别平等。WILPF 的使命是通过社会行动、倡导和政策制定来实现世界和平和妇女的权利。WILPF 日常组织通过倡导、研究、活动和项目来推动这些议题，并在国际舞台上发挥积极作用，与政府、国际组织和其他非政府组织合作，以促进和平、安全和可持续发展。

工作语言：英语、法语、西班牙语

咨商地位：1948 年提交咨商地位申请，获得联合国经社理事会特别咨商地位

活动领域：女权

总部地址：瑞士

Women's Union of Russia（俄罗斯妇女联盟）

机构名称：俄罗斯妇女联盟

机构名称（英文）：Women's Union of Russia

机构名称缩写：WUR

机构名称缩写（英文）：WUR

机构网站：http://www.wuor.ru

简介：WUR 是一个旨在促进妇女权益和妇女参与社会、政治、经济事务的俄罗斯组织。WUR 的使命包括提高妇女的社会地位、推动性别平等、倡导妇女权益、鼓励妇女参与决策。WUR 致力于为妇女提供支持、资源和培训，以便她们能够充分发展自己的潜力，并在各个领域中发挥积极作用。

工作语言：俄语、英语

咨商地位：1999 年提交咨商地位申请，获得联合国经社理事会特别咨

商地位

活动领域：经济、社会

总部地址：俄罗斯

Women's World Summit Foundation（世界妇女峰会基金会）

机构名称：世界妇女峰会基金会

机构名称（英文）：Women's World Summit Foundation

机构名称缩写：WWSF

机构名称缩写（英文）：WWSF

机构网站：http：//www.woman.chhttp：//www.woman.ch

简介：WWSF成立于1991年，总部位于瑞士日内瓦。WWSF致力于通过年度运动、世界日和奖项，帮助创造变革的力量，在全球范围内举办活动、项目和倡导活动，旨在激发人们对社会和环境问题的关注，减少世界各地的不平等、贫困和歧视，尊重人权。

工作语言：德语、英语、法语

咨商地位：1995年提交咨商地位申请，获得联合国经社理事会特别咨商地位

活动领域：经济、性别问题、社会发展、可持续发展

总部地址：瑞士

WOMENVAI-Women and Men in Environment and Artificial Intelligence（环境与人工智能中的女性和男性）

机构名称：环境与人工智能中的女性和男性

机构名称（英文）：WOMENVAI-Women and Men in Environment and Artificial Intelligence

机构名称缩写：WOMENVAI

机构名称缩写（英文）：WOMENVAI

机构网站：http：//www.womenvai.org

简介：WOMENVAI是成立于2015年的国际组织，致力于为全世界女童和妇女的争取发展权利，利用人工智能和技术为地球建设环保项目，为科学、技术、工程和数学领域的女性脱下隐形外衣，同时促进女性和男性

共同合作。

工作语言：西班牙语、英语、意大利语等

咨商地位：2023年提交咨商地位申请，获得联合国经社理事会特别咨商地位

活动领域：性别问题、数据统计、可持续发展

总部地址：法国

Woodcraft Folk（木工民族）

机构名称：木工民族

机构名称（英文）：Woodcraft Folk

机构名称缩写：WF

机构名称缩写（英文）：WF

机构网站：http://www.woodcraft.org.uk

简介：WF是一个教育性青少年组织，旨在为青少年提供社会、环境和技能方面的教育体验。该组织以促进参与、社交、学习和团队合作为核心，以及鼓励青少年在一个积极、包容和有趣的环境中成长。

工作语言：英语

咨商地位：无

活动领域：经济、性别问题、社会发展、可持续发展

总部地址：英国

World Alliance of Young Men's Christian Associations（世界基督教青年联合会）

机构名称：世界基督教青年联合会

机构名称（英文）：World Alliance of Young Men's Christian Associations

机构名称缩写：World YMCA

机构名称缩写（英文）：World YMCA

机构网站：http://www.ymca.int

简介：World YMCA是一个国际性的非政府组织，致力于推动年轻人的发展、培养领导力和社会责任感，以及促进全球社区的互相合作和发展。

工作语言：西班牙语、英语

咨商地位：1947 年提交咨商地位申请，获得联合国经社理事会特别咨商地位

活动领域：女权、儿童、平权、可持续发展、人权

总部地址：瑞士

World Animal Protection（世界动物保护组织）

机构名称：世界动物保护组织

机构名称（英文）：World Animal Protection

机构名称缩写：WAP

机构名称缩写（英文）：WAP

机构网站：http：//www.worldanimalprotection.org

简介：WAP 是一个国际性的非政府组织，致力于保护动物的权益、促进动物福利和改善动物的生活条件。该组织的使命是推动全球范围内对动物的尊重和保护，防止虐待动物的行为，并争取更好的生活环境和权益保障。

工作语言：英语、中文、西班牙语等

咨商地位：2013 年提交咨商地位申请，获得联合国经社理事会特别咨商地位

活动领域：农业、生物多样性、气候变化、发展、经济与金融、环境、粮食、治理、人道事务、国际法、统计、可持续发展、灾害管理、教育、森林

总部地址：英国

World Association for Element/Building and Prefabrication（世界元素/建筑与预制协会）

机构名称：世界元素/建筑与预制协会

机构名称（英文）：World Association for Element/Building and Prefabrication

机构名称缩写：WAEP

机构名称缩写（英文）：WAEP

机构网站：无

简介：WAEP 是一个与建筑和预制构件相关的国际性组织，致力于促进建筑行业中元素和预制构件的研究、应用和交流。促进建筑行业中元素和预制构件的创新、可持续性和有效性，推动建筑领域的技术发展和合作。

工作语言：英语

咨商地位：被列入联合国经社理事会咨商名单

活动领域：经济可持续发展

总部地址：德国

World Association for Sexual Health（世界性健康协会）

机构名称：世界性健康协会

机构名称（英文）：World Association for Sexual Health

机构名称缩写：WAS

机构名称缩写（英文）：WAS

机构网站：http://www.worldsexology.org/

简介：WAS 是一个国际性的组织，致力于促进全球范围内的性健康研究、教育和促进。该组织的工作包括为性健康、性权利、性公正的政策制定和标准设定做出贡献、促进和展示性学研究、提高性健康从业人员的专业能力、支持并推进全面的性教育、支持从事性健康、性权利、性正义和性快乐活动的专业人员和活动家的工作等。

工作语言：英语、西班牙语

咨商地位：2021 年提交咨商地位申请，获得联合国经社理事会特别咨商地位

活动领域：经济、社会

总部地址：英国

World Association for the School as an Instrument of Peace（世界学校和平工具协会）

机构名称：世界学校和平工具协会

机构名称（英文）：World Association for the School as an Instrument of Peace

机构名称缩写：WASIP

机构名称缩写（英文）：WASIP

机构网站：无

简介：WASIP是一个国际性组织，成立于1967年，旨在推动学校在促进和平、理解和人际关系方面的作用。WASIP关注教育的力量，致力于通过教育来培养和平意识、人权意识以及国际合作。

工作语言：英语

咨商地位：被列入联合国经社理事会咨商名单

活动领域：教育、人权、信息、可持续发展、暴力、妇女

总部地址：瑞士

World Association of Early Childhood Educators（世界幼儿教育师协会）

机构名称：世界幼儿教育师协会

机构名称（英文）：World Association of Early Childhood Educators

机构名称缩写：WAEC

机构名称缩写（英文）：WAEC

机构网站：https://www.uia.org/s/or/en/1100031115

简介：WAEC致力于促进幼儿教育领域发展的国际性组织。WAEC是一个专业机构，致力于与教育工作者、其他专业人员和利益相关者合作，以便建立伙伴关系、发起并参与对话、倡导并支持儿童及其家庭的发展。WAEC以创建一个全纳社会为目标，致力于建立一个合作性的专业团体，为儿童及其家庭的发展奠定基础。

工作语言：西班牙语、英语

咨商地位：获得联合国经社理事会特别咨商地位

活动领域：幼儿教育

总部地址：西班牙

World Association of Girl Guides and Girl Scouts（世界女童军和女童子军协会）

机构名称：世界女童军和女童子军协会

机构名称（英文）：World Association of Girl Guides and Girl Scouts

机构名称缩写：WAGGGS

机构名称缩写（英文）：WAGGGS

机构网站：http://www.wagggs.org

简介：WAGGGS是一个国际性组织，旨在支持和联合各国的女童军和女童子军团体，促进女童和女青年的成长、教育和领导能力发展。WAGGGS是世界上最大的致力于增强女孩和年轻女性能力的志愿运动，主要在西半球、非洲、阿拉伯、欧洲、亚太地区开展工作。

工作语言：西班牙语、法语、英语

咨商地位：2000年提交咨商地位申请，获得联合国经社理事会特别咨商地位

活动领域：经济、社会、性别问题、社会发展

总部地址：英国

World Association of Industrial and Technological Research Organizations（世界工业和技术研究组织协会）

机构名称：世界工业和技术研究组织协会

机构名称（英文）：World Association of Industrial and Technological Research Organizations

机构名称缩写：WAITRO

机构名称缩写（英文）：WAITRO

机构网站：http://www.waitro.org

简介：WAITRO成立于1970年，是一个独立的、非政府的和非营利性的协会，旨在促进和鼓励工业和技术研究与发展组织（RTOs）之间的合作。它是在联合国系统的支持下成立的，具有联合国许多专门机构的咨商地位，汇集了各个工业和技术研究机构，旨在促进创新、技术研发以及产业发展。

工作语言：英语

咨商地位：1991年提交咨商地位申请，获得联合国经社理事会特别咨商地位

活动领域：可持续发展

总部地址：德国

World Barua Organization（世界巴鲁阿组织）

机构名称：世界巴鲁阿组织

机构名称（英文）：World Barua Organization

机构名称：缩写：WBO

机构名称缩写（英文）：WBO

机构网站：http://www.worldbarua.org

简介：WBO是一个独立的非营利性组织，旨在为所有巴鲁阿人寻求前进的道路，无论其政府、政治或意识形态信仰如何。作为一个非政治性组织，它不支持或反对任何政府或政治制度，也不支持或反对其成员的个人观点，因为它寻求保护这些成员的权利，是为了保护人的权利。

工作语言：英语

咨商地位：2012年提交咨商地位申请，获得联合国经社理事会特别咨商地位

活动领域：经济、社会

总部地址：瑞士

World Business Council for Sustainable Development（可持续发展世界商业委员会）

机构名称：可持续发展世界商业委员会

机构名称（英文）：World Business Council for Sustainable Development

机构名称缩写：WBCSD

机构名称缩写（英文）：WBCSD

机构网站：http://www.wbcsd.org/home.aspx

简介：WBCSD于1995年成立，是一个国际性的商业和可持续发展组织。WBCSD的使命是通过商业行为的可持续性促进经济、社会和环境的发展。WBCSD汇集了来自全球各个行业的主要企业，致力于推动可持续发展议程，协助企业在其运营中融入环境和社会责任。

工作语言：英语

咨商地位：1998年提交咨商地位申请，获得联合国经社理事会特别咨商地位

活动领域：经济、社会、可持续发展

总部地址：瑞士

World Catholic Association for Communication（天主教世界传播协会）

机构名称：天主教世界传播协会

机构名称（英文）：World Catholic Association for Communication

机构名称缩写：SIGNIS

机构名称缩写（英文）：SIGNIS

机构网站：http：//www.signis.net

简介：SIGNIS 是一个国际性的天主教传媒组织。该组织致力于促进在不同媒体领域内的宗教和价值观传播，以及通过媒体来推动社会正义、和平、人权和可持续发展等议题。SIGNIS 的成员包括来自世界各地的天主教传媒专业人士、组织和机构。他们通过合作、培训、交流等方式，致力于在媒体领域中传播积极的价值观和信息。该组织的目标是通过媒体为世界范围内的宗教和社会问题提供关键的见解和影响力。

工作语言：法语、西班牙语、英语

咨商地位：被列入联合国经社理事会咨商名单

活动领域：经济、社会

总部地址：比利时

World Organization for Development（世界发展组织）

机构名称：世界发展组织

机构名称（英文）：World Organization for Development

机构名称缩写：WOD

机构名称缩写（英文）：WOD

机构网站：https：//www.unwod.org

简介：WOD 是一个成立于 2009 年的国际性非政府组织，主要活动于俄罗斯联邦、阿塞拜疆共和国和哈萨克斯坦共和国。WOD 致力于通过以下方式创建一个健康的全球金融体系：提供有关各国社会和经济状况及事态的客观信息；促进发达国家和发展中国家的社会和经济繁荣，特别关注地理区域、州和地区的发展；保护全球投资者的利益，为发展中国家地区基础设施和资源项目的创建和发展做出贡献，从而提供就业，带来繁荣。

工作语言：英语

咨商地位：2014 年提交咨商地位申请，获得联合国经社理事会全面咨商地位

活动领域：经济、社会、性别问题、统计等

总部地址：俄罗斯

World Christian Life Community（世界基督教生活社区）

机构名称：世界基督教生活社区

机构名称（英文）：World Christian Life Community

机构名称缩写：CLC

机构名称缩写（英文）：CLC

机构网站：http://www.cvx-clc.net

简介：CLC 是一个国际性的天主教基督徒组织，旨在促进信仰、灵性、社会正义和团体生活的发展。它的成员来自不同国家和文化，但都分享着信仰和灵性生活的共同目标。

工作语言：法语、英语、西班牙语

咨商地位：1975 年提交咨商地位申请，获得联合国经社理事会特别咨商地位

活动领域：经济、社会、性别问题

总部地址：意大利

World Circle of the Consensus: Self-sustaining People, Organizations and Communities（世界共识圈）

机构名称：世界共识圈

机构名称（英文）：World Circle of the Consensus: Self-sustaining People, Organizations and Communities

机构名称缩写：SPOC

机构名称缩写（英文）：SPOC

机构网站：http://www.c-spoc.org

简介：对 SPOC 来说，"自我维持解决方案"既要弥合私营部门和第三部门之间的差距，又要增强受益人的能力，让他们掌握自主权，成为自身发展的设计师。由此通过建立关系来实现在国际组织和普通人之间、企业和非营利组织之间、政府和非政府组织之间以及人和环境之间建立关系。

工作语言：英语

咨商地位：2000 年提交咨商地位申请，获得联合国经社理事会特别咨商地位

活动领域：经济、社会发展、可持续发展

总部地址：瑞士

World Confederation for Physical Therapy（世界物理治疗联合会）

机构名称：世界物理治疗联合会

机构名称（英文）：World Confederation for Physical Therapy

机构名称缩写：WCPT

机构名称缩写（英文）：WCPT

机构网站：http：//www.bjmyers@wcpt.org

简介：WCPT 是一个国际性的组织，致力于代表全球物理治疗专业领域的利益。该组织汇集了来自不同国家的物理治疗协会和从业者，旨在促进物理治疗的发展、合作和知识共享。

工作语言：英语

咨商地位：1969 年提交咨商地位申请，获得联合国经社理事会特别咨商地位

活动领域：经济、社会、人权、可持续发展、技术合作等

总部地址：英国

World Council for Psychotherapy（世界心理治疗协会）

机构名称：世界心理治疗协会

机构名称（英文）：World Council for Psychotherapy

机构名称缩写：WCP

机构名称缩写（英文）：WCP

机构网站：http：//www.worldpsyche.org/

简介：WCP 成立于 1995 年，是一个国际性的心理治疗专业组织。WCP 的使命是促进和支持心理治疗领域的发展，促进心理治疗在全球范围内的交流、合作和研究。

工作语言：德语、英语、法语

咨商地位：2003 年提交咨商地位申请，获得联合国经社理事会特别咨商地位

活动领域：经济、性别问题、人口问题、社会发展、可持续发展、非洲和平与发展

总部地址：奥地利

World Council of Arameans（Syriacs）［世界阿拉米人（叙利亚人）理事会］

机构名称：世界阿拉米人（叙利亚人）理事会

机构名称（英文）：World Council of Arameans（Syriacs）

机构名称缩写：WCA

机构名称缩写（英文）：WCA

机构网站：http：//www.wca-ngo.org

简介：WCA 是代表和促进叙利亚阿拉米人的利益、权益和文化传承。WCA 致力于维护叙利亚阿拉米人的社会、文化和宗教权利，同时也关注保护他们在中东地区的存在和繁荣。

工作语言：叙利亚语、荷兰语、荷兰语、荷兰语、英语

咨商地位：无

活动领域：经济、社会

总部地址：荷兰

World Council of Churches（世界教会协会）

机构名称：世界教会协会

机构名称（英文）：World Council of Churches

机构名称缩写：WCC

机构名称缩写（英文）：WCC

机构网站：https：//www.oikoumene.org/

简介：WCC 成立于 1948 年，是一个国际性的基督教教会组织。WCC 的目标是推动不同基督教教派之间的对话、合作和理解，以增进全球基督教团体之间的团结与和谐。该组织提倡和推动社会正义、和平、可持续发展以及人权等议题，同时关注全球性的宗教、社会和人道主义问题。

工作语言：英语

咨商地位：无

活动领域：促进教会间团结与合作、促进和平与公正

总部地址：瑞士

World Development Movement（世界发展运动组织）

机构名称：世界发展运动组织

机构名称（英文）：World Development Movement

机构名称缩写：WDM

机构名称缩写（英文）：WDM

机构网站：暂未开发

简介：WDM 是一个曾经存在的英国非政府组织，主要目标是推动全球正义和可持续发展议程。它致力于揭示和解决导致发展不平等、环境破坏和贫困问题的根本原因。

工作语言：英语

咨商地位：列入联合国经社理事会咨商名单

活动领域：经济、社会

总部地址：英国

World Economy, Ecology and Development（世界经济、生态学和发展组织）

机构名称：世界经济、生态学和发展组织

机构名称（英文）：World Economy, Ecology and Development

机构名称缩写：WEED

机构名称缩写（英文）：WEED

机构网站：http://www.weed-online.org

简介：WEED 是一个关注全球经济、生态和可持续发展的国际性组

织、研究机构、或者会议名称。该组织或活动专注于探讨经济与生态之间的关系，以及如何在经济发展的同时保护环境和促进可持续性发展。

工作语言：德语，英语

咨商地位：1998年提交咨商地位申请，获得联合国经社理事会特别咨商地位

活动领域：经济、社会

总部地址：德国

World Education Fellowship（世界教育联谊会）

机构名称：世界教育联谊会

机构名称（英文）：World Education Fellowship

机构名称缩写：WEF

机构名称缩写（英文）：WEF

机构网站：http://www.wef-international.org

简介：WEF是一个国际性的教育组织，旨在促进全球范围内的教育合作、交流和发展。该组织致力于汇集教育界的专业人士、教育家和研究人员，分享教育实践、研究成果和创新想法，以提升教育的质量和影响力。

工作语言：英语

咨商地位：列入联合国经社理事会咨商名单

活动领域：经济、社会、发展融资、性别问题

总部地址：英国

World Energy Council（世界能源理事会）

机构名称：世界能源理事会

机构名称（英文）：World Energy Council

机构名称缩写：WEC

机构名称缩写（英文）：WEC

机构网站：http://www.worldenergy.org

简介：WEC是一个国际性的能源组织，致力于促进全球范围内的能源合作、交流和可持续能源发展。该组织的使命包括推动能源可访问性、可

持续性和安全性，促进能源领域的创新和合作。

工作语言：法语、英语

咨商地位：2023 年提交咨商地位申请，获得联合国经社理事会特别咨商地位

活动领域：经济、社会、可持续发展

总部地址：英国

World Environment and Resources Council（世界环境与资源理事会）

机构名称：世界环境与资源理事会

机构名称（英文）：World Environment and Resources Council

机构名称缩写：WERC

机构名称缩写（英文）：WERC

机构网站：暂未开发

简介：WERC 是环境和资源领域的国际性组织或机构。WERC 关注环境保护、可持续发展和资源管理，致力于通过倡导、项目实施和政策倡议来推动环境可持续性，此外，关注有效地管理和保护自然资源，包括水资源、能源、土地等，以确保资源的可持续利用。

工作语言：英语

咨商地位：1979 年提交咨商地位申请，获得联合国经社理事会特别咨商地位

活动领域：可持续发展等

总部地址：比利时

World Family of Radio Maria NGO（非政府组织世界无线电玛丽亚大家庭）

机构名称：非政府组织世界无线电玛丽亚大家庭

机构名称（英文）：World Family of Radio Maria NGO

机构名称缩写：WFRM NGO

机构名称缩写（英文）：WFRM NGO

机构网站：http：//www.radiomaria.org

简介：WFRM NGO 是一个国际性的非政府组织，专注于基督教宗教广

播。WFRM NGO 的目标是通过广播、网络和其他媒体形式传播基督教的宗教内容、信息和价值观等。

工作语言：意大利语、英语

咨商地位：2009 年提交咨商地位申请，获得联合国经社理事会特别咨商地位

活动领域：可持续发展、非洲和平与发展、非洲冲突解决

总部地址：意大利

World Family Organization（世界家庭组织）

机构名称：世界家庭组织

机构名称（英文）：World Family Organization

机构名称缩写：WFO

机构名称缩写（英文）：WFO

机构网站：http://www.worldfamilyorganization.org

简介：WFO 是一个国际性的非政府组织，致力于促进家庭的发展、稳固和幸福。该组织可能关注家庭在社会中的重要作用，以及家庭在个人、社会和全球层面的影响。

工作语言：葡萄牙语、阿拉伯语、英语、法语

咨商地位：1948 年提交咨商地位申请，获得联合国经社理事会特别咨商地位

活动领域：经济、社会、性别问题、可持续发展

总部地址：法国

World Federation Against Drugs（世界禁毒联合会）

机构名称：世界禁毒联合会

机构名称（英文）：World Federation Against Drugs

机构名称缩写：WFAD

机构名称缩写（英文）：WFAD

机构网站：http://www.wfad.se

简介：WFAD 成立于 2009 年，是一个非政府组织，致力于倡导综合和平衡的禁毒政策。它由一系列关心毒品滥用和成瘾对个人、家庭和社会产

生负面影响的非政府组织和个人构成。

工作语言：英语

咨商地位：2016年提交咨商地位申请，获得联合国经社理事会特别咨商地位

活动领域：经济、社会发展

总部地址：瑞典

World Federation for Mental Health（世界精神卫生联合会）

机构名称：世界精神卫生联合会

机构名称（英文）：World Federation for Mental Health

机构名称缩写：WFMH

机构名称缩写（英文）：WFMH

机构网站：http://www.wfmh.global

简介：WFMH于1948年成立，是一个国际性非政府组织，致力于推动精神健康和心理福祉的关注、认知和改善。WFMH的使命是促进精神健康的普及，减少与精神健康问题相关的歧视和误解，以及提供支持和资源给那些受精神健康问题影响的个人和社群。该组织通过开展活动、推广意识、提供教育和资源，以及与政府、非政府组织、专业机构和社区合作，努力消除与精神健康相关的社会障碍，改善精神健康服务的可及性和质量。

工作语言：英语

咨商地位：1963年提交咨商地位申请，获得联合国经社理事会特别咨商地位

活动领域：经济、社会

总部地址：英国

World Leisure Organization, Inc（世界休闲组织有限公司）

机构名称：世界休闲组织有限公司

机构名称（英文）：World Leisure Organization, Inc

机构名称缩写：WLO

机构名称缩写（英文）：WLO

机构网站：http://www.worldleisure.org

简介：WLO 成立于 1952 年，它作为国际性非政府组织，致力于发展和增强各种有利条件，使人们能够充分利用，让休闲成为人类成长、发展和幸福的动力。

工作语言：英语

咨商地位：1990 年提交咨商地位申请，获得联合国经社理事会特别咨商地位

活动领域：经济、性别问题、社会发展、可持续发展

总部地址：西班牙

World Medical Association（世界医学协会）

机构名称：世界医学协会

机构名称（英文）：World Medical Association

机构名称缩写：WMA

机构名称缩写（英文）：WMA

机构网站：http://www.wma.net/

简介：WMA 成立于 1947 年。WMA 的宗旨是为人类服务，在医学教育、医学科学、医学艺术和医学伦理以及全世界人民的医疗保健方面努力达到最高国际标准。

工作语言：西班牙语、英语、法语

咨商地位：获得联合国经社理事会 A1 咨商地位，以及世卫组织、国际劳工组织认证

活动领域：经济、社会、可持续发展

总部地址：法国

World Mining Congress（世界矿业大会）

机构名称：世界矿业大会

机构名称（英文）：World Mining Congress

机构名称缩写：WMC

机构名称缩写（英文）：WMC

机构网站：http://www.WorldMiningCongress2023（wmc202org）

简介：WMC 成立于 1958 年，是全球矿业与资源国际论坛部门。在过去

的 60 年里，WMC 每三年举办一次。它为具有世界领先资源的经济体的会面提供了一个独特的机会，供其寻找新的合作伙伴，讨论挑战，以及分享技术。

工作语言：英语

咨商地位：1981 年提交咨商地位申请，获得联合国经社理事会 A1 咨商地位

活动领域：经济社会

总部地址：波兰

World Movement of Christian Workers（世界基督教工人运动）

机构名称：世界基督教工人运动

机构名称（英文）：World Movement of Christian Workers

机构名称缩写：MMTC/WBCA/WMCW

机构名称缩写（英文）：WMCW

机构网站：http://www.World Movement of Christian Workers-Home（mmtc-infor.com）

简介：WMCW 成立于 1966 年，是一种通过行动形成的运动。成员运动致力于通过永久教育提高认识，WMCM 的最终目标是改善所有工人及其家庭的生活条件。

工作语言：英语

咨商地位：获得联合国经社理事会 A1 咨商地位，以及国际劳工组织认证

活动领域：经济、社会

总部地址：比利时

World Network of Users and Survivors of Psychiatry WNUSP（世界精神病治疗法使用者及幸存者网络）

机构名称：世界精神病治疗法使用者及幸存者网络

机构名称（英文）：World Network of Users and Survivors of Psychiatry WNUSP

机构名称缩写：WNUSP

机构名称缩写（英文）：WNUSP

机构网站：http://www.wnusp.net

简介：WNUSP 成立于 1991 年，是一个由精神病学用户和幸存者组成的组织。目前在 50 多个国家/地区拥有成员。在其章程中，"精神病学的经历者和幸存者"被自我定义为经历过疯狂/或心理健康问题的人，或者为心理健康服务的人。

工作语言：英语

咨商地位：2007 年提交咨商地位申请，获得联合国经社理事会特别咨商地位

活动领域：经济、性别问题、社会发展

总部地址：丹麦

World Nuclear Association（世界核协会）

机构名称：世界核协会

机构名称（英文）：World Nuclear Association

机构名称缩写：WNA

机构名称缩写（英文）：WNA

机构网站：http://www.world-nuclear.org

简介：WNA 是一个全球性的私营部门组织，旨在促进未来几个世纪在全世界和平利用核能作为可持续能源。具体而言，世界核协会关注核能发电和核燃料循环的所有方面，包括采矿、转换、浓缩、燃料制造、工厂制造、运输和乏燃料的安全处置。

工作语言：英语

咨商地位：1993 年提交咨商地位申请，获得联合国经社理事会 A1 咨商地位

活动领域：经济、社会、可持续发展

总部地址：英国

World Obesity Federation（世界肥胖联合会）

机构名称：世界肥胖联合会

机构名称（英文）：World Obesity Federation

机构名称缩写：WOF

机构名称缩写（英文）：WOF

机构网站：http：//www. worldobesity. org

简介：WOF 成立于 1986 年，旨在通过科学的研究增加对肥胖和体重相关疾病的了解，同时鼓励制定有效的预防和管理政策，从而改善全球健康。WOF 是肥胖专业人士、政策制定者、学者和媒体的全球肥胖数据中心。

工作语言：英语

咨商地位：2019 年提交咨商地位申请，获得联合国经社理事会特别咨商地位，此外还获得世卫组织认证

活动领域：经济、性别问题、人口、社会发展、可持续发展

总部地址：英国

World Organization Alumni of Catholic Education（世界天主教教育校友组织）

机构名称：世界天主教教育校友组织

机构名称（英文）：World Organization Alumni of Catholic Education

机构名称缩写：OMAEC

机构名称缩写（英文）：OMAEC

机构网站：http：//www. omaec. org

简介：OMAEC 成立于 1967 年，致力于普及初等教育。

工作语言：英语、法语、西班牙语

咨商地位：2000 年提交咨商地位申请，获得联合国经社理事会特别咨商地位

活动领域：经济、社会

总部地址：意大利

World ORT Union（世界康复和训练组织联盟）

机构名称：世界康复和训练组织联盟

机构名称（英文）：World ORT Union

机构名称缩写：ORT

机构名称缩写（英文）：ORT

机构网站：http：//www. ort. org

简介：ORT 成立于 1880 年，致力于通过职业培训和技术援助，支持世界欠发达地区的经济和社会发展。ORT 是世界上最大的非政府教育和培训组织之一，在 100 多个国家开展活动。

工作语言：英语

咨商地位：2006 年提交咨商地位申请，获得联合国经社理事会特别咨商地位。此外还获得联合国教科文组织咨商地位和国际劳工组织观察员地位

活动领域：经济、社会

总部地址：瑞士

World Peace Council（世界和平理事会）

机构名称：世界和平理事会

机构名称（英文）：World Peace Council

机构名称缩写：WPC

机构名称缩写（英文）：WPC

机构网站：http://www.wpc-in.org

简介：WPC 成立于 1949 年，是一个致力于和平与团结的国际非政府组织。

工作语言：英语

咨商地位：获得联合国经社理事会 A1 咨商地位，2012 年提交申请重新分类，目前仍在进行中。此外还获得联合国教科文组织及联合国贸易和发展会议的认证

活动领域：经济、社会发展

总部地址：希腊

World Protection for Dogs and Cats in the Meat Trade（世界保护肉类贸易中的猫狗组织）

机构名称：世界保护肉类贸易中的猫狗组织

机构名称（英文）：World Protection for Dogs and Cats in the Meat Trade

机构名称缩写：No To Dog Meat

机构名称缩写（英文）：No To Dog Meat

机构网站：https://www.notodogmeat.com

简介：No To Dog Meat 成立于 2013 年，致力于制止目前为人类消费而饲养或作为食物出售给人类的猫狗所遭受的虐待。No To Dog Meat 的具体工作重点是解决这些动物所遭受的酷刑问题，如煮沸、剥皮和活活烧死。No To Dog Meat 致力于教育人们反对这种食物折磨文化，并为从事猫狗肉贸易的农民和商人提供可持续的替代品。

工作语言：中文、英语、韩语、法语

咨商地位：2018 年提交咨商地位申请，获得联合国经社理事会特别咨商地位

活动领域：经济、社会、公共管理、可持续发展

总部地址：英国

World Russian People's Council（世界俄罗斯人民委员会）

机构名称：世界俄罗斯人民委员会

机构名称（英文）：World Russian People's Council

机构名称缩写：WRPC

机构名称缩写（英文）：WRPC

机构网站：http://www.vrns.ru

简介：WRNC 成立于 1993 年 5 月。该组织本着相互理解的精神举行会议，对有关发展教育、人口和保护人民的建议和倡议进行讨论。

工作语言：俄语、英语

咨商地位：2005 年提交咨商地位申请，获得联合国经社理事会特别咨商地位

活动领域：经济、性别问题、社会发展

总部地址：俄罗斯

World Society of Ekistics（世界人类聚居环境学会）

机构名称：世界人类聚居环境学会

机构名称（英文）：World Society of Ekistics

机构名称缩写：WSE

机构名称缩写（英文）：WSE

机构网站：http://www.ekistics.org

简介：WSE 成立于 1965 年，旨在通过研究和出版物、会议、奖学金等，促进有关人类居住区的知识和思想的发展，促进人类居住区采取跨学科办法以满足需要。

工作语言：英语、现代希腊语

咨商地位：1970 年提交咨商地位申请，获得联合国经社理事会 A1 咨商地位

活动领域：经济、性别问题、社会发展、可持续发展

总部地址：希腊

World Steel Association（世界钢铁协会）

机构名称：世界钢铁协会

机构名称（英文）：World Steel Association

机构名称缩写：IISI

机构名称缩写（英文）：IISI

机构网站：http://www.worldsteel.org

简介：IISI 于 1967 年 7 月 10 日成立，是一家非营利的行业组织。早期英文名为 International Iron and Steel Institute，于 2008 年 10 月 6 日更名为 World Steel Association。IISI 使命是在全球钢铁行业事务中发挥核心作用，在事关全球钢铁行业发展的主要战略性问题，尤其是在经济、环境和社会可持续发展方面 IISI 起领导作用。

工作语言：英语

咨商地位：1978 年提交咨商地位申请，获得联合国经社理事会特别咨商地位

活动领域：经济、社会

总部地址：比利时

World Stroke Organization（世界中风组织）

机构名称：世界中风组织

机构名称（英文）：World Stroke Organization

机构名称缩写：WSO

机构名称缩写（英文）：WSO

机构网站：http://www.world-stroke.org

简介：WSO 成立于 2006 年，提供中风服务的救治，并促进该领域的研究和教学。该组织通过促进对脑中风和血管性阿尔茨海默病患者的预防和护理，促进最佳实践标准的制定，与其他国际、公共和私人组织合作开展教育，促进临床研究等方式改善对中风患者的救治。

工作语言：英语

咨商地位：2013 年提交咨商地位申请，获得联合国经社理事会特别咨商地位

活动领域：经济、社会

总部地址：瑞士

World Student Christian Federation（世界基督教学生联合会）

机构名称：世界基督教学生联合会

机构名称（英文）：World Student Christian Federation

机构名称缩写：WSCF

机构名称缩写（英文）：WSCF

机构网站：http://www.wscf.ch

简介：WSCF 成立于 1895 年，是最古老的国际学生组织。WSCF 为世界各地负责任的青年领袖赋权并将他们联系起来，帮助他们改变明天。WSCF 鼓励民主文化，动员青年积极投身社会，通过不同传统和文化间的对话与行动，促进积极的变革。

工作语言：英语、法语、西班牙语

咨商地位：1970 年提交咨商地位申请，获得联合国经社理事会特别咨商地位，目前已暂停

活动领域：经济、社会、性别问题、可持续发展

总部地址：瑞士

World Trade Point Federation（世界贸易点联合会）

机构名称：世界贸易点联合会

机构名称（英文）：World Trade Point Federation

机构名称缩写：WTPF

机构名称缩写（英文）：WTPF

机构网站：http：//www.tradepoint.org

简介：WTPF 成立于 2004 年，致力于发展全球伙伴关系。

工作语言：英语、法语、西班牙语

咨商地位：2004 年提交咨商地位申请，获得联合国经社理事会 A1 咨商地位

活动领域：经济、社会、可持续发展

总部地址：瑞士

World Union of Catholic Women's Organizations（世界天主教妇女组织联合会）

机构名称：世界天主教妇女组织联合会

机构名称（英文）：World Union of Catholic Women's Organizations

机构名称缩写：WUCWO

机构名称缩写（英文）：WUCWO

机构网站：https：//www.wucwo.org/index.php/en/

简介：WUCWO 成立于 1910 年，旨在促进天主教妇女在社会和教会中的存在、参与和共同责任，使她们能够完成传播福音的使命，并为人类发展而努力。

工作语言：法语、英语、西班牙语

咨商地位：1947 年提交咨商地位申请，获得联合国经社理事会特别咨商地位

活动领域：经济、社会、性别问题

总部地址：意大利

World Union of Small and Medium Enterprises（世界中小企业联盟）

机构名称：世界中小企业联盟

机构名称（英文）：World Union of Small and Medium Enterprises

机构名称缩写：WUSME

机构名称缩写：WUSME

机构名称缩写（英文）：WUSME

机构网站：http://www.wusme.org

简介：WUSME 成立于 2010 年，致力于在全球经济危机和 21 世纪中小企业面临挑战和问题的情况下，根据对实际情况的专业分析，在国际组织中代表中小企业的利益。

工作语言：德语、意大利语、英语、法语

咨商地位：2013 年提交咨商地位申请，获得联合国经社理事会特别咨商地位

活动领域：经济、发展筹资、社会发展、统计、可持续发展

总部地址：圣马力诺

World Veterans Federation（世界退伍军人联合会）

机构名称：世界退伍军人联合会

机构名称（英文）：World Veterans Federation

机构名称缩写：WVF

机构名称缩写（英文）：WVF

机构网站：http://www.wvf-fmac.org

简介：WVF 是一个国际非营利性、非政府的伞式退伍军人组织。退伍军人联合会的使命是成为促进退伍军人和战争受害者福祉、提供援助以及协助国际社会促进国际和平与安全。

工作语言：英语、法语

咨商地位：1952 年提交咨商地位申请，获得联合国经社理事会常规咨商地位

活动领域：经济、社会、性别问题

总部地址：法国

World Voices（世界之声）

机构名称：世界之声

机构名称（英文）：World Voices

机构名称缩写：WOVO

机构名称缩写（英文）：WOVO

机构网站：https://www.world-voices.org/

简介：WOVO 成立于 1998 年。

工作语言：英语

咨商地位：无

活动领域：经济与社会、社会发展、可持续发展

总部地址：英国

World Water Council（世界水资源理事会）

机构名称：世界水资源理事会

机构名称（英文）：World Water Council

机构名称缩写：WWC

机构名称缩写（英文）：WWC

机构网站：http：//www.worldwatercouncil.org

简介：WWC 成立于 1996 年，旨在应对国际社会对世界水问题的日益关注。WWC 致力于在各级，包括最高决策层，提高认识，建立政治承诺，并就关键的水问题采取行动，以促进在环境可持续的基础上有效管理和利用水资源。同时，WWC 提供鼓励辩论和经验交流的平台，理事会致力于在水资源社区的所有利益相关者之间就水资源和水服务管理达成共同的战略愿景。在此过程中，WWC 还推动各种倡议和活动，并将其成果汇聚到世界水资源论坛上。

工作语言：法语、英语

咨商地位：2005 年提交咨商地位申请，获得联合国经社理事会特别咨商地位

活动领域：经济、社会、可持续发展

总部地址：法国

World Wide Fund for Nature International（世界自然基金会）

机构名称：世界自然基金会

机构名称（英文）：World Wide Fund for Nature International

机构名称缩写：WWF

机构名称缩写（英文）：WWF

机构网站：http：//www.wwf.panda.org/

简介：WWF 成立于 1961 年，致力于保护自然。WWF 利用现有的科学知识，致力于保护地球上生命的多样性和丰富性以及生态系统的健康。

工作语言：英语

咨商地位：1996 年提交咨商地位申请，获得联合国经社理事会常规咨商地位

活动领域：经济、社会发展、可持续发展

总部地址：瑞士

World Wind Energy Association（世界风能协会）

机构名称：世界风能协会

机构名称（英文）：World Wind Energy Association

机构名称缩写：WWEA

机构名称缩写（英文）：WWEA

机构网站：https：//www.wwindea.org/organisation/mission/

简介：WWEA 是一个国际非营利性协会，在全球范围内拥有大约 100 个国家的 600 多名成员。WWEA 致力于风能技术的推广和全球部署，为全球所有风能参与者的交流提供了一个平台。WWEA 为各国政府和国际组织提供建议和影响，并加强国际技术转让。

工作语言：英语

咨商地位：2007 年提交咨商地位申请，获得联合国经社理事会特别咨商地位

活动领域：经济、社会、可持续发展

总部地址：德国

World Woman's Christian Temperance Union Inc.（世界基督教妇女戒酒联合会有限公司）

机构名称：世界基督教妇女戒酒联合会有限公司

机构名称（英文）：World Woman's Christian Temperance Union Inc.

机构名称缩写：WWCTU

机构名称缩写（英文）：WWCTU

机构网站：http：//www.wwctu.org

简介：WWCTU 成立于 1883 年，致力于在上帝的帮助下，通过教育和榜样在每个国家推广没有酒精、烟草和毒品的生活方式。

工作语言：英语

咨商地位：2020 年提交咨商地位申请，获得联合国经社理事会特别咨商地位

活动领域：经济、性别问题、社会发展、可持续发展、非洲和平发展

总部地址：挪威

World Young Women's Christian Association（世界基督教女青年会）

机构名称：世界基督教女青年会

机构名称（英文）：World Young Women's Christian Association

机构名称缩写：World YWCA

机构名称缩写（英文）：World YWCA

机构名称缩写：World YWCA

机构名称缩写（英文）：World YWCA

机构网站：http：//www.worldywca.org

简介：World YWCA 成立于 1894 年，致力于发展世界各地妇女和女孩的领导能力和集体力量，为所有人实现正义、和平、健康、尊严、自由和可持续的环境。

工作语言：法语、英语、西班牙语

咨商地位：1947 年提交咨商地位申请，获得联合国经社理事会特别咨商地位

活动领域：经济、社会、性别问题

总部地址：瑞士

WORLD YOUTH SERVICE AND ENTERPRISE（世界青年服务和企业组织）

机构名称：世界青年服务和企业组织

机构名称（英文）：WORLD YOUTH SERVICE AND ENTERPRISE

机构名称缩写：WYSE

机构名称缩写（英文）：WYSE

机构网站：http://www.wyse-ngo.org

简介：WYSE 成立于 1988 年，旨在提供独立于政治、宗教或社会背景的教育；促进有远见的领导，能够应对不断变化的世界需求。

工作语言：英语

咨商地位：无

活动领域：经济、性别问题、人口、公共管理、社会发展、可持续发展

总部地址：英国

Worldwide Veterinary Service（全球兽医服务组织）

机构名称：全球兽医服务组织

机构名称（英文）：Worldwide Veterinary Service

机构名称缩写：WVS

机构名称缩写（英文）：WVS

机构网站：http://www.wvs.org.uk

简介：WVS 成立于 2003 年，致力于支持动物福利事业，在无人问津的地方为动物提供治疗。提供可持续的兽医资源，帮助世界各地的动物。

工作语言：英语

咨商地位：2020 年提交咨商地位申请，获得联合国经社理事会特别咨商地位

活动领域：经济、社会、可持续发展

总部地址：英国

World Association for Hospitality and Tourism Educationand Training（世界酒店和旅游教育与培训协会）

机构名称：世界酒店和旅游教育与培训协会

机构名称（英文）：World Association for Hospitality and Tourism Educationand Training

机构名称缩写：AMFORHT

机构名称缩写（英文）：AMFORHT

机构网站：http://www.amforht.com

简介：AMFORHT 于 1969 年在世界旅游组织的倡议下创建，是联合国旅游局的正式附属机构，被公认为酒店和旅游领域职业和高等教育问题的参考。AMFORHT 旨在促进全球各州、机构、学校和旅游专业人员之间发展培训项目的联系。AMFORHT 的特点是动员人类在旅游界的优先事项，其工作方法侧重于编织专业关系和创建成员之间的项目。

工作语言：西班牙语、法语、英语

咨商地位：获联合国经社理事会特别咨商地位

活动领域：经济、社会、性别问题、可持续发展、非洲和平发展

总部地址：法国

War Child Holland ［战争儿童（荷兰），Stichting War Child］

机构名称：战争儿童（荷兰）（Stichting War Child）

机构名称（英文）：War Child Holland

机构名称缩写：WCH

机构名称缩写（英文）：WCH

机构网站：http://www.warchildholland.org，www.warchild.nl

简介：WCH 是一个旨在保护、教育和维护受战争影响的儿童权利的慈善机构，致力于为受武装冲突影响的儿童和青少年建设和平的未来。虽然 WCH 确保最弱势的儿童和青少年也被纳入其中，但我们的干预措施针对的是我们工作所在地区或国家中受武装冲突影响的所有儿童。WCH 致力于赋予儿童和青少年权利，并使成年人能够为受冲突影响的儿童和青少年的生活带来积极和持久的改变。WCH 支持儿童，无论他们的宗教、种族、社会背景或性别如何。儿童有权在没有恐惧和暴力的情况下成长，充分发挥他们的潜力，为和平的未来做出贡献。

工作语言：西班牙语、法语、荷兰语、阿拉伯语、英语

咨商地位：2014 年提交咨商地位申请，2017 年以来获得联合国经社理事会特别咨商地位

活动领域：经济、性别问题、社会发展、可持续发展、非洲和平发展

总部地址：荷兰

Women's Initiatives for Gender Justice（推动妇女争取性别正义的倡议，Stichting Women's Initiatives for Gender Justice）

机构名称：推动妇女争取性别正义的倡议（Stichting Women's Initiatives for Gender Justice）

机构名称（英文）：Women's Initiatives for Gender Justice

机构名称缩写：WIGJ

机构名称缩写（英文）：WIGJ

机构网站：http：//www. info@4genderjustice. org

简介：WIGJ 是一个国际妇女人权组织，通过国际刑事法院（ICC）和国内机制，包括和平谈判和司法程序，倡导性别公正。

工作语言：法语、英语

咨商地位：2021 年提交咨商地位申请，获得联合国经社理事会特别咨商地位

活动领域：性别问题

总部地址：荷兰

World Benchmarking Alliance Foundation（世界基准联盟基金会）

机构名称：世界基准联盟基金会

机构名称（英文）：World Benchmarking Alliance Foundation

机构名称缩写：WBA

机构名称缩写（英文）：WBA

机构网站：https：//www. worldbenchmarkingalliance. org/

简介：WBA 发起一场运动来衡量和激励商业影响力，以实现造福所有人的可持续未来。

工作语言：英语

咨商地位：2022 年提交咨商地位申请，获得联合国经社理事会特别咨商地位

活动领域：经济、社会、发展融资、性别问题、可持续发展

总部地址：荷兰

World Jewish Relief（世界犹太人救济会）

机构名称：世界犹太人救济会

机构名称（英文）：World Jewish Relief

机构名称缩写：WJR

机构名称缩写（英文）：WJR

机构网站：http：//www.worldjewishrelief.org

简介：WJR 成立于 1933 年，旨在通过减少贫困和实现持久可持续变革，改变英国和以色列以外主要但不限于弱势犹太社区的生活。在发生重大国际灾难时，WJR 领导英国犹太人对受影响最严重的人群做出回应，无论其种族、宗教或民族如何。

工作语言：英语

咨商地位：2012 年提交咨商地位申请

活动领域：社会发展、可持续发展

总部地址：英国

World Association for Solidarity Amity and Tolerance（世界团结友好与宽容协会）

机构名称：世界团结友好与宽容协会

机构名称（英文）：World Association for Solidarity Amity and Tolerance

机构名称缩写：OISAT

机构名称缩写（英文）：WASAT

机构网站：http：//www.oisatwasat.org

简介：OISAT 成立于 2013 年，主要目标是在全球公民中促进宽容、友谊和团结，尤其是在接纳移民的国家中。它鼓励尊重每个人的权利、习俗和惯例，无论其性别、肤色、种族、宗教或语言如何，同时也倡导尊重接纳国家（例如法国）的法律和风俗，秉承共和国的价值观和社会凝聚力的精神。

工作语言：法语、阿拉伯语、英语

咨商地位：2019 年提交咨商地位申请，获得联合国经社理事会特别咨商地位

活动领域：可持续发展、贫困、合作、人口、性别问题、经济、社会发展、人权

总部地址：法国

Y

Y30（Y30）

机构名称：Y30

机构名称（英文）：Y30

机构名称缩写：Y30

机构名称缩写（英文）：Y30

机构网站：http://www.y30.ch/

简介：Y30是一个总部位于日内瓦的非营利性协会，成立于2016年，旨在帮助也门民众应对战争后果，建设战后也门社会。自2015年以来，也门一直处于长期冲突状态。该国正面临着世界上最严重的人道主义危机。该国人口在多个方面的生活状况令人担忧，而COVID-19大流行则加剧了局势。饥荒、卫生紧急状况、大规模流离失所和经济崩溃都是民众日常生活的一部分。Y30在也门的使命是通过支持社区和主要机构，为恢复和国家建设奠定基础，从而建设复原力，使尽可能多的人不再依赖外国人道主义援助。Y30的目标是减少不平等现象，改善人们的生活条件，包括使人们更容易获得充足、安全和有营养的食物以及水、教育和医疗等基本服务。

工作语言：法语、阿拉伯语、英语

咨商地位：2023年提交咨商地位申请，获得联合国经社理事会特别咨商地位

活动领域：性别问题、社会发展、可持续发展

总部地址：瑞士

Yelen（耶伦）

机构名称：耶伦

机构名称（英文）：Yelen

机构名称缩写：GIP

机构名称缩写（英文）：GIP

机构网站：http://www.associationyelen.fr/

简介：GIP成立于1991年，受下夏布莱斯公社社区的委托，试行下夏布莱斯公社社区与恩丹德农村社区之间关于经济、卫生、教育、环境轴心

的权力下放合作协议。此外，该活动还为日内瓦境内撒哈拉以南非洲移民提供专业支持及跨文化培训。

工作语言：法语

咨商地位：2013年提交咨商地位申请，获得联合国经社理事会特别咨商地位

活动领域：经济、性别问题、人口、社会发展、可持续发展

总部地址：法国

Young Lawyers' International Association（AIJA）（国际青年律师协会）

机构名称：国际青年律师协会

机构名称（英文）：Young Lawyers' International Association（AIJA）

机构名称缩写：AIJA

机构名称缩写（英文）：AIJA

机构网站：https：//www.aija.org/

简介：AIJA是唯一一家致力于45岁及以下律师和内部法律顾问的全球性协会。自1962年以来，AIJA为年轻律师提供了出色的国际交流、学习和发展机会。AIJA目前在100+不同国家拥有4000名会员和支持者，其中包括60多个集体会员和律师协会。

工作语言：英语

咨商地位：1971年提交咨商地位申请，获得联合国经社理事会A1咨商地位

活动领域：经济、社会

总部地址：比利时

Youth and Environment Europe（欧洲青年与环境组织）

机构名称：欧洲青年与环境组织

机构名称（英文）：Youth and Environment Europe

机构名称缩写：YEE

机构名称缩写（英文）：YEE

机构网站：http：//www.yeenet.eu

简介：YEE 成立于 1983 年，旨在团结欧洲的环保非营利组织，加强国际合作，增加对自然的了解，提高对环境问题的认识，并加强青少年对环境决策的参与。YEE 在欧洲（及其他地区）共 60 个国家拥有 30 个成员组织。

工作语言：英语

咨商地位：无

活动领域：可持续发展

总部地址：捷克

Youth For Public Transport（青少年公共交通组织）

机构名称：青少年公共交通组织

机构名称（英文）：Youth For Public Transport

机构名称缩写：Y4PT

机构名称缩写（英文）：Y4PT

机构网站：http://www.y4pt.org/

简介：Y4PT 成立于 2005 年，致力于通过促进公共交通以及其他交通方式和手段，为地球上所有居民实现可持续发展。

工作语言：法语、西班牙语、英语

咨商地位：无

活动领域：经济、社会、发展筹资、性别问题、人口、公共管理、统计、可持续发展、非洲和平发展

总部地址：比利时

Youth of European Nationalities（欧洲国家青少年组织）

机构名称：欧洲国家青少年组织

机构名称（英文）：Youth of European Nationalities

机构名称缩写：YEN

机构名称缩写（英文）：YEN

机构网站：http://www.yeni.org

简介：YEN 成立于 1984 年，致力于维护和进一步发展欧洲本土少数民族的语言、文化、身份和权利。YEN 在具有联邦结构的统一欧洲的基础

上保障人权和基本自由，给予本土少数民族自治权并维护其独特性，同时反对种族主义、歧视和同化任何种类的少数群体，原则上反对任何形式的暴力。

工作语言：德语、英语

咨商地位：2013年提交咨商地位申请，2016年获得联合国经社理事会特别咨商地位

活动领域：经济、社会发展、可持续发展

总部地址：德国

Youth Parliament for SDG（青少年促进可持续发展目标会议）

机构名称：青少年促进可持续发展目标会议

机构名称（英文）：Youth Parliament for SDG

机构名称缩写：YPSDG

机构名称缩写（英文）：YPSDG

机构网站：http://www.ypsdg.info

简介：YPSDG成立于2015年，目标是提高青年的能力，使他们成为家乡和更广泛的世界持续发展的动力，从而在可持续发展的愿景和公平的社会框架中实现发展目标。

工作语言：英语、法语

咨商地位：2021年提交咨商地位申请，获得联合国经社理事会特别咨商地位

活动领域：经济、性别问题、人口、社会发展、可持续发展、非洲和平与发展

总部地址：瑞士

Youth RISE（Resource, Information, Support, Education）Limited [青年崛起（资源、信息、支持、教育）有限公司]

机构名称：青年崛起（资源、信息、支持、教育）有限公司

机构名称（英文）：Youth RISE（Resource, Information, Support, Education）Limited

机构名称缩写：Youth RISE

机构名称缩写（英文）：Youth RISE

机构网站：http：//www.youthrise.org

简介：Youth RISE 成立于 2007 年，是一个以青年为主导的网络，在使用毒品和受毒品政策影响的青年的参与下，推广以证据为基础的毒品政策和减少伤害战略。Youth RISE 希望社会通过人性化的循证政策和实践来应对青少年吸毒问题。

工作语言：尼泊尔语、捷克语、达里语、波斯语、西班牙语、英语、普什图语

咨商地位：2017 年提交咨商地位申请，2021 年获得联合国经社理事会特别咨商地位

活动领域：经济、发展筹资、性别问题、社会发展、可持续发展、非洲和平与发展

总部地址：爱尔兰

Youth with a Mission（青年传教社）

机构名称：青年传教社

机构名称（英文）：Youth with a Mission

机构名称缩写：YWAM

机构名称缩写（英文）：YWAM

机构网站：http：//www.YWAM.org

简介：YWAM 是一个由来自不同文化、年龄组和基督教传统的基督徒组成的全球运动，致力于在世界各地服务耶稣。

工作语言：英语

咨商地位：2003 年提交咨商地位申请，获得联合国经社理事会特别咨商地位

活动领域：经济、社会、性别问题、人口、可持续发展

总部地址：英国

Youth for Road Safety（道路安全青年组织）

机构名称：道路安全青年组织

机构名称（英文）：Youth for Road Safety

机构名称缩写：YOURS

机构名称缩写（英文）：YOURS

机构网站：http：//www.youthforroadsafety.org

简介：YOURS 是一个全球性组织，致力于确保世界青年的道路安全。YOURS 是倡导、青年参与、青年培训和青年道路安全相关问题领域的专家。我们在世界各地都有道路安全青年倡导者，在区域协调员的协调下，在其社区内充当变革推动者。

工作语言：英语

咨商地位：2019 年提交咨商地位申请，获得联合国经社理事会特别咨商地位

活动领域：可持续发展

总部地址：荷兰

Youth Organisation for the European and African Union（欧洲和非洲联盟青年组织）

机构名称：欧洲和非洲联盟青年组织

机构名称（英文）：Youth Organisation for the European and African Union

机构名称缩写：JEUNESUE-UA

机构名称缩写（英文）：YOUNGEU-UA

机构网站：https：//www.jeunesueua.org/

简介：JEUNESUE-UA 成立于 2018 年，是一个促进非洲和欧洲大陆社会经济、文化和政治利益的组织。该组织致力于促进非洲和欧洲的环境治理。本组织汇集了在能源、农业、经济、教育、自我创业、社会和卫生行动等领域，特别是在国际合作、安全问题和冲突管理方面的干预能力。

工作语言：英语、法语

咨商地位：无

活动领域：经济、社会、发展筹资、性别问题、人口、公共行政、可持续发展、贫困

总部地址：法国

Z

Zinthiya Ganeshpanchan Trust（辛提亚-加内什潘昌信托）

机构名称：辛提亚-加内什潘昌信托

机构名称（英文）：Zinthiya Ganeshpanchan Trust

机构名称缩写：ZGT

机构名称缩写（英文）：ZGT

机构网站：http://www.zinthiyatrust.org/

简介：ZGT 是成立于 2009 年的非会员制组织，主要活动于大不列颠及北爱尔兰联合王国。该组织主要目标是促进性别平等，保障妇女和女童权利，使其免受暴力和贫困。

工作语言：英语

咨商地位：2021 年提交咨商地位申请，获得联合国经社理事会特别咨商地位

活动领域：性别问题

总部地址：英国

Zoological Society of London（伦敦动物学会）

机构名称：伦敦动物学会

机构名称（英文）：Zoological Society of London

机构名称缩写：ZSL

机构名称缩写（英文）：ZSL

机构网站：http://www.zsl.org

简介：ZSL 成立于 1826 年，旨在促进全球动物及其栖息地的保护。ZSL 目前已有 61000 名成员及研究员，并有一系列出版物如年刊《国际动物园年鉴》和月刊《动物学杂志》等。

工作语言：英语

咨商地位：2013 年提交咨商地位申请，2014 年获得联合国经社理事会特别咨商地位

活动领域：可持续发展

总部地址：英国

Zoï Environment Network（佐伊环境网）

机构名称：佐伊环境网

机构名称（英文）：Zoï Environment Network

机构名称缩写：ZOI

机构名称缩写（英文）：ZOI

机构网站：http://www.zoinet.org

简介：ZOI 成立于 2008 年，是一个依据瑞士法律运行的非政府、非营利组织，致力于确保环境可持续发展。同时，ZOI 是《联合国气候变化框架公约》的观察员。

工作语言：德语、西班牙语、英语、法语、俄语

咨商地位：2013 年提交咨商地位申请，获得联合国经社理事会特别咨商地位

活动领域：经济、社会、可持续发展

总部地址：瑞士

Stichtin ZOA（ZOA 基金会）

机构名称：ZOA 基金会

机构名称（英文）：Stichtin ZOA

机构名称缩写：ZOA

机构名称缩写（英文）：ZOA

机构网站：http://www.zoa-international.com

简介：ZOA 致力于消除极端贫困和饥饿，实现普及初等教育，确保环境可持续性，建立全球发展伙伴关系。

工作语言：西班牙语、英语、荷兰语、法语

咨商地位：2011 年提交咨商地位申请，2012 年以来获得联合国经社理事会特别咨商地位

活动领域：经济、发展融资、性别问题、人口、社会发展、可持续发展、非洲和平与发展、非洲冲突解决

总部地址：荷兰